LA VIDA ES UN JARDIN PARA CULTIVAR

El abecedaria hacia una vida mejor

PASCUALA HERRERA

ELOGIO POR
Stacey Watson, MA, LCPC, and
Christopher Watson, PsyD, ABPP

Copyright © 2022 por Pascuala Herrera
Reservados todos los derechos.

Elogio copyright © 2022 por Stacey Watson y Christopher Watson
Reservados todos los derechos.

ISBN 979-8-9865567-2-7

Para ver fotos personales y más, visite Pascuala en línea en pascualaherrera.com.

Diseño de portada: 100Covers
Diseño de interiores: Formatted Books
Editado por Gerardo Cruz

Impreso en los Estados Unidos de América

Para mi nieta, Aria Virginia Velásquez quien Dios quiera, nos acompañará en nuestras vidas antes de que se termine el presente año. Ojalá que las lecciones que tu abuelita aprendió te preparen para vivir una bella vida.

También dedico este libro a mi familia y a mis amigos quienes siempre están aquí para apoyarme y darme fortaleza.

En memoria a Van Bensett, un gran amigo de Life Directions (Dirección de Vida), quien trabajó sin cansancio para ayudar a tantos jóvenes a vivir una mejor vida.

Podría hacer una lista con todas las personas con quien estoy agradecida, pero no tendría el espacio suficiente para hacerlo. Siempre he sido bendecida con personas en mi vida que me han ayudado a soportar mis cargas. Soy quien soy gracias a mi familia, mis amigos, mis compañeros de trabajo, mis estudiantes, y hasta los desconocidos que se han cruzado en mi camino. Siempre he tenido cerca de mí a alguien que me apoye. Por supuesto, no podría haber publicado este libro sin el apoyo profesional de mi amigo y editor de copia, Gerardo Cruz. Mi única forma de honrar tanto apoyo brindado hacia mí es nunca darme por vencida, y continuar mi trabajo para vivir una vida llena a pesar de los retos, obstáculos y sufrimientos. Dios me ha dado bastantes retos, pero también me ha recompensado sin medida. Aunque a veces he sentido que mi vida ha sido demasiado difícil, no tardó mucho en darme cuenta de que, si pongo de mi parte, Dios siempre estará a mi lado.

CONTENIDO

Elogios ix
Prefacio xiii
Introducción xix

A	ACTITUD	1
B	BELLEZA	13
C	CORAJE.	21
D	DISCAPACIDAD	33
E	ESFUERZO	45
F	FE	55
G	GRATITUD	65
H	HUMOR	77
I	INTELIGENCIA	89
J	JUSTICIA.	99
K	KARMA.	107
L	LEALTAD	.115
M	MOTIVACIÓN	127
N	NECESIDAD	137
O	OPORTUNIDADES	.147
P	PRESENTE	.157

Q	QUIETUD	167
R	RESOLUCIÓN	175
S	SONRISA	187
T	TIEMPO	195
Ú	ÚNICO	205
V	VACACIONES	215
W	WAFLES	225
X	XILÓFONO	233
Y	YOGA	241
Z	ZOOLÓGICO	251

Conclusión 259
El Credo Personal De Pascuala 261

ELOGIOS

Mi esposo y yo fuimos honrados al conocer a Pascuala Herrera en el 2006 en Harper College en la ciudad de Palatine, Illinois. Yo fui contratada como una profesora de tiempo parcial en la oficina de Discapacidades para asesorar a los estudiantes en un ambiente postsecundario. Soy una consejera con licenciatura profesional con experiencia en trabajar con estudiantes con discapacidades de salud física y mental. También codesarrollé el Proyecto TAP en Harper College para ayudar a los estudiantes con el espectro de autismo para hacer la transición a la educación postsecundaria.

En Harper College tuve un papel secundario enseñando clases en los departamentos de Servicios Humanos y Desarrollo Estudiantil. Actualmente, estoy en la práctica privada trabajando con la misma población, así como una profesora de tiempo parcial en National Louis University. Mi esposo, el Dr. Christopher Watson, es un psicólogo certificado de niños y adolescentes que ha estado en práctica privada durante dieciocho años. Capacita a los padres y a los sistemas escolares para utilizar el enfoque de soluciones colaborativas y proactivas.

En el 2006, cuando conocí a Pascuala, supe al instante que era una mujer distinguida. Pasábamos horas hablando de sus logros pasados, logros actuales y proyectos futuros. Pascuala y yo hablábamos de su vida y de todos los obstáculos que tuvo que superar para convertirse en la mujer que es hoy. Dijo que a veces se sentía desanimada, pero luchaba duro y para superar todos sus obstáculos. Pascuala pasó innumerables horas trabajando con estudiantes a lo largo de los años. Ella siempre enseñaba a los estudiantes con discapacidades a mirar más allá de su discapacidad y enfocarse en sus fortalezas. Supe desde el principio que tenía que presentarle mi esposo a Pascuala.

Durante los siguientes doce años, mi esposo y yo tuvimos el privilegio de colaborar con Pascuala con estudiantes comunes, proyectos y presentaciones. Pudimos co-enseñar clases para estudiantes con discapacidades sobre cómo ser su propio defensor personal. También viajamos por todo el país hablando en conferencias sobre la importancia del primer año de universidad para estudiantes con discapacidades en su transición a la edad adulta. Durante nuestros viajes, mi esposo y yo pudimos presenciar de primera mano los desafíos que las personas con discapacidades tenían con respecto a la accesibilidad. Pascuala siempre mantuvo un espíritu positivo y nos explicó que esa era la razón por la que abogaba por los derechos de las personas con discapacidades.

Este es el tercer libro que escribe Pascuala Herrera. Nos encantó su primer libro, *No siempre es un valle de lágrimas: Recuerdos de una vida bien vivida*. Este relato de primera mano lleva al lector a un viaje personal que detalla los éxitos que logró Pascuala cuando las probabilidades estaban en su contra. Este libro también se enfoca en el poder de la fe y la familia. Mi esposo y yo quedamos muy conmovidos por su honestidad sobre el viaje de su vida. También nos encantó su segundo libro, *Mi mamá es la mejor porque rueda en silla sin temor*, un libro para niños. Es una mirada asombrosa a la vida de una niña que tiene una mamá con una discapacidad. Es una inspiración y apoyo para otros niños que tienen padres con discapacidades y les muestra que su vida y experiencias no son tan diferentes a las de los demás.

Esto nos lleva al presente trabajo de Pascuala. *La vida es un jardín para cultivar* es para cualquier lector que desee estímulo y motivación para vivir su mejor vida. Pascuala se basa en sus muchos años de experiencia personal y profesional para compartir con sus lectores. Ella escribe de una manera que invita a la reflexión y capta el verdadero significado de la resistencia. Este libro utiliza el alfabeto para permitir al lector recordar lecciones de vida relacionadas con esa letra. En el mundo de hoy, donde las personas necesitan esperanza y aliento, *La vida es un jardín para cultivar*, ofrece ambos de manera poderosa.

Mi esposo y yo nos sentimos muy honrados de que nos haya pedido escribir este elogio debido a nuestra experiencia en el campo de los estudios de discapacidad y salud mental. También se nos preguntó por la relación profesional que tenemos con Pascuala Herrera desde el 2006. Sabemos que cada palabra escrita proviene de sus muchos años de experiencia personal y profesional. Pascuala continúa compartiendo su pasión por los derechos de las personas con discapacidad y alienta a los lectores a ser lo mejor de sí mismos. Alienta a sus lectores a recordar que la vida no siempre es fácil, pero que cada individuo tiene el poder de alcanzar sus metas.

Stacey Watson, MA, LCPC, and
Christopher Watson, PsyD, ABPP

PREFACIO

En el primer día de mis vacaciones en California, me caí y fracturé dos huesos- la tibia y la fíbula- mientras trataba de transferirme de mi silla de ruedas a la cama. Me caí fuertemente en mi rodilla izquierda. Hasta ahora, me he quebrado diez huesos en total en mi vida. Para los que leyeron mi libro *No siempre es un valle de lágrimas*, entenderán mis referencias mientras describo lo que sucedió durante esta semana traumatizante. Si no lo han leído, espero que este libro les sirva como motivación para leerlo. Al leer mi autobiografía, tendrán una mejor idea de mis dificultades.

Después del año difícil que tuvimos a causa del Coronavirus y de la pandemia que todo el mundo vivió, mi familia decidió tomarse unas merecidas vacaciones en el mes de julio. El único aspecto negativo era que mi hija mayor, Ariel, no podría acompañarnos porque había empezado un nuevo trabajo y se iba a encargar de las mascotas de nuestra familia. Ya que mi esposo y yo nos habíamos jubilado, y mi hija menor, Ariana, estaba de vacaciones de la universidad, decidimos irnos en una aventura de dos semanas. Teníamos que compensar por el año que no tuvimos vacaciones. ¡Había tanto que celebrar! Primero, Isidro y yo nos habíamos jubilado. Además, yo había recibido el estatus de Emeritus como profesora de Harper College. También, había exitosamente publicado mi libro: *No siempre es un valle de lágrimas*. Con dos amigos, co-fundé "Educators 4 Equity and Justice"

(Educadoras para la equidad y justicia). Ariel estaba en una estable y saludable relación con un hombre joven y bueno. Finalmente, Ariana había terminado su tercer año en la universidad.

Decidimos que la primera semana la pasaríamos en Las Vegas celebrando nuestro aniversario número 26 ya que Isidro y yo nos conocimos allí. Además, Ariana acababa de cumplir 21 años en junio, así que podría entrar al casino legalmente. Planeamos pasar la segunda semana en Anaheim, California. Ariana siempre había querido ir a Hollywood y Disney California Adventure Park. Los tres amábamos el bello clima de California.

Decidimos manejar, no por los gastos de volar por avión, sino más bien porque nuestro vehículo nos daba más acceso para movernos ya que está modificado para la silla de ruedas que yo uso. Además, a nuestra familia siempre le ha gustado los paseos de carretera. Sabíamos que sería una manejada larga, pero no teníamos prisa y planeábamos algunas paradas durante el camino. En el pasado, habíamos manejado varias veces a Miami y Texas, lugares que están bastante lejos de Chicago.

Llegamos a Las Vegas el 27 de junio del 2021. Nos registramos en nuestro hermoso hotel con once restaurantes y un casino espacioso. Otra atracción del hotel es que estaba a una parada del monocarril que nos conectaba a todos los otros hoteles de la avenida principal. ¡Nos divertimos tanto! Visitamos la mayoría de los hoteles grandes y exploramos cada parada del monocarril. El día de nuestro aniversario, el 1 de julio, fuimos al centro para visitar el Hotel Plaza donde Isidro y yo nos habíamos conocido 26 años anteriormente.

¡Nuestro aniversario de bodas número 26 fue tan especial! Caminamos por el centro, tuvimos una cena deliciosa, fuimos de compras, y por supuesto que jugamos en el casino Golden Nugget. Nosotros nos sentíamos en un lugar ideal en nuestras vidas- felices y agradecidos por tantas cosas. Estábamos contentos de que habíamos llegado a Las Vegas sin ningún inconveniente. Estábamos felices de que habíamos sobrevivido un año duro de la pandemia. Además, estábamos felices que habíamos logrado tanto como familia, y estábamos agradecidos de que teníamos el dinero para divertirnos en unas vacaciones en familia.

El próximo día, el 2 de julio, salimos del hotel en Las Vegas y manejamos cinco horas a Anaheim, California. Nos registramos en el hotel a las 4 de la tarde y agarramos folletos del vestíbulo del hotel para planear las actividades de la semana. Desempaqué y luego decidimos ordenar una pizza y descansar de nuestro viaje. Como a las 7 de la tarde, ordenamos la pizza. Me bajé de la cama a mi silla de ruedas para ir al baño y lavarme las manos antes de cenar. Después, regresé a la cama, tomando mi tiempo para transferirme porque la cama estaba alta- algo que frecuentemente es común en los hoteles. Usualmente, la definición de un hotel en cuanto a la accesibilidad no es igual que la mía. Mientras me sostenía parada con mi pierna derecha e intentaba subirme a la cama, mi pierna derecha se resbaló y me caí fuertemente sobre mi rodilla izquierda. Grité de dolor, diciendo: "¡Me la quebré! ¡Me la quebré!" Isidro y Ariana intentaron calmarme, pero yo sabía que estaba quebrada. El dolor de un hueso roto es inconfundible.

Isidro le pidió al personal del hotel que llamaran a los paramédicos. Llegaron los paramédicos inmediatamente, antes de que llegara la pizza. Tenía mucho dolor, pero esperaba que sólo fuera un mal esguince (algo por lo que ya había pasado). Los paramédicos me levantaron y me acostaron en la cama. Cuando les dije a los paramédicos que no quería que me llevaran al hospital, ellos recomendaron que me pusiera hielo y que descansara para ver si se aliviaría mi dolor. ¡No me ayudaron ninguna de las dos cosas para aliviar el dolor! Pasé toda la noche entera con dolor, y me daban escalofríos en la espina dorsal si movía mi pierna izquierda en ciertas posiciones. En las horas de esa noche oscura, lo único que podía hacer era pensar. Recordé todas las caídas en mi vida, todos mis huesos rotos, y todo el sufrimiento por el que había pasado. Lloré y pregunté, "¿Dios, por qué? ¿Por qué otra vez? Ya tengo problemas de movilidad, ¿por qué darme más?"

Fue inevitable tener que ir a la sala de emergencia por la mañana siguiente para que me dijeran si me había roto la pierna ya que estaba muy hinchada. Isidro y yo platicamos, y decidimos que sería mejor regresarnos a casa. Incluso en el mejor de los casos, probablemente tendría que reposar en cama. Ariana e Isidro empacaron las maletas, nos salimos del hotel y fuimos a un hospital cerca de donde estábamos. Tomaron radiografías de mi pierna, y me enteré de que me había fracturado dos huesos- la tibia y la fíbula de mi pierna izquierda. Parece ser que soy sobresaliente en cuanto a huesos rotos.

El doctor, sabiendo que vivía fuera del estado, estabilizó mi pierna con una bota médica temporal. Me recomendó que hiciera una cita con un ortopédico cuando llegara a casa para que él/ella decidiera si necesitaba operarme. Si no necesitaría una operación, tendríamos que determinar cuál sería el mejor tratamiento. Los empleados del hospital fueron estupendos. Me ayudaron a subirme a mi vehículo, y también me acomodaron la pierna para que estuviera recta mientras yo iba sentada. Usando nuestra creatividad y artículos para otros propósitos en el hospital, me ayudaron a acomodarme lo mejor posible para el viaje largo a casa. Me dieron medicamento para el dolor y empezamos nuestro viaje de 28 horas, o 2000 millas, a casa.

Usualmente, yo le ayudo a Isidro a manejar, pero esta vez él tuvo que manejar todo el viaje sin ayuda porque a Ariana no le gusta manejar en la carretera y no se siente confortable manejando mi vehículo grande y pesado. Isidro sabía que no podíamos parar en un hotel para descansar, así que manejó toda la noche. Yo no tomé mi medicamento para el dolor porque quería estar segura de que Isidro estuviera despierto y alerto mientras manejaba. El viaje nos tomó 36 horas para llegar a casa, sólo haciendo paradas breves para llenar el tanque de gasolina, ir al baño, y comprar comida. Por supuesto, mis limitaciones añadieron tiempo a nuestro viaje. Llegamos a casa un lunes a las 4 de la mañana. Era un día festivo porque era el 4 de julio. Yo estuve en la misma posición las 36 horas del viaje.

No sé cómo nos las ingeniamos para poder salir del vehículo. Sin embargo, en cuanto me acosté en mi cama, me quedé bien dormida. Todo el dolor, el estrés y las preocupaciones que soporté durante el largo camino me dejaron exhausta. Dormí hasta el mediodía. Llamé a mi doctor y me sugirió que me esperara hasta el día siguiente para ver a un ortopédico. Me dijo que era innecesario ir a la sala de emergencia porque solamente me diagnosticarían los huesos rotos, y eso ya lo habían hecho en el hospital en California.

El martes, después de ir con el especialista al que me refirió mi doctor de cabecera, me enyesaron la pierna desde los dedos de mi pie hasta mi muslo superior. Afortunadamente, porque el ortopédico no se preocupaba de que me movería mucho por mi incapacidad, él concluyó que una cirugía no era necesaria. Me recomendó estar enyesada por ocho semanas. Como siempre, traté de ver el lado positivo. A veces me toma más tiempo hacerlo, pero al final de cuentas siempre lo hago. Mientras reflexionaba en lo ocurrido, estaba agradecida de que no iba a necesitar una operación. Además, apreciaba que podía continuar con mis presentaciones de mi autobiografía ya que serían virtuales. Sobre todo, estaba agradecida y me sentía bendecida por tener familia y amigos que estaban listos para ayudarme durante los dos meses difíciles de recuperación.

Aun después de reconocer mis bendiciones y todas las razones por las que estaba agradecida, me sentí deprimida y caí en un profundo valle de lágrimas. No entendía por qué mi vida cambió de un día para otro. Me preguntaba, "¿Por qué? ¿Cuál es la lección para mí? ¿Es para que siga siendo humilde y recordarme que nunca debo de dar por hecho lo que tengo en mi vida?" Afortunadamente, llegué a la conclusión de que aun con mi movilidad limitada y mi discapacidad, yo estoy bendecida y mi situación pudo haber sido peor. También me motivó para pensar que tal vez mi experiencia podría motivar a otras a darse cuenta de que debemos disfrutar cada momento feliz al máximo porque las cosas pueden cambiar instantáneamente. No estaba completamente segura sobre el propósito detrás de este difícil momento. A veces hasta pensaba que no era justo. Sin embargo, solamente podía pedir fuerzas y paciencia ya que por los próximos meses estaría dependiendo totalmente de los demás mientras esperaba que mis huesos rotos sanaran. Estaba triste. Claro que lo estaba. Rezaba y pacientemente esperaba hasta que el porqué de lo ocurrido fuera revelado. ¡Yo tenía fe de que Dios tenía una razón!

Frecuentemente, mientras espero por la respuesta, tomo tiempo para reflexionar en mi vida y felicidad. Mi enfoque es en buscar lo que realmente es importante y cambiar mis sentimientos pesimistas para poder tener el mejor viaje de vida posible. Siempre recuerdo que cuando cosas negativas pasan en nuestras vidas, solamente tenemos dos opciones. Una opción es cambiar lo ocurrido, lo cual sabía que no podía hacer. La segunda opción era cambiar cómo respondía a lo sucedido. ¡Eso sí podía hacer! Reflexionar en mi situación, me llevó a encontrar una solución. La vida, sobre todo, es un jardín que necesita cultivación constante. Es a través de la reflexión, y haciendo los cambios necesarios, que nos llevan a poder tener la oportunidad de vivir una vida feliz y completa.

INTRODUCCIÓN

Me ha llevado toda mi vida para entender finalmente que he estado persiguiendo algo que no existe excepto cuando personal e intencionalmente hago que suceda. La felicidad no cae en nuestro regazo. A veces, estoy segura, que todos desearíamos que así fuera! En la vida, la mayoría de las personas, si no todas, se esfuerzan por ser felices, pero pocas, si es que hay alguna, alcanzan la verdadera felicidad. Todos buscamos alcanzar el sentimiento de euforia, pero ese sentimiento de alegría, plenitud y placer no llega con la frecuencia que desearíamos. E incluso cuando llega, muy pocos de nosotros podemos mantenernos en ese estado feliz por mucho tiempo. Me he preguntado si la felicidad es real, obtenible y posible. ¿O es la felicidad solo un estado deseado que es una ilusión que nunca se puede obtener? La respuesta es que depende de nosotros en la forma en que vivimos nuestras vidas.

Mientras reflexiono sobre mi propia vida, compartiré el abecedario de lo que generalmente me brinda mayor satisfacción y propósito. Uso el poder que tengo, como todos los humanos, para elegir la felicidad sobre la desesperación. Admito que a veces, porque soy humano, no sigo estos conceptos importantes porque prefiero quejarme y profundizar en el lado oscuro de la tristeza, la ira y la desesperación. Afortunadamente, elijo no permanecer en este estado negativo por mucho tiempo.

Reconozco que somos humanos y que no podemos evitar del todo la negatividad cuando atravesamos un momento difícil. De ninguna manera tengo todas las respuestas. Estoy constantemente cultivando el jardín de mi propia vida. Al igual que un hermoso jardín, el trabajo nunca es fácil ni completo. No soy una consejera, una psicóloga o una psiquiatra. Lo que presento son mis opiniones basadas en mis experiencias personales con mi familia y amigos y lo que he aprendido profesionalmente de estudiantes universitarios con discapacidades después de mi carrera de treinta años como educadora. Mi objetivo no es que los lectores piensen como yo, ni espero cambiar las perspectivas de los lectores. Mi único deseo es que este libro sirva como herramienta para que los lectores reflexionen sobre sus propias vidas. A veces, necesitamos recordatorios de la importancia de ser amables con nosotros mismos. A veces necesitamos que otros nos brinden apoyo. A veces, solo necesitamos ver la luz. Espero que este libro ayude a los lectores a considerar la reflexión como una forma de arrojar luz sobre las áreas en las que más necesitan crecimiento personal.

Descubrí que, al cultivar mi jardín más importante, mi vida, y al reflexionar sobre el abecedario, me han guiado regularmente hacia el crecimiento personal y una vida mejor. Me ayudó a ver mi vida con claridad para que pueda hacer cambios que me devuelvan al camino correcto. La reflexión me permite dejar de ser una víctima y volver a tomar el control. Uso el abecedario sólo para organizar mis pensamientos. Cada letra cubrirá una palabra que representa un sentimiento, un valor o un concepto que me ha llevado a vivir una vida feliz y con propósito a pesar de los muchos momentos difíciles que he experimentado en mi vida.

A veces era difícil elegir una sola palabra. Este libro también estará disponible en inglés como traducción directa, por lo que tuve que elegir palabras que comenzaran con la misma letra y tuvieran el mismo significado en ambos idiomas. Algunas letras me dieron muchas opciones, mientras que con otras tuve que usar mi creatividad. Espero que todos los lectores se conecten con algunas o todas las ideas que presento, ayudándolos a reflexionar sobre sus propias vidas y abrazar el poder dentro de todos nosotros para tomar las decisiones correctas. Usaré mis experiencias personales, algunas dolorosas pero otras graciosas, junto con historias de otros, como familiares, amigos y muchos de mis antiguos alumnos, quienes han sido importantes en el viaje de mi vida. Por motivos de confidencialidad, he cambiado algunos nombres a menos que haya recibido permiso directo de la persona. También uso solo nombres de pila. Las historias mostrarán cómo nuestra felicidad y éxito están completamente en nuestras propias manos.

Después de cada tema, he incluido preguntas de reflexión. Estas preguntas se pueden explorar de forma independiente o dentro de un entorno grupal; ellas pueden servir como buenas preguntas de discusión y temas de conversación. Los lectores pueden proponer otras preguntas de discusión basadas en sus propios pensamientos y lectura de cada capítulo. Los animo a incluir las preguntas adicionales, que sé que darán lugar a debates que invitan a la reflexión.

CAPÍTULO 1

ACTITUD

Si las personas son igual que yo, probablemente han leído muchos lemas y mensajes sobre el tema de la actitud. También he coleccionado dichos sobre este tema porque son buenos recordatorios para mí. Debatí si debiera empezar con este concepto ya que muchos lo verán como repetitivo o tal vez trivial. Sin embargo, yo decidí escribir sobre la actitud porque sé que la diferencia entre una perspectiva negativa o alegre tiene el potencial de hacernos miserables o felices. ¡Piénsalo! ¿Cómo es que algunas personas con vidas difíciles por falta de recursos, teniendo mala salud, o pasando por dificultades frecuentemente parecen estar más contentas que aquellas personas que tienen todos los recursos que necesitan, están saludables, y tienen una buena vida? He conocido muchas personas que demuestran felicidad a pesar de su situación en sus vidas. Yo me esfuerzo para ser una de esas personas.

Basándome en mi propia experiencia, he visto a menudo que, solamente cambiando mi actitud, puedo cambiar mi estado mental y mis circunstancias. En mi prefacio, compartí cómo recientemente me fracturé dos huesos mientras vacacionaba en California. Estuve miserable por un par de semanas. Mi miseria no era porque arruiné mis vacaciones, ni por el dolor que estaba sufriendo. Más bien, mi miseria era porque las primeras dos semanas después de mi lesión, me sentía mal por mí misma. ¡Mi actitud era negativa! Comprensiblemente, yo estaba descontenta con mi situación, y me sentía que era la única persona en este mundo que estaba sufriendo. No podía entender por qué tenía que soportar esta experiencia otra vez. Estaba enojada conmigo misma, mi vida, y todo lo que estaba a mi alrededor. No permitía que entrara en mi vida ningún sentido de esperanza o algo positivo durante esas semanas que estaba concentrada en mí misma. Sin embargo, cuando cambié mi actitud, empecé a ver qué cosas malas les ocurren a las personas todo el tiempo. Pude reconocer que algunas personas hasta tienen vidas más difíciles que la mía. ¿Por qué debería ser yo la excepción y ser protegida del sufrimiento? De hecho, reflexioné, y al hacer esto, me di cuenta de que tengo una vida excelente. Mi vida es mucho mejor que tantas otras personas, a pesar de mi discapacidad, pierna fracturada, y todo.

Con este cambio de actitud, pude ver la belleza de lo que me estaba pasando. Podía ver las bendiciones que me rodeaban. Tengo una familia maravillosa que siempre está dispuesta a apoyarme en diferentes maneras, lo que es algo que no todos tienen. Algunas de mis hermanas cocinaban para mí. Otras me ayudaban con mi cuidado personal, como lavarme el cabello. Mis familiares me ayudaron con las compras del mandado y hasta con los quehaceres de la casa. Y lo más bello de todo es que no tenía que pedir ayuda. Ellos estaban allí porque me quieren. ¿Cómo no reconocer lo bendecida que soy?

Mis amigos me apoyaron al visitarme y escucharme. Ellos me demostraron que estaban preocupados por mí con tarjetas, textos, llamadas y mensajes. Descubrí que no estaba sola en cuanto cambié mi actitud negativa hacia una positiva. Sobre todo, me di cuenta de que aun estando en mi propia cama, tenía todas las herramientas necesarias para estar satisfecha. Era mi decisión usar las herramientas o no usarlas. Afortunadamente, gracias a mi cambio de actitud, usé todo lo que estaba a mi alcance. Mientras estaba postrada en cama, pude trabajar virtualmente, aunque estaba enyesada e inmóvil. Pude continuar con las presentaciones de mi libro, asistir a las juntas necesarias, y hablar con otros a través de Zoom u otras plataformas similares. Mis dos huesos fracturados no me quitaron la habilidad de usar la tecnología a mi alcance. En lugar de enfocarme en lo que no podía hacer, me enfoqué en lo que sí podía hacer. Tomé la decisión de usar este tiempo para escribir y publicar un libro para niños titulado: *"Mi mamá es la mejor: porque rueda en silla sin temor"*. Publiqué el libro al igual de publicar otra versión en inglés. Si no hubiera tenido esta experiencia, no hubiera publicado el libro para niños cuando lo hice. ¿Sería esta la razón por la cual este terrible evento me sucedió?

Nuestra actitud es todo; es lo que nos lleva al éxito o al fracaso. Nuestra actitud es lo que nos pone tristes o contentos y realizados. Lo mejor de todo es saber que tenemos 100% del control de nuestras emociones. A veces debemos investigar más a fondo, y tal vez nos llevará más tiempo en cambiar nuestra actitud negativa, pero en cuanto la cambiemos, tendremos el poder de ver todo lo bueno que nos rodea. Al cambiar nuestras actitudes, podemos ver nuestras circunstancias de una forma diferente. A causa de mi cambio de actitud, pude ver abiertamente mis bendiciones y estar agradecida por ellas.

Hoy, mientras estoy sentada en mi jardín y empiezo a escribir mi primer capítulo sobre la actitud, no puedo contener mi sonrisa mientras recuerdo el incidente que ocurrió el verano pasado cuando estuve totalmente dependiente de los demás. Debido al éxito de mi autobiografía, la preparatoria cerca de donde vivo quiso presentarme en un video. Estaba emocionada y no quería perder esta oportunidad estupenda. Sin embargo, temía que por mi situación médica y estar enyesada, no podría participar en la grabación del video. A causa de mi cambio de actitud, pensaba en soluciones y no imposibilidades.

No estoy tratando de ser graciosa, pero otro problema que me tenía preocupada sobre la grabación del video era mi cabello canoso. Me preocupaba que me viera en el video más vieja de lo que soy por mi cabello. Por años me he pintado el cabello cada mes, pero ahora no podía pintármelo por estar enyesada y la falta de movimiento. Mis hijas y mi sobrina me animaron. Estela me dijo, "Vamos tía Cuali, (Cuali es mi apodo) somos mujeres inteligentes y podremos encontrar la manera de pintarte el cabello." Con una actitud negativa, probablemente hubiera rechazado la oferta por estar sintiéndome mal por mí misma. Sin embargo, con mi cambio de actitud, acepté la oferta.

Concordamos la cita para el gran cambio de imagen. Mi hermano Lalo me ayudó fabricando en su trabajo una placa de acero que me permitía sentarme en mi silla de ruedas con mi pierna elevada y extendida. Estela, su hija Lily, y mis dos hijas Ariel y Ariana, estaban listas para transformar mi cabello canoso a un hermoso pelo castaño. Usando un bote de basura grande y un embudo que se inventaron de un plástico grueso, ellas encontraron la forma de cómo quitarme mis preocupaciones al ponerme bella para el video. Así que me recosté hacia atrás en mi silla de ruedas y debajo de un árbol de durazno, las niñas me pintaron el cabello en mi patio interior. Les dije, "Estoy segura de que a nadie le han pintado el cabello debajo de un árbol." Para celebrar el momento alegre, cogí un durazno (que no estaba maduro) y empecé a comerlo mientras me enjuagaban mi pelo.

El cambiar mi actitud me permitió experimentar felicidad en medio de una situación poco ideal. No solamente eso, sino que también con el cambio de actitud encontré soluciones para mis obstáculos en lugar de darme por vencida. No podía cambiar mi situación, pero podía cambiar mi respuesta hacia ella. Adicionalmente, me permitía enfocarme en mis habilidades y usar el tiempo para escribir y publicar un libro en lugar de enfocarme en lo que no podía hacer. Mi cambio de actitud logró todo esto, haciéndome sentir mucho mejor. Yo no hubiera podido tener este poder sin cambiar de negatividad a positividad, al igual que mi reacción a lo que me estaba sucediendo.

Cambiar de una actitud negativa a una positiva no es fácil. A veces la situación es tan difícil que podemos quedarnos estancados en la oscuridad más tiempo de lo que deseamos. Reflexionando en mi vida, recuerdo dos situaciones que me tomaron mucho tiempo en cambiar cómo me sentía. Una situación fue cuando perdí a mi hijo a causa de un parto prematuro después de que ya había tenido dos embarazos perdidos. Esos momentos oscuros, y el sufrimiento, me tomaron prisionera de mi propia voluntad. Sentí que nunca sería feliz de nuevo. El dolor parecía no sanar. Recuerdo que me sentía miserable, y hasta odiaba ver a las personas contentas. Me preguntaba a mí misma, " ¿Cómo pueden estar tan felices mientras yo me agobio en mis penas?" Sin embargo, el tiempo pasó y asombrosamente este tipo de dolor sanó. Ahora mirando hacia atrás, estoy agradecida por esos momentos oscuros. A causa de esas dolorosas pérdidas, mi esposo y yo dimos la bienvenida a diferentes maneras de convertirnos en padres y decidimos adoptar una hija. Ahora, no puedo imaginar mi vida sin Ariel, mi bella hija adoptada. Así que a veces, debemos recordar que, si somos pacientes, los momentos oscuros de nuestras vidas nos pueden llevar a una felicidad inesperada.

Otra vez cuando batallé para cambiar mi actitud fue cuando la mujer más importante en mi vida, mi madre, falleció. Ella era mi todo. Yo dependía de ella emocional y físicamente. Ella era la primera persona que buscaba cuando necesitaba apoyo y ánimo. Yo sabía que teníamos una conexión especial desde que me diagnosticaron con polio en mi infancia. Su misión en esta vida fue brindarme apoyo y ayudarme a realizar mis sueños. Yo estaba igualmente conectada a ella, a veces seguía adelante solamente porque quería que ella estuviera feliz.

Después de su muerte, me preguntaba cómo sanaría de tan grande pérdida. De nuevo, el tiempo sanó mi herida. Acabamos de celebrar el cuarto aniversario de su partida, y aunque el dolor continúa allí, ahora puedo ver su muerte con resignación y aceptación. De hecho, su pérdida me llevó a sumergirme en la escritura y publicar un libro. Escribí una autobiografía como un tributo para ella y todo lo que ella hizo por mí para que yo lograra estar donde actualmente estoy en mi vida. Así que, de nuevo, mi actitud cambió con el tiempo. Lo que veía como algo oscuro y negativo, ahora lo veo brillante y lleno de paz. Estoy agradecida de que la tuve a ella como mi madre. Saber que ella no sigue sufriendo, y que está en un mejor lugar, me trae paz.

Las actitudes negativas de los demás han afectado mi vida como una mujer mexicana inmigrante con una discapacidad. Estas actitudes negativas a veces se encuentran en mi vida diaria, y descaradamente me enseñan los prejuicios hacia las personas que son diferentes, igual que yo. Algunas personas no pueden entender cómo mi vida puede ser abundante sin mi habilidad para caminar. Ellos expresan esos prejuicios en formas muy hirientes, a veces haciéndome sentir menos que ellos o hasta peor, haciéndome sentir invisible. Estas reacciones duelen; sin embargo, yo uso el poder sobre mi propia actitud, y decido no permitir que estos incidentes me definan o determinen cómo debería verme a mí misma. La habilidad para hacer esto ha tomado tiempo y paciencia. Cuando era una niña pequeña, adolescente, y adulta, era difícil para mí bloquear las actitudes negativas de otras personas hacia mí, lo que frecuentemente resultó en dejar cicatrices en mi autoestima. Como adulto mayor, ahora soy más capaz de reconocer que las actitudes de los demás hacia mí es un problema que ellos tienen, y ahora puedo decidir que sus actitudes no me causen dolor. Muchas veces, mejor escojo verlo como una oportunidad para un momento de aprendizaje para los demás donde yo puedo explicar cómo su comportamiento es discriminatorio y/o doloroso.

Las actitudes de los demás pueden frecuentemente tener un impacto grande en otras personas, hasta en nuestros seres queridos. Como educadora, yo vi como las actitudes de los padres hacia su hijo/a muchas veces sin querer afectaban el éxito del estudiante. Algunos padres venían a visitarme con su estudiante diagnosticado con una incapacidad, totalmente negando las dificultades causadas por la discapacidad. Ellos esperaban que sus hijos siguieran carreras que ellos querían sin reconocer que estas aspiraciones podrían ser poco realistas o que las áreas de estudio que ellos habían escogido no era lo que el estudiante quería estudiar. Su actitud era que sus estudiantes (hijos) podrían tener una carrera lucrativa sin importar la discapacidad de su hijo/a y cómo ellos eran impactados por ella. La actitud de esos padres era una de merecer lo que ellos querían como si fuera un derecho.

Como una persona con una discapacidad, yo siempre entendí que una discapacidad no debe determinar el futuro de una persona, Sin embargo, yo creo que sin importar ser identificado como incapacitado o no, no cualquier estudiante, con o sin incapacidades, puede obtener la carrera que quiera. Cada persona tiene habilidades y dificultades. Algunos son buenos en matemáticas, mientras otros son buenos en la lectura o la escritura. Algunos son buenos en ciencias, mientras otros son buenos en habilidades prácticas. Por ejemplo, algunos padres querían que su hijo fuera ingeniero a pesar de que había obtenido un nivel bajo en su examen de aptitud en matemáticas. Era desafiante intentar explicarles que esta meta era poco realista para el estudiante, y era aún más difícil tratar de cambiar la actitud de los padres.

Otros padres tenían el punto de vista contrario, lo que era igual de dificultoso para el estudiante. Estos padres creían que la universidad no era para sus estudiantes por su bajo rendimiento escolar en el pasado, al igual que el hecho de que siempre se les hizo difícil la escuela por su discapacidad. Me percaté sobre esta manera de pensar en las familias Latinas que yo serví. Muchas veces venían conmigo porque yo hablaba español. Ellos hacían comentarios como, "Mi hijo es terrible en la escuela. Él mejor debería irse a trabajar en la fábrica con mi esposo." O, "La escuela no es para ella. Ella no puede aprender." Similarmente, yo me esforzaba por cambiar sus actitudes negativas, haciéndoles creer que una educación era fundamental para que el estudiante tuviera una vida exitosa. La mayoría escuchaba mi opinión y estaban contentos de que una Latina estaba apoyándolos porque ellos, como muchos padres, quieren lo mejor para sus hijos. Mi esperanza era poder cambiar una actitud a la vez.

De ninguna manera pienso que cambiar actitudes pasa natural o rápidamente. Estoy segura de que cada persona tiene que pasar por su propio proceso, como yo lo hice. Es trabajo pesado. Sin embargo, lo que sí sé seguramente es que quedarnos deprimidos o en un estado negativo no resuelve los problemas por los cuales estamos pasando. Al contrario, ellos hacen la situación peor. Yo he aprendido que mientras más dure con una actitud negativa, más tiempo tardaré en sanar y seguir adelante. Esto, claro, depende de nuestra voluntad de permitir que la luz entre. Para mí, esto pasa con el apoyo de mi familia y mis amigos, y con mi fe y oraciones.

Como profesora en un colegio comunitario por treinta años, yo también tuve la oportunidad de ser testigo de cómo las actitudes positivas determinan el éxito de un estudiante. Yo siempre estaba asombrada de cómo los estudiantes con incapacidades severas para el aprendizaje, pero con actitudes positivas y motivación, a veces eran más exitosos que otros estudiantes con mejor habilidad cognitiva, pero con actitudes pobres. Mi meta era siempre apoyar a los estudiantes, guiándolos para que cambiaran su percepción de sus discapacidades y enseñándoles que una discapacidad no era lo que determinaba su éxito. A veces, yo era exitosa en mis consejos, y era recompensada al ver cómo estos estudiantes florecían, y después se convertían en ejemplos de historias de éxito.

Tammy es un ejemplo de muchos de esos estudiantes de los cuales tuve el privilegio de trabajar en el colegio. Ella empezó sus estudios en Harper después de haber tenido una difícil experiencia en la escuela secundaria. Cuando ella comenzó su primer semestre, ella traía consigo misma las experiencias negativas de haber sido intimidada y de haberla hecho sentir como si no se merecía el éxito. Mientras trabajaba con ella, le recordaba que el colegio universitario le ofrecía una oportunidad para empezar de nuevo donde ella podía ser la escritora de su propio camino y que podía ser una historia con éxito. Con esta nueva esperanza, ella trabajó duro y fue paciente mientras navegaba su educación. Ella fue exitosa terminando su carrera y continuando sus estudios en una universidad. Ahora, ella es una maestra exitosa, ayudando a estudiantes como ella, a quienes les hicieron creer que no podrían ser exitosos.

Otro estudiante, Steve, había pasado tiempo en prisión. Cuando fue liberado de la cárcel, vino a estudiar a Harper. Él, también, traía consigo un pasado lleno de dificultades escolares aparte de su experiencia de haber pasado tiempo en prisión. Él compartió que siempre había odiado la escuela a causa de su discapacidad severa para leer. Él sabía que tenía que cambiar su vida después de su experiencia en prisión, y buscó apoyo en mi departamento. Mientras trabajé con Steve, fue evidente que lo importante para él era aprender que todos tenemos diferentes talentos y habilidades. Yo le expliqué que él podía tener éxito a pesar de sus dificultades para leer. Él estaba tan emocionado al enterarse que había carreras que se enfocan en habilidades en las cuales él podría sobresalir, y que había herramientas y tecnología que podían compensar por las habilidades que eran difíciles para él. Steve completó su certificado en soldadura. Él ahora trabaja como soldador, teniendo suficientes ingresos para mantener a su esposa e hijo. Él cambió de tener una actitud de "Yo no puedo hacer nada" a una donde decía "Yo puedo hacer algunas cosas" fue lo que le dio el éxito. Este cambio fue lo único que él necesitaba para triunfar.

Sin embargo, hubo estudiantes que no pudieron, o a veces no quisieron, cambiar sus actitudes. Ellos cayeron víctimas a los que otras personas creían sobre ellos. Esto frecuentemente resultó en no poder triunfar y estar en probatoria académica y/o dejar sus estudios. Desafortunadamente, aunque probablemente tenían lo necesario para ser exitosos, ellos no pudieron creer en sí mismos a pesar de lo que yo hice. Poder lograr un cambio en cómo ellos se veían a ellos mismos era la diferencia entre el éxito y el fracaso. No importa lo mucho que yo quiera que un estudiante sea exitoso, las actitudes solamente pueden ser controladas por cada persona individualmente. ¡Yo no podía cambiar sus actitudes!

Nuestras propias actitudes y las actitudes de los demás pueden cambiar nuestra perspectiva sobre la vida. Reconocer nuestra actitud negativa puede destacar los cambios necesarios que debemos hacer para que podamos ver las cosas de diferente forma. La situación no cambia la mayor parte del tiempo porque usualmente está fuera de nuestro control. Lo que sí está bajo nuestro control es lo siguiente: nuestros sentimientos, nuestra perspectiva, y cómo respondemos a lo que está pasando en nuestras vidas. Este cambio puede ser lo que nos permite reconocer los momentos pequeños de felicidad que no hubiéramos notado si no hubiéramos cambiado nuestra actitud. El poder está dentro de todos nosotros. Nosotros podemos escoger la oscuridad sobre la luz. Podemos escoger la tristeza sobre la alegría. Tomar esta decisión depende totalmente de nosotros, y de nadie más.

PREGUNTAS DE REFLEXIÓN

1. ¿Cuáles son unos ejemplos donde tu actitud te afectó negativamente?
2. ¿Cuáles son unos ejemplos donde tu actitud te afectó positivamente?
3. ¿Cómo te afectan las actitudes de otras personas en una forma positiva o negativa?
4. ¿Qué harás para cambiar tu actitud negativa y mejorar tu perspectiva en la vida?

CAPÍTULO 2
BELLEZA

Todos hemos escuchado las palabras, "La belleza está en la mirada de quien contempla", la cual es una paráfrasis de Platón. Nuestras opiniones varían sobre lo que es bello y de que no lo es. El daño ocurre cuando caemos en y creemos en lo que la sociedad cree que es bello. La opinión de la sociedad en lo que considera bello incluye tener el cuerpo perfecto, el cutis perfecto, y un estilo espectacular. Pero ¿cuántos de nosotros realmente representamos esta imagen? Yo no la represento. Como una persona con una incapacidad, yo frecuentemente he sentido que las personas no me ven como hermosa, sin importar lo que soy por dentro. No importa cómo me visto, ni todo lo que he logrado. Cuando busco imágenes en la internet de la palabra bella, nunca vere una persona que se parezca a mí.

Creciendo en una familia mexicana, frecuentemente me sentaba para ver novelas con mi mamá. Siempre observaba como las actrices siempre tenían el cabello perfecto, el cuerpo perfecto, y se vestían con estilo y ropa cara, frecuentemente hasta cuando se acaban de despertar por la mañana. Todas estaban guapísimas. Los hombres de las telenovelas eran musculosos, ninguno estaba panzón o con el cabello despeinado. Cada actor era alto, delgado y guapo. No importaba el canal o la novela, las personas eran representadas basándose en la definición de belleza de la sociedad.

Cuando era una mujer joven, frecuentemente me preguntaba por qué no enseñaban a mujeres que no tenían un cuerpo perfecto o por qué raramente había una actriz con una silla de ruedas como yo. Cuando en rara vez enseñaban a una persona con una discapacidad, el personaje siempre era representado como una persona infeliz a causa de su condición física. Ellos querían morirse o rezaban por un milagro que los hiciera caminar. ¿Será porque las telenovelas eran para entretener y son fantasía? ¿Será porque una discapacidad es vista como algo feo de lo que se tienen que deshacer para ser felices? Yo sabía que mi imagen era afectada negativamente porque nunca vi en la televisión a alguien parecido a mí, o a alguien que era feliz, aunque tenía una discapacidad. Era una batalla constante dentro de mí porque cada mensaje que recibía me decía que tener una discapacidad era algo malo o feo.

¿No sería mejor si las personas valoraran a otros basándose en cualidades más importantes que la belleza física? Me pregunto cómo esto afecta a los jóvenes que intentan alcanzar esa belleza codiciada que nuestra sociedad representa y que es poco realista. Como seres humanos, siempre luchamos para encajar, pero ¿por qué creemos que la única forma de encajar con los demás es alcanzando una imagen codiciada que fue impuesta sobre nosotros? Caemos en la trampa de la próxima dieta de moda, compramos ropa de diseñadores famosos que no están en nuestro presupuesto, a veces contemplamos la cirugía plástica, y nos sentimos deprimidos porque estamos muy lejos de tener esa imagen de belleza.

Recuerdo lo mucho que sufrí queriendo ser bella en la forma que los otros perciben la belleza. Pasé un sinnúmero de horas sintiéndome triste por mí misma y odiando estar discapacitada porque le echaba la culpa por mi falta de belleza. Me daba vergüenza por el tipo de aparatos ortopédicos para las piernas y los zapatos que usaba por mi polio. Caminaba con aparatos de piernas y muletas, lo que limitaba el tipo de ropa que podía ponerme. Aun cuando estaba usando mi silla de ruedas, y ya no necesitaba usar los aparatos ortopédicos, tenía limitaciones que me impedían poder ponerme la mayoría de los estilos modernos. A causa de mis impedimentos físicos, era difícil perder peso sin poder hacer ejercicio por causa de mi discapacidad. En conclusión, mi cuerpo no era "normal". Puse la palabra normal entre comillas porque de nuevo, la sociedad ha construido una falsa estructura de lo que es normal y lo que es bello. Muy pocos de nosotros podemos alcanzar ese sentido de lo normal.

Cuando estaba en mis veinte años, yo realmente tenía problemas queriendo alcanzar la normalidad. Recuerdo haber salido con mis amigos a fiestas o conciertos y notando lo diferente que era yo. Cuando mis amigas y yo íbamos al baño, usualmente íbamos en grupo. Yo las acompañaba porque necesitaba usar el baño. Sin embargo, ellas iban para revisar su maquillaje, arreglarse el pelo y ponerse un poco más de lápiz labial. Yo no hacía ninguna de esas cosas. Primero, no las podía hacer porque los tocadores de baño frecuentemente eran inaccesibles, y no podía ver mi reflejo en los espejos. Segundo, aun si podía ver mi reflejo en el espejo, yo estaba demasiado consciente de mí misma y pensaba que me juzgarían. Me imaginaba que otras personas estarían sorprendidas de que yo me estuviera viendo en el espejo para tratar de ser atractiva. Las experiencias en el baño no eran para nada confortables, y muchas veces salía sintiéndome peor sobre mí misma que lo usual.

Ahora que estoy mucho mayor, y también más sabia, entiendo lo equivocada que estaba al pensar que yo sería bella en la manera que la sociedad describe la belleza. Cuando mis hermanos se empezaron a casar, yo pensaba que el matrimonio no estaba en mi futuro porque no era lo suficientemente bella. Estoy bendecida de que fui demostrada que estaba equivocada cuando creía que me faltaba la belleza suficiente para ser considerada material para el matrimonio. Isidro pudo ver mi belleza interior y exterior. Para él, no hay otra mujer tan bella como yo. Esto, claro, es por causa del amor. El amor transforma todo.

Admito que a veces todavía caigo en la trampa de querer ser lo que no soy. Mi hija Ariel se casó recientemente. Mientras le ayudaba a planear su boda, mi más grande preocupación fue que sentía que nunca iba a poder representar la imagen de la "madre de la novia". ¿Cómo podría hacerlo si estaba en una silla de ruedas y me veía como me veo? Busqué un vestido que me quedaría bien en innumerables revistas nupciales. Como deseo no haber buscado vestidos en esas revistas. En lugar de ayudarme, me deprimieron aún más. Todas las mujeres retratadas en las revistas eran mujeres con vestidos glamorosos, zapatos de tacón alto, y con maquillaje y cabello perfecto. Desafortunadamente, estaba tan estresada que mi preocupación consumía cada pensamiento, y me perdí los momentos felices de los preparativos para la boda de mi hija.

Como hago a menudo, decidí cambiar mi pensamiento ya que nunca podría cambiar el hecho de que nunca me podría ver como las modelos en las revistas. Decidí buscar una solución en lugar de sentirme mal por mí misma. Así que, reflejé lo que necesitaba y encontré la manera de verme bella a mi propia manera. Compré el material para diseñar una falda, y con la ayuda de la esposa de mi sobrino, creamos una prenda de vestir que servía perfectamente. Las faldas tradicionales no me funcionaban porque no podía usar el baño sin mojar la falda cuando me transfería al inodoro. Así que, como ahora bromeo, inventé una cortina para mi regazo. Básicamente, es una falda con una abertura de arriba a abajo por la espalda. Esto me permitía sentarme en mi silla de ruedas y dejar caer el material alrededor de mis piernas, logrando que se viera como una falda "real".

Tal vez no encajo en la imagen de lo que las revistas describen como la madre de la novia, pero yo ciertamente encajé como la madre de la novia de mi bella hija Ariel. Logré este cambio porque me permití cambiar mis propios sentimientos sobre la belleza. Yo era la que me estaba lastimando a mí misma al intentar usar prendas que estaban diseñadas para personas que no usaban sillas de ruedas. ¿Por qué trataba de encajar en un mundo que no era para mí? ¿Por qué no crear lo que es práctico y bello para mí? Esta experiencia realmente me ayudó a reflexionar en lo mucho que todos nosotros tratamos de ser como los demás. Rara vez permitimos brillar en nuestra propia belleza.

La belleza verdaderamente está en la mirada de quien la contempla. Sin embargo, como seres humanos, nos criticamos porque no reconocemos que ser diferentes no nos hace feos. Ser diferente, con diferentes estructuras de cuerpo, diferentes tipos de cabello, diferente color de piel, y diferentes características faciales, puede ser bello. Yo reconocí que el daño que me hice a mí misma fue porque quería ser como las demás mujeres en lugar de celebrarme a mí misma exactamente como soy.

En mi sabiduría, ahora veo la belleza diferentemente. He notado como individuos aparentemente atractivos pueden ser feos por dentro y en su forma de ver el mundo. Viceversa, algunas de las personas menos físicamente atractivas pueden ser las personas más hermosas. La personalidad, el comportamiento, la inteligencia, y la amabilidad son lo que realmente hacen a una persona bella. Las personas que nos apoyan y nos quieren son las personas más bellas en nuestra opinión.

De hecho, yo creo que todo lo creado por Dios es bello, pero nosotros destruimos la belleza con nuestras decisiones y la forma en la que vivimos nuestras vidas. Deseo haber tenido esta sabiduría en mi juventud. Sin embargo, creo que toma tiempo para que nosotros podamos comprender cómo cada persona en el mundo es una creación bella de Dios. Estamos aquí en este mundo para vivir esa belleza. Destruiremos nuestra belleza al no apreciar nuestra individualidad y al tratar de ser como los demás. Debemos parar de ser nuestros peores críticos y parar de compararnos con los demás.

En el colegio, trabajé con miles de estudiantes. Yo también enseñé un curso titulado Psicología Humanista al cual yo describía como un curso sobre la autoestima. En este curso, yo enseñaba diferentes aspectos de la experiencia humana, incluyendo temas como la apariencia física, las etapas de la vida, y la motivación. Internamente, frecuentemente me sentía como un hipócrita porque estaba enseñando sobre la autoestima mientras yo misma tenía una autoestima baja en la forma en que me veía a mí misma. Curiosamente, yo podía ver la belleza de cada uno de mis estudiantes, pero no podía ver la mía. Afortunadamente, entre más enseñaba el curso y presenciaba el cambio en mis estudiantes, aprendía a aceptarme más a mí misma. Yo creo que todos los buenos educadores a veces aprenden más que los estudiantes a quien ellos enseñan. Esto era cierto para mí.

Ser compasivos con nosotros mismos es un empeño difícil. Hemos estado condicionados a juzgarnos duramente. Mientras estaba criando a mis hijas, yo quería protegerlas de esta realidad. Yo quería que mis dos hijas se valoraran ellas mismas como seres humanos. Yo sabía que cada una de ellas era bella a su propia manera, pero quería enseñarles que lo que realmente importa es cómo ellas se ven a sí mismas. Temía que ser criadas con dos padres con discapacidades añadiría una barrera adicional a su habilidad de verse a sí mismas como personas bellas. La gente se fijaba en nuestra familia constantemente, nos tenían lástima y nos hacían sentir diferentes. Ser diferente usualmente significa ser considerado "feo'. Yo nunca quería que nuestras hijas sintieran que nuestra familia no era bella porque éramos diferentes y no éramos la familia típica.

Ahora que mis hijas son adultas, pienso que mi esposo y yo fuimos exitosos en nuestra meta. Nuestras dos hijas, aunque diferentes como la noche y el día, saben lo que realmente importa en la vida. Ellas saben lo que hace a las personas bellas. Ellas son bellas porque aceptan las diferencias, no juzgan rápidamente, y respetan a todos. En sus veintes, ellas han demostrado ser individuos con buenos fundamentos que aprecian la belleza en ellas mismas y los demás. Estoy muy orgullosa de ellas. Ellas fueron criadas por padres que pudieron haberlas hecho sentir menos que los demás, sin embargo, su experiencia las ayudó a saber apreciar lo que realmente importa en esta vida- el amor, la familia y la amabilidad.

Yo batallé más con autoaceptación algo que mis hijas jamás batallaron. Yo sé que esto es debido a mi discapacidad y ser criada por padres muy humildes. Mi madre nunca pensó que ella era bella. De hecho, ella resistía verse en la cámara. Ella frecuentemente miraba hacia abajo cuando tomábamos fotos de ella, como si no fuera digna de estar en la foto. A veces, mi papá pensaba que no era lo suficiente porque no tenía una educación. Mis dos padres eran las personas más bellas en el mundo para mí y muchas otras personas. Su amor hacia su familia, su dedicación total hacia nosotros, y los valores que nos inculcaron, hicieron a cada uno de ellos más valioso. Ellos comprobaron que la belleza del alma y espíritu es más significante que cualquier atributo físico.

No dudo que en algunas ocasiones continuaré sintiéndome menos que los demás, y tal vez hasta fea. Sin embargo, yo sé que estos sentimientos no van a durar mucho tiempo. Ahora sé mejor. Yo sé que la felicidad comienza con la aceptación de nosotros mismos en la bella imagen que Dios creó. Me he dado cuenta de que no nací con la belleza que nuestra sociedad describe, pero Dios me regaló otras cualidades bellas. Soy una trabajadora aplicada, veo a la vida con un corazón agradecido, y siempre estoy buscando maneras de vivir mi vida al máximo. También sé que necesito valorar mi belleza antes de poder apreciar la belleza de los demás.

PREGUNTAS DE REFLEXIÓN

1. ¿Qué significa la belleza para ti?
2. ¿Cuáles son tus mejores atributos?
3. ¿Tú te ves como una persona bella? ¿Por qué o por qué no?
4. ¿Cuáles son las instancias donde no te sientes bella/o?
5. ¿Cómo puedes ayudarte a ti mismo y a otras personas a sentirse bellos?

CAPÍTULO 3
CORAJE

El miedo, cuando le damos poder, es el más grande culpable de nuestro sufrimiento y desdicha. Sin embargo, teniendo el coraje de enfrentar nuestros miedos puede ser la más grande liberación. He vivido toda mi vida con miedo, pero he sido exitosa porque nunca he permitido que mis miedos tomen control de mi vida. Yo siempre he seguido adelante a pesar de mis miedos, muchas veces resultando en éxito. Vivir con una discapacidad ha resultado en tener más razones para tener miedo.

En cada etapa de mi vida, he tenido miedo de diferentes cosas que pudieron haber prevenido mi habilidad para seguir hacia adelante. Cuando era niña, yo temía ser diferente. Carecía el conocimiento del por qué no podía ir a la escuela con mis hermanos, si no que fui forzada a ir a una escuela especial. Cuando era una adolescente, tratando de caminar con aparatos ortopédicos y muletas, temía caerme en especial porque mis caídas frecuentemente resultaban en huesos fracturados. Además, yo siempre temía no encajar con los demás porque me veía a mí misma como una persona diferente. Cuando era un adulto, yo temía no ser lo suficiente para poder casarme. A causa de mi discapacidad, yo temía no encontrar un trabajo en mi profesión aun con mi educación. Yo temía no poder tener hijos y convertirme en madre. La lista continúa, y los miedos continúan todavía hoy. Ahora, yo temo envejecer y cómo el envejecimiento afectará mi movilidad aún más. A pesar de estos temores, yo he tenido y tengo el coraje para ejercitar mi poder e ir más allá de esos sentimientos para continuar avanzando.

El miedo es el tipo de emoción más debilitante. Yo creo que el miedo de fracasar, y el miedo a lo desconocido son posiblemente los dos más grandes tipos de miedo y los más comunes. En nuestras mentes, inventamos predicciones de todo lo que puede salir mal, frecuentemente dejando de predecir todo lo que pueda salir bien. Yo soy afortunada en haber descubierto que usualmente, aun en el peor de los casos, lo que puede salir mal no es tan horroroso como mi mente lo había creado. Así que, si tan solo tenemos el coraje para actuar, aun con miedo, veremos que la mayor parte del tiempo somos culpables de arruinar la situación en la que nos encontramos.

Viviendo en Chicago con sus inviernos extremadamente duros hacen que sea especialmente difícil para individuos que necesitan muletas, sillas de ruedas, o para cualquier persona que usa otro equipo de movilidad. Los inviernos pueden ser peligrosos para individuos con impedimentos de movilidad que tienen una manera de andar comprometida. Aprendí a manejar, pero el miedo me consumía cuando tenía que manejar en condiciones que podrían causar que me quedara atascada en la nieve. Otra preocupación para mí era tener un accidente de coche donde me lastimaría y/o no pudiera salir a buscar ayuda. Tengo la certeza de que mis padres también tuvieron estos mismos miedos cuando me veían salir en mi vehículo durante esos inviernos peligrosos. Sin embargo, al igual que yo, ellos no permitieron que el miedo impidiera de dejarme hacer lo que tenía que hacer. Yo claramente recuerdo a mi mama, aun cuando era mayor, ayudándome a mi vehículo, dando la bendición, y viéndome salir. Yo soy tan afortunada de que modelaron lo que es tener coraje al no permitir que sus miedos me detuvieran.

Mis miedos eran reales. Un día después de lluvias torrenciales, el suburbio donde yo vivo y que queda cerca del río Des Plaines, se inundó. Tenía varias citas con estudiantes, así que no quería faltar al trabajo. Salí de mi casa para ir al trabajo, aunque tenía mucho miedo. Imaginé y esperé tener opciones para tomar una ruta diferente y evadir las calles inundadas. Estuve equivocada. No tuve ninguna otra alternativa que pasar por un puente inundado cerca de mi casa. Tratar de ir al trabajo no había sido una decisión inteligente. La calle Mannheim, la cual es la calle principal para entrar a la carretera, estaba terrible. La calle Mannheim parecía más como un río que una calle. El agua completamente cubría las llantas de mi vehículo. Si hubiera sacado mi mano por la ventana, yo hubiera tocado el agua que se había acumulado. Como temía, me quedé atascada y mi van estaba prácticamente flotando. No podía guiar la van porque no se quería mover. Mientras trataba de resolver el problema, yo sabía que intentar salirme no era una opción. No hubiera podido utilizar mi rampa ni salir en mi silla de ruedas eléctrica ya que la van estaba rodeada de agua. Mi silla de ruedas dejaría de funcionar, o peor aún, se iría flotando como mi van estaba flotando. Cuando concluí que ni podía intentar salirme, tuve que decidir a quién le llamaría para pedir ayuda. Mi única alternativa lógica era llamar al 911.

Rescatarme no fue fácil. El personal de emergencias no podía sacarme a causa de mi silla de ruedas eléctrica. No solamente es pesada, sino que el agua tocándola puede ser peligroso por su electricidad. Yo pensé, "Apuesto que los tres bomberos fuertes y guapos podrán sacarme sin mi silla de ruedas si lo intentan." Mi sueño fue interrumpido cuando un par de bomberos llegaron a mi ventana. Después de verme en mi silla de ruedas, me dijeron que me quedara allí y que iban a sacarme con una soga conectada al camión de bomberos. Tenía mucho miedo, pero especialmente estaba avergonzada. En mi terquedad, pensé que tener coraje sería lo suficiente. Cuando me sacaron a un lugar seguro, aprendí mi lección. Después de esta experiencia, me di cuenta de que a veces es mejor ir a lo seguro. Después de todo, aun con mi valentía, no pude ver a mis estudiantes.

Mis padres tenían mucho coraje en más de una forma. Esto es cierto para muchas familias que inmigran a un nuevo lugar en busca de una mejor vida. Mis padres inmigraron a los Estados Unidos con la esperanza de una mejor vida para su familia. Su coraje es algo que siempre voy a apreciar. Yo tengo la certeza que mi vida no sería como lo es si ellos no hubieran tomado esta difícil decisión. Es por su valentía que yo he alcanzado todas mis metas y que yo he sido exitosa en este país. Gracias a su ejemplo, yo continúo teniendo coraje en cada etapa de mi vida.

Tomar el control del miedo no es fácil. La ansiedad no desaparece cuando seguimos adelante a pesar del miedo. Sin embargo, nuestro más grande obstáculo para el éxito es permitir que el miedo tome control sobre nosotros. Si hubiera permitido que el miedo me controlara, nunca hubiera aprendido cómo manejar con controles de mano. Nunca hubiera recibido una educación donde yo frecuentemente era la única con una discapacidad visible. Ciertamente, nunca hubiera podido tener una carrera exitosa, como la que tuve por treinta años. Más importante aún, nunca hubiera tenido la familia bella que ahora amo. Aun hoy, estoy constantemente luchando contra el miedo. Si hubiera permitido que el miedo ganará, nunca hubiera escrito y publicado libros. No es que no tenga miedo, sino que tengo el coraje para ir más allá de mis miedos. Esta es la razón por la cual usualmente me ha llevado al éxito.

Mientras nuestro país pasa por uno de los momentos más difíciles de nuestras vidas, es ahora más importante que nunca ser valientes. Con la pandemia del COVID 19, la guerra en Ucrania, las multitudes de tiroteos en masa, y la incertidumbre de la situación financiera de nuestro país, comprensiblemente hay más razones para tener temor. Pero si nos sucumbimos al miedo, nuestras vidas serán más miserables. El coraje no significa que el temor deja de existir. El coraje es el poder que tenemos en contra del miedo.

El coraje puede ser demostrado de diferentes formas. Las personas no tienen que estar en las fuerzas armadas, aunque los que sí están, demuestran tremendo coraje. Yo, por supuesto, aprecio sus sacrificios al hacer nuestro país mejor al luchar para que recibamos los beneficios y tomemos ventaja de las oportunidades que los Estados Unidos ofrece. El coraje también es visto en individuos que están teniendo diferentes tipos de batallas. Tal vez las personas están luchando contra enfermedades o adicciones. Otros pueden estar luchando contra obstáculos al vivir una vida llena a pesar de una discapacidad. Algunos pueden estar luchando contra las barreras que impiden hacer sus sueños realidad. El punto aquí es que las personas siempre están luchando contra algo. Cuando tenemos el coraje para luchar en nuestra vida, nuestro potencial no tiene límites si no nos limitamos nosotros mismos con solamente terreno seguro. ¡Los riesgos son necesarios!

A veces, el temor es la más grande discapacidad que una persona puede tener. Muchas veces, yo he sido vista como una persona valiente porque sigo hacia adelante y no dejo que mis limitaciones dicten lo que puedo lograr. Yo, por supuesto, creo que esto es lo que todos deben hacer. Necesitamos salir de nuestra zona de confort y aprender a lidiar con las emociones negativas que acompañan la incertidumbre. De nuevo, yo probablemente soy una de las personas con más temores, pero he aprendido a lidiar con la falta de confort, la ansiedad, los pensamientos de fracaso, y simplemente empujar esos sentimientos hacia abajo. He concluido que mi discapacidad física no es tan incapacitante como las otras personas que están estancadas y no pueden vivir sus vidas plenamente a causa de sus miedos. Yo conozco a muchas personas que están paralizadas, no físicamente, de la acción por sus miedos.

Recuerdo muchas experiencias donde yo quería darme por vencida y convertirme en una prisionera del temor. Esa hubiera sido la ruta fácil. Sin embargo, yo estaba llena de sueños, y más que nada, estaba llena de fe. Siempre me decía a mí misma, "Solamente trabaja duro y deja el resto para Dios." Esto trabajó para mí como aliento y motivación. No importa el reto enfrente de mí, yo seguía hacia adelante, y usualmente salía del otro lado logrando más de lo que yo imaginaba que fuera posible. Todos tienen este potencial; yo no soy super humana.

Probablemente, la experiencia más difícil donde casi perdí la batalla contra el miedo fue en mis intentos de convertirme en madre. Yo sabía que tener polio, estar en silla de ruedas, y tener una curvatura de la espina dorsal, podrían ser grandes impedimentos para poder ser una madre. Yo puse todas esas preocupaciones a un lado y decidí intentar el embarazo. Después de tomar esta decisión, tuve dos abortos espontáneos y un parto prematuro de un hijo que solamente vivió por dos horas. Esto era demasiado difícil de soportar. Tal vez por terquedad, pero más bien por mi profundo deseo de convertirme en madre, decidí buscar la adopción. Yo adopté una hija hermosa y después quedé embarazada por cuarta vez, resultando en el nacimiento a término de una niña saludable y bella. Sí, a veces no podemos obtener lo que queremos en la forma que lo queremos. Aun cuando experimentamos el fracaso, muchas veces existe una bella alternativa y solución. El coraje de seguir tratando con independencia del miedo es la respuesta. A veces nuestros peores momentos son el camino directo a las mejores partes de nuestras vidas.

Mi vida ha estado llena de encontrar alternativas. He tenido que buscar maneras de hacer las cosas, aunque las haya tenido que completar en una forma diferente. Desde la labor sencilla de bañarme a hacer tareas más difíciles como cocinar o tener limpia la casa, he tenido que descubrir soluciones para hacer las cosas. Mientras mi discapacidad progresa y mi habilidad física deteriora, yo tengo que ser creativa y estar abierta a alternativas. Yo sé que esto toma coraje. Regularmente he encontrado la vida difícil, y la solución fácil hubiera sido darme por vencida, pero nunca lo he hecho, y nunca lo haré. Sin embargo, no siempre sigo hacia adelante sola; yo lo hago con el uso de la tecnología, herramientas creativas hechas a mano, o con la ayuda de los demás. Interesantemente, yo creo que demuestro el coraje más grande cuando pido ayuda.

Mi madre era una ávida jardinera Ella tenía el jardín más hermoso de la mayoría de los barrios. Yo siempre creí que la jardinería no era posible para mí porque estaba en una silla de ruedas. Así que nunca aprecié el jardín que mi mamá tenía en su patio y en el mío. Sin embargo, después de que falleció, fue triste ver mi jardín y extrañaba la belleza de las flores que yo había dado por hecho por muchos años. Mi mamá ya no estaba aquí, así que tenía que dejar de decirme que la jardinería no era posible para mí y buscar alternativas posibles. Con la ayuda de mi hermano Lalo y una amiga, encontré una solución. Ellos me asistieron en transformar mi jardín en camas elevadas donde puedo independientemente plantar lo que yo quiera. Tuve que dejar mi miedo de no poder tener mi propio jardín hacia un lado. Estoy tan contenta de que lo hice porque ahora tengo el jardín más bello y lleno de paz donde puedo reflejar sobre mi vida. Como un bono, me ha permitido estar cerca de mi madre de una manera que nunca creí posible.

Las personas deberían preguntarse a sí mismas las siguientes preguntas. ¿A qué le temo? ¿Estos temores están bloqueándome de poder cumplir mis metas? ¿Qué puedo hacer para tomar control de mis miedos? ¿Cómo puedo demostrar coraje para ir más allá de estos miedos? Después, simplemente tenemos que ponernos en acción y tomar el primer paso. La solución siempre es trabajar duro. Confíen en mí. Lo que parecía imposible será posible algún día. Es fácil darse por vencido cuando las cosas no ocurren o salen como queremos. Sin embargo, a largo plazo, lograremos más de lo que nunca esperamos de nosotros mismos.

El coraje es un factor importante para encontrar la felicidad. Cuando el miedo nos detiene, la miseria es asegurada. Aprendan que el temor es una emoción humana, y una manera de protegernos del peligro. A veces es importante que el temor nos detenga. Como mujer, he aprendido a no salir sola cuando está oscuro, especialmente en áreas desoladas. Claro, necesitamos escuchar nuestra intuición cuando nos dice que hay peligro inminente. El miedo en este caso es necesario y debemos poner atención a cualquier instinto interno. Sería una mala decisión querer ser valientes y correr el riesgo de ser lastimados. Deseo haber sabido esto antes de haber intentado cruzar el puente inundado.

Cuando usaba muletas para la movilidad, usualmente optaba por usar una silla de ruedas durante condiciones con hielo. El temor de caerme era real. Hubiera sido ignorante de mi parte no poner atención al peligro de caminar sobre el hielo o calles con nieve en muletas. Tener coraje no significa ignorar el peligro totalmente. En este caso, no estaba exagerando el posible peligro. Sin embargo, a veces lo que nos decimos a nosotros mismos no es verdad y estamos inventando peligros donde no existen. Estoy mejorando en saber la diferencia entre el peligro real y el peligro que quiero creer. Reflejo para poder tomar mejores decisiones y para determinar si el miedo me está deteniendo para alcanzar mis metas.

El coraje es tomar riesgos aun cuando no sabemos lo que será el resultado. Por supuesto, algunas personas tienen fobias, las cuales son diagnosticadas clínicamente como discapacidades psicológicas. Las personas diagnosticadas con el desorden de fobias necesitan tratamiento profesional para poder superar sus miedos irracionales. Salvo una condición psicológica, la mayoría de lo que temernos es causado porque nos decimos a nosotros mismos todo lo malo que puede suceder. Creemos que los peligros son cien por ciento reales. Debemos diferenciar entre el temor real y lo que solamente está en nuestras mentes.

A veces los miedos parecen irrazonables y después comprobamos que son reales. En un curso que enseñé, tuve una tarea donde los estudiantes tenían que pensar en su línea de vida. Tenían que incluir los altibajos de sus vidas. La expectativa era que ellos tendrían que compartir su línea de vida con la clase haciendo una presentación de menos de cinco minutos. Diana, una de mis estudiantes, vino a platicar conmigo después de clase y compartió que ella tenía un gran temor de hablar en público. Yo empatice con ella, pero quería que ella intentara de salir de su zona de confort, recordándole que el salón de clase era un lugar seguro. Ella con indecisión dijo que estaba de acuerdo de preparar su línea de tiempo y presentarla en la próxima clase.

En la próxima clase, contacté a Diana para ver si todavía estaba planeando hacer su presentación para la clase. Ella estaba visiblemente nerviosa, pero yo le aseguré y le sugerí que solamente me viera a mí. Cuando ella estaba en frente del salón, estaba temblando. Empezó a hablar, y un minuto más tarde, ella tuvo náuseas y vomitó en el piso en frente de ella. Todos, incluyéndome a mí misma, no pudimos movernos momentáneamente por la conmoción. Yo después rápidamente reaccioné y le sugerí que fuera al baño para limpiarse. Cuando salió, no estaba segura de que hacer ya que la clase era los sábados y las personas de limpieza no estaban fácilmente disponibles. Lo peor del caso es que los otros estudiantes con estómagos sensibles estaban asqueados y empezaron a sentir náuseas, corriendo al baño para también vomitar. No tenía otra opción más que cancelar lo que restaba de la clase, ya que yo también estaba a punto de hacer lo mismo que los otros estudiantes. Esta fue una tremenda lección para mí. Aprendí que a veces debemos apoyar a los estudiantes con sus miedos, pero no debemos olvidar de siempre intentar de que los estudiantes estén protegidos y no demandar demasiado.

Muchos de mis miedos pueden ser explicados racionalmente. Sin embargo, repetidamente, he comprobado que con el coraje de perseverar y al trabajar fuerte, yo casi siempre fui exitosa. Por ejemplo, el temor de no poder pagar la universidad era real. Yo era parte de una familia de once, y mis padres no tenían una educación formal. Mi mamá nos cuidaba mientras mi papá trabajaba en una fábrica. Ellos no podían ayudarme con los gastos para ir a la universidad. Sin embargo, no permití que el miedo me detuviera, En vez de eso, yo busqué soluciones prácticas, una de las cuales era conseguir becas. Yo fui la única de mi familia que fue a la universidad, y esto ocurrió solamente porque yo fui más allá de los muchos mensajes, aunque reales, que me hacían dudar de poder asistir a la universidad.

El miedo sirve un propósito, pero tenemos que reconocer que también es la causa de quedarnos estancados sin poder seguir hacia adelante. El temor puede ser el culpable de vivir una vida miserable si dejamos que tenga el control. A veces nuestras mentes mandan señales de aviso falsas que debemos ignorar. A causa de estos temores, muchas veces hacemos excusas, pero con reflexión podemos encontrar que el temor está tomando el control de nosotros. Debemos pensar críticamente sobre los mensajes que escuchamos dentro de nosotros mismos. Tomará coraje para poder moverse a pesar de nuestros miedos, pero el coraje está dentro de todos nosotros. Somos más fuertes de lo que creemos, y cuando tomamos control de nuestros miedos, hay una gran satisfacción. El coraje es el antídoto contra el miedo, y puede hacer una gran diferencia en la habilidad de vivir una mejor vida.

PREGUNTAS DE REFLEXIÓN

1. ¿Cuáles son algunos ejemplos cuando has demostrado tener coraje?
2. ¿Cuáles son ejemplos de miedos por los cuales necesitas coraje?
3. ¿Cuáles pasos puedes tomar para superar el miedo con coraje?
4. ¿Cómo sabes la diferencia entre miedo al fracaso y miedo racional?

CAPÍTULO 4

DISCAPACIDAD

Contemplé no usar "discapacidad" para este capítulo y encontrar otro concepto que empieza con la letra D. Sin embargo, opté por usar esta palabra porque quiero resaltar este concepto importante que va a impactar a cada persona en un momento u otro de sus vidas. Por supuesto, la discapacidad ha estado en el primer plano de mi vida. Ser diagnosticada con polio cambió mi vida, al igual que las vidas de las personas que forman mi familia completa. Sin embargo, yo sé que cualquier lector de este libro también se va a relacionar con el concepto de discapacidad a base de experiencia personal o al interactuar con un miembro de su familia o un amigo, o al cuidar a un padre en su vejez.

La discapacidad es la única minoría a la que las personas pueden ingresar en cualquier tiempo. No discrimina en contra del género, creencias religiosas, raza, clase social, o cualquier otra categoría que puedas imaginar. Ya sea por un defecto de nacimiento, un accidente, una enfermedad, o el envejecimiento, cualquiera puede unirse a este grupo en cualquier momento. Aun con esta realidad, la discapacidad continúa siendo mal entendida, temida, y un tipo de diversidad que es discriminada. Independientemente del tipo de discapacidad, las personas dentro de este grupo son hechas sentir que no importan en nuestra sociedad.

Mi discapacidad ha impactado casi cada experiencia que he tenido, y esas experiencias me han hecho la persona que soy hoy en día. Aunque pertenezco a otros grupos marginados, de ninguna manera estas identidades impactaron mi vida tanto como la de tener una discapacidad. Ser una mujer inmigrante mexicana de una familia con un estatus socioeconómico bajo no me afectó tanto como mi discapacidad. Bromeando, he dicho que no sabía que era una Latina y nunca pensé que mi género era visto negativamente, hasta que comencé a asistir a la universidad. Además, aunque otros nos catalogaban como una familia de bajos recursos, nosotros nos sentíamos ricos comparado a lo que teníamos en México. Por mi parte, habíamos pasado de trapos a riquezas.

La discapacidad, y como los demás la ven, ha estado en el primer plano de todas mis experiencias. Por esta razón, nunca he notado cómo ser una persona de color o una mujer haya influenciado a otros en la forma que me trataron. El mundo en el que vivimos fue hecho para individuos sin una discapacidad. Tomo una ley, La Ley para los americanos con Discapacidades (ADA) de 1990, para empezar a reconocer que las personas con discapacidades son miembros de la sociedad que tienen derechos como todos los demás. Fue la primera vez que los Estados Unidos tomó responsabilidad en garantizar el trato igualitario y el acceso para las personas con discapacidades. Esta fue la primera legislación que prohibía la discriminación basada en una discapacidad. Aun con esta ley, las personas con discapacidades como yo continúan siendo excluidas de entrar o participar como un miembro de la sociedad con los mismos derechos. El último censo indica que alrededor del 19 por ciento de la población estadounidense tiene alguna forma de una discapacidad, pero la inclusión sigue siendo una barrera significante para este grupo designado.

Mis primeros veinticinco años de vida fueron antes de que la ADA fuera firmada como ley. Por más de la mitad de mi vida, me he beneficiado de lo que la ley exige. Fácilmente puedo comparar como mi vida cambió a causa de esta ley. En mi experiencia, cuando estaba creciendo, tener una discapacidad significaba ser segregada. Para mí, lo separado nunca puede ser igual. Por la segregación, mi educación siempre fue en escuelas especiales. El mensaje constante que yo recibía era que necesitaba ser arreglada o si no, tenía que estar separada de los niños "normales". Era como si fuera la culpable por tener falta de acceso o era mi culpa por no ser como los demás.

Después que la ADA se convirtió en ley, las personas con discapacidades empezaron a ser integradas en las escuelas, al público, y a cualquier entidad que recibe fondos federales. Para este tiempo, ya casi había completado la mayor parte de mi educación. Reconozco que la vida para mí como una persona con una discapacidad mejoró muchísimo con los cambios que exigió la ADA. Pausadamente, empecé a ver el cambio de hacerme sentir culpable por no tener acceso, a hacer la accesibilidad una responsabilidad de nuestra sociedad. Todavía, puedo decir honestamente que continuó experimentando desafíos y barreras a causa de mi discapacidad. Sin duda. he llegado muy lejos, pero todavía me falta mucho por recorrer. Estoy de acuerdo que la ADA fue un buen comienzo para mejorar las vidas de los americanos con discapacidades porque esta ley requiere cierto grado de acceso. Sin embargo, ninguna ley podrá cambiar las perspectivas que las personas tienen sobre las discapacidades. Las actitudes de los demás continúan siendo una gran barrera para la inclusión para los individuos como yo que deben vivir y navegar en un mundo creado para aquellos sin discapacidades.

Me tomó más de cincuenta años para finalmente aceptar que no soy la culpable, menos que, o necesitar ser arreglada. Esto es lo que pensaba basándose en cómo las personas alrededor de mi interactuaban conmigo. Viniendo de México e inmediatamente ser categorizada como discapacitada, marcó mi vida. No entendía por qué yo era tratada diferente a los demás. Como niña, yo resistí ser etiquetada y frecuentemente deseaba no ser parte del grupo de discapacitados. Sin embargo, ahora me doy cuenta de que yo nunca fui la que tenía un problema. Yo soy perfectamente feliz sin poder caminar. Las personas pueden dudar mi honestidad cuando digo esto, pero lo digo desde lo más profundo de mi corazón.

Tener una discapacidad ha sido un regalo para mí. Me dio una mejor comprensión de la experiencia humana sin importar lo diversa que es. Tengo más aceptación de los demás y creo que todos estamos aquí en este mundo por alguna razón. Mi discapacidad me ayudó a tener experiencias que nunca hubiera tenido si no hubiera contraído el polio. Yo atribuyo mi éxito a mi discapacidad. Para vivir una vida plena, he aprendido que estoy dotada con otras cualidades más importantes que tener la habilidad para caminar. A causa de mi discapacidad, obtuve una educación. Ninguno de mis hermanos fue a la universidad porque se casaron o empezaron a trabajar. Debido a mi discapacidad, me convertí en portavoz y activista de los derechos de quienes son marginalizados. Como un individuo discapacitado, yo fui dirigida a la carrera perfecta de ayudar a estudiantes con discapacidades. Mi discapacidad me guio a encontrar la pareja perfecta para mí. Conocí y me casé con el amor de mi vida, quien también tiene una discapacidad. Tener polio y estar en silla de ruedas me causaron muchas dificultades en convertirme en madre, haciéndome más abierta a la idea de convertirme en madre adoptiva. Debido a mi discapacidad, tengo la plataforma perfecta para hablar, escribir y abogar por un cambio positivo. Esta plataforma me permite continuar dejando mi huella y haciendo una diferencia en la vida de los demás.

Por todas estas razones, me acepto completamente, con mi discapacidad y todo. Claro, mi vida es más difícil, pero es difícil a causa de la respuesta de los demás hacia mí y porque debo vivir en un ambiente inaccesible. Cuando me despierto cada mañana, nunca me quejo de tener que vivir otro día en silla de ruedas. A veces, hasta se me olvida que tengo una discapacidad. Yo vivo mi día completamente olvidándome de mi discapacidad, y no es hasta que me encuentro con una barrera que soy recordada que la tengo. Ya que mi casa y vehículo son accesibles, y tengo todo lo necesario para facilitar la movilidad y ser independiente, yo vivo una vida bastante plena y activa.

Yo estuve destinada a tener una discapacidad. Fue mi destino. Dios me escogió para ser discapacitada, pero también me dotó con una personalidad extrovertida, una ética de trabajo tenaz, y una tremenda energía y pasión para motivar a los que están a mi alrededor a que vean el mundo de una manera diferente. Yo sé que algunos individuos sin discapacidades no usan sus talentos y escogen pasársela quejándose de sus vidas. La vida es difícil para todos, pero depende de nosotros de usar lo que tenemos para hacer una diferencia. A todos nosotros nos han repartido una mano de cartas de póquer. Al final de cuentas, el que gana es quien juega su mejor mano. Las personas que estratégica y apasionadamente responden a cualquier cosa que se les presenta, son los que últimamente son los mejores ganadores. Yo sé que algunos de nosotros tenemos que trabajar más duro y soportar mucho más, pero al final de todo, somos personas más fuertes y nos convertimos en mejores seres humanos.

La discapacidad es muchas veces vista como algo aterrador para muchos. Esto es en parte a causa de la forma que los medios de comunicación representan a una persona con una discapacidad, lo cual influye las perspectivas de las personas y probablemente aumentando su temor. ¿Cuántas veces hemos visto películas donde los personajes heridos o con discapacidades prefieren morir que vivir con una discapacidad? Esto promulga la noción que la muerte es preferible que vivir con una discapacidad. Yo les puedo decir a todos; Yo no quiero morirme. Yo quiero vivir una vida larga y feliz. ¡Vale la pena vivir para todos nosotros!

No voy a negar que han existido tiempos cuando deseaba que mi vida fuera más fácil. Esto usualmente es un sentimiento que nace de la frustración. A veces mi cuerpo no puede seguir el ritmo de la energía de mi mente, y esto resulta en frustración. Yo quiero hacer tantas cosas, pero debo reconocer que mis limitaciones me prohíben hacerlas. ¡Además, a veces no tengo paciencia y quiero hacer las cosas ahora mismo! Pónganme en frente de una computadora donde mi cerebro está encargado, y no hay quien me pare. Sin embargo, cuando una tarea requiere que use mi habilidad física, allí es cuando soy recordada de mi discapacidad. Esto me hace sentir frustrada porque no puedo completar el deber o necesito depender de otra persona para recibir asistencia.

Yo le puse a esto la maldición Herrera, o tal vez la bendición Herrera. Mi madre siempre fue un ejemplo de una ética de trabajo que es difícil de igualar, pero todos mis hermanos y yo tratamos de reproducir esa ética al ser buenos trabajadores. Ella usó todos sus dones y nunca se cansó en todo lo que hacía. Ella tenía muchas responsabilidades por mi gran familia. Ella se despertaba por la madrugada y era la última de irse a la cama. Ella limpiaba, cocinaba, nos cuidaba, y esto fue lo que hizo hasta su muerte. Su misión en esta vida fue servir a cualquier persona que entró a su acogedor hogar.

Mi madre murió en abril del 2018 y ese verano previo, cuando tenía 84 años, todavía estaba cargando sus macetas pesadas, excavando, y cuidando sus plantas y a todos nosotros. Cuando íbamos a visitarla, lo primero que hacía era ofrecernos comida. Todavía estaba regularmente haciendo tortillas hechas en casa porque siempre quería tenerlas disponibles para ofrecerlas a sus hijos, nietos, bisnietos, al igual que cualquier otra persona que la visitara. Si quería que algo se hiciera, ella misma lo hacía. No importaba su fuerza o edad, ella todavía movía los muebles cuando quería reorganizar la casa. Así que, igual que ella, no permito que mis limitaciones me detengan.

Mi discapacidad viaja conmigo a todos los lugares que visito. Estoy segura de que es lo primero que ven los demás cuando se encuentran conmigo. Con frecuencia, siento que es menos beneficioso, a menudo diciendo que desearía que las personas me vieran primero y no mi discapacidad. Sin embargo, después de muchos años trabajando con estudiantes con discapacidades invisibles como la discapacidad de aprendizaje, el Trastorno por Déficit de Atención, y discapacidades psicológicas, descubrí que tener una discapacidad visible es preferible para mí la mayor parte del tiempo. Primero, no tengo que explicarme. Las personas saben inmediatamente que tal vez no podré participar en un entorno inaccesible. Segundo, en cuanto descubrí que mi discapacidad me moldeó en la persona que soy hoy en día, yo acepto que estoy bien con que las personas me vean como una mujer discapacitada.

Los individuos con discapacidades invisibles son malentendidos muchas veces. Ellos deben navegar sus vidas con otras personas cuestionando porque batallan, culpándolos por su falta de esfuerzo o dedicación. Una persona con una discapacidad invisible también necesita tomar la decisión de revelar la discapacidad o no. Típicamente, la decisión está basada en la experiencia de la persona, ya sea negativa o positiva. Mientras, en algunas ocasiones, esconder una discapacidad puede ser la mejor decisión como en una entrevista de trabajo, usualmente mantenerla en secreto puede conducir a muchos desafíos. He tenido muchos estudiantes con discapacidades invisibles que, por cuestiones de sus experiencias pasadas de ser etiquetados o juzgados, decidieron no revelar su discapacidad. A menudo, esta decisión resulta en que los estudiantes no reciban acomodaciones y apoyo que necesitan para ser exitosos. Cuando estos estudiantes finalmente se registran con los servicios para discapacitados, fue solamente porque sus padres los forzaron o porque estaban teniendo dificultades académicas que resultaron en estatus de probación.

Tomó mucho convencimiento de mi parte para que los estudiantes realizaran que ellos tenían el derecho de tener acomodaciones para sus necesidades, y que era para su beneficio revelar su discapacidad a sus profesores. Yo totalmente entendía sus incertidumbres. Mi meta era enseñarles a los estudiantes que una discapacidad no era lo malo, sino lo que es malo es tratar de ser exitosos en un ambiente educacional inaccesible para ellos a causa de su discapacidad. Lo que les afectaba era tener que completar requisitos donde a causa de su discapacidad, ellos batallaban o no podían tener buen desempeño. Por ejemplo, para alguien con dislexia exigirle que lea es como pedirme a mí que camine, y típicamente, los cursos universitarios requieren lectura. Yo los motivaba para que usaran las acomodaciones, así como yo uso una silla de ruedas para moverme de un lado a otro. Ya que ellos tenían una discapacidad invisible, ellos querían mantener su diagnóstico en secreto. Ellos se negaban a estar de acuerdo con cualquier persona que los trataba de motivar para que se registraran para servicios. Como una persona con una discapacidad visible, nunca tuve que lidiar con este tipo de decisión. Las personas veían mi discapacidad sin importar que yo lo quisiera o no. Yo solamente esperaba que ellos no me juzgaran negativamente e inmediatamente en cuanto a mis discapacidades, sin primero conocerme.

Aun con una discapacidad física, muchas veces sentí que mi inteligencia fue cuestionada. Sin importar a pesar de mis éxitos y triunfos, yo estaba muy consciente de que otras personas no estaban a gusto cuando ellos interactuaban conmigo. Era como si las personas estuvieran caminando sobre cáscaras de huevos, queriendo no cometer un error y/o decir algo incorrecto. Era obvio que ver mi discapacidad causaba una incomodidad No todos se comportaban de esta forma, pero muchos sí se comportaban así. Era reconfortante cuando notaba a alguien actuando normalmente y sin titubeos a causa de mi discapacidad. Yo apreciaba cuando descubría que una persona me veía más allá de la silla de ruedas en la que andaba.

Muchas veces me he preguntado de dónde viene la incomodidad hacia las personas con discapacidades. Me pregunto si es el resultado del temor. ¿Las personas tienen miedo porque los individuos con discapacidades son un recordatorio de lo que sus vidas podrían ser? ¿Las personas tienen miedo de cometer errores? ¿Las personas tienen falta de experiencia a las diferencias? Independientemente de la fuente, su incomodidad realmente me afectó. Esto era realmente verdadero cuando era menor y deseaba caerle bien a todos. Ahora, yo me he dado cuenta de que algunas personas nunca se sentirán a gusto cuando están cerca de mí, y que no debo gastar mi energía tratando de que me vean diferente. La discriminación en contra de una discapacidad y otras formas de diversidad vienen de la misma raíz.

He aprendido más sobre las discapacidades y los diferentes tipos de efectos que tienen en las personas desde que me casé con un hombre con una discapacidad. A diferencia de mí, Isidro sufrió su discapacidad cuando era adolescente, mientras yo me incapacité cuando era un bebé. Isidro sabía lo que era vivir sin una discapacidad. Yo no, porque en lo que me concierne, yo he estado discapacitada toda mi vida. Se volvió obvio que nuestros puntos de vista eran diferentes. Esto me ha ayudado tremendamente porque yo aprendí de él que las personas no tienen el derecho de ser indiscretos al preguntar sobre nuestras discapacidades antes de conocernos. Él me señaló que no debo dar una explicación a las personas solamente por satisfacer su curiosidad. Esto fue una lección importante que tenía que aprender porque yo siempre sentía que tenía que revelar mi discapacidad hasta a desconocidos. Profesionalmente, esto me ayudó para entender a los individuos que sufrieron su discapacidad más tarde en sus vidas y cómo esto moldeó sus opiniones sobre su condición.

Mi esposo fue diagnosticado con artritis reumatoide cuando era un adolescente. Antes de este diagnóstico que cambió su vida, él había sido un adolescente típico, trabajando como repartidor de periódico usando su bicicleta para entregar el periódico en su barrio. También aprendió a tocar la guitarra y jugaba deportes con sus amigos. La artritis cambió todo. Ya no podía andar en bicicleta, ni tampoco sostener una guitarra porque sus coyunturas limitaban su rango de movimiento. Asimismo, ya no podía jugar deportes porque tenía que usar muletas y a causa de su falta de flexibilidad.

Las características de Isidro y la manera en que escogió lidiar con su discapacidad fue lo que me llevó a amarlo. Yo admiraba su fortaleza y cómo se adaptó a su nueva situación con coraje. Yo siempre he conocido mi vida como discapacitada, así que no sé lo que me falta, pero él sí sabe. Lo admiro porque, aunque su vida cambió dramáticamente, él no paró de vivir. Isidro se adaptó encontrando herramientas que le ayudan a vivir independientemente y tomando medicina natural que le da fuerza para soportar el dolor. No tiene el rango de movimiento para agacharse y ponerse sus calcetines, pero se los pone independientemente usando un tubo atado a un hilo. Él pone su calcetín en el tubo y luego usando el hilo, lo avienta al piso para que pueda poner su pie en el tubo. Luego él jala el hilo hacia arriba para que el calcetín pueda deslizarse sobre su pie. No puede afeitarse o vestirse en una manera tradicional, pero se encarga de su cuidado personal independientemente. Él ha requerido que le reemplacen múltiples coyunturas, pero no toma medicinas recetadas. Él usa aceites esenciales y suplementos que le ayudan a controlar su dolor. A veces digo que es como el hombre biónico, pero sin los millones. A veces le digo que es mi hombre de hojalata, pero que ya tiene un corazón.

Yo nunca pensé que me casaría a causa de mi discapacidad. Mucho menos, nunca pensé que me casaría con una persona con una discapacidad. Pero Dios tenía planes diferentes y se las arregló para que pudiera conocer a mi compañero de vida perfecto. Fue nuestro aniversario número 27 el 1 de julio del 2022. Estoy bendecida de haberme casado con una persona que tiene un gran deseo, como yo, de progresar y no dejar que nuestra discapacidad dicte la trayectoria de nuestras vidas. Hacemos una buena pareja, complementándonos en muchísimas maneras. Juntos hemos formado una buena vida de clase media. Mantenemos un hogar pequeño, nos ocupamos entrando y saliendo de eventos sociales, y hemos criado a dos hijas con un nieto en camino. Unidos siempre hemos afrontado cada obstáculo.

Ya que las discapacidades afectarán las vidas de cada persona, tengo tres deseos. Mi primer deseo es que las personas no vean a una discapacidad como algo malo, sino que solamente la vean como una forma de diversidad. Las personas con discapacidades no quieren ser compadecidas, y mucho menos ignoradas. Queremos ser parte de la sociedad al ser incluidos y entendidos. Segundo, yo deseo que las personas se hagan responsables y pongan de su parte para ofrecer accesibilidad. Muchas veces, tener acceso es una idea de último momento cuando debe ser considerado desde un principio. Finalmente, mi último deseo es que las personas con discapacidades ya sean invisibles o visibles, sean ofrecidas las mismas oportunidades en esta vida. Es tiempo de que las personas con discapacidades sean integradas completamente en nuestra sociedad. Los tiempos donde las personas con discapacidades vivían en el sótano de sus padres, viendo la Rueda de la fortuna, y esperando el cheque de discapacidad del Seguro Social, ya terminaron. Esto requiere de todos nosotros. La alianza con las personas sanas es crucial.

Algún día, espero muy lejano, moriré todavía siendo discapacitada. Me gustaría que me recordaran como una persona que no permitió que su discapacidad la definiera. Me gustaría ser conocida como una persona que vivió una vida completa, y que usó su discapacidad para abogar por la inclusión de todos, sin importar sus identidades diversas. He tenido una vida excelente y si tuviera la opción de volver a nacer, escogería regresar tal y como soy. Me he aceptado completamente y le doy gracias a Dios por darme tantos atributos que borran tanto dolor que he sufrido a causa de mi discapacidad.

PREGUNTAS DE REFLEXIÓN

1. ¿Cómo han sido afectados por una discapacidad que tú tienes o alguien cercano a ti?
2. ¿Cuáles son tus actitudes sobre las discapacidades?
3. ¿Qué puedes hacer para ser un aliado y entender las discapacidades como un tipo de diversidad?

CAPÍTULO 5
ESFUERZO

Como madre, siempre les recuerdo a mis hijas que las oportunidades y el éxito nunca vienen a llamar a nuestras puertas. Tenemos que trabajar duro y poner esfuerzo para encontrarlos. Sin importar el sueño, se mantendrá un sueño, si no ponemos el esfuerzo para convertirlo en realidad. Las personas exitosas tienen éxito no porque tienen suerte o son más inteligentes. Muchas veces, las personas alcanzan el éxito por la cantidad de tiempo, persistencia y empeño que pusieron en su meta o proyecto.

Yo creía que tenía suerte. Sin embargo, cuando miro hacia atrás, cada éxito que he tenido ha sido en gran parte por la cantidad de esfuerzo que siempre pongo en todo lo que hago. Esto es cierto desde la simple tarea de preparar la cena a cualquier meta que quise alcanzar. Yo trabajo duro. Las cosas no llegan fácilmente. Cada éxito que he tenido ha requerido mi dedicación y esfuerzo. Obtuve mi educación a pesar de las muchas barreras que encontré. Yo era organizada y no perdía mi tiempo haciendo actividades sin fruto. Siempre veía mi empeño y esfuerzo con una inversión que yo sabía que sería recompensada a la larga.

Yo sabía que las probabilidades estaban en mi contra porque venía de una familia de estatus económico bajo y porque solamente había asistido a escuelas para individuos con discapacidades. Sabía que no tenía el lujo de fracasar. Navegué por el entorno difícil de una educación superior completamente sola. Me volví súper enfocada en no querer fracasar. No dejaba las cosas para más tarde ni buscaba excusas para no superar cualquier expectativa que tenía para mí misma, y hasta las expectativas que los demás tenían para mí. Fui muy exitosa, pero no fue por suerte. Puse a un lado las distracciones, aun cuando me impidió pasar tiempo con la familia. Mi prioridad era cada clase y cada tarea. Veía mi esfuerzo en la escuela como un paso hacia mi objetivo. Tal vez mi mayor motivación fue que yo sabía que no podría trabajar en trabajos de baja categoría o casarme.

Fui igualmente exitosa en mi carrera de treinta años como miembro de la facultad de Harper College. Yo puse esfuerzo en aprender el trabajo y mantenerme al día en mi campo de trabajo. También me esforcé en apoyar a cada estudiante que conocí. Cualquier inquietud personal que estaba atormentando mi mente, era puesta hacia un lado para que yo pudiera enfocarme en el estudiante, la junta o el proyecto. Esto resultó en recibir muchos reconocimientos durante mi carrera. Aún más importante para mí, esto ayudó a mis estudiantes para que alcanzaran sus metas.

El esfuerzo es necesario aun para tareas que salen naturalmente porque somos expertos. Lógicamente, es aún más importante para tareas difíciles a causa de nuestra falta de habilidades. Es entendible que queremos evitar cosas que son difíciles, pero se requiere más esfuerzo para lo que es desafiante. Pase lo que pase, el resultado asegurado por falta de esfuerzo es el fracaso. Incluso los músicos más talentosos practican y hacen un esfuerzo. Los ganadores de medallas de oro en las Olimpiadas reciben su reconocimiento por el esfuerzo que han desempeñado en su deporte.

Más de una vez, alentaba a mis estudiantes a usar los recursos disponibles, como el centro de tutoría, el laboratorio de matemáticas, y la biblioteca al explicar que los recursos eran para estudiantes exitosos que se estaban esforzando para recibir los mejores grados posibles. Estos estudiantes frecuentemente admitían que pensaban que los servicios eran para estudiantes que estaban reprobando. Ellos agradecían entender que usar los recursos no los "delataría" como estudiantes con discapacidades. El recordatorio de que los estudiantes "inteligentes" usaban recursos los iluminó a que consideraran utilizar los servicios de apoyo disponibles.

Como seres humanos complejos, con destrezas y capacidades, la cantidad de esfuerzo puede variar dependiendo de lo que son nuestras fortalezas. Encuentro la escritura como algo fácil para mí, así que, aunque me esfuerzo para poner mis ideas en papel, entiendo que aquellos con dificultades para escribir tienen que poner mucho más esfuerzo que yo. Similarmente, yo probablemente pueda resolver un problema algebraico complejo, pero el esfuerzo que tendría que hacer para resolverlo sería más grande que alguien que sobresale en matemáticas. Adicionalmente, la cantidad de esfuerzo que se requiere de mi para la jardinería es probablemente más que para aquellos que no tienen discapacidades físicas. Claro, hay más satisfacción al saber que por el gran esfuerzo que pongo de mi parte, tengo un jardín bello. Saber que logramos algo debido a nuestro esfuerzo nos da una gran satisfacción.

Era difícil para mí explicarle a mis estudiantes y sus padres que a veces, sin importar la cantidad de esfuerzo, no podemos lograr lo que queremos, especialmente cuando la meta es poco realista a causa de una discapacidad. A menudo hemos malinterpretado el eslogan militar de reclutamiento que dice, "Se todo lo que quieras ser" de significar que podemos ser todo lo que queramos. Esto está tan lejos de ser verdadero. Por ejemplo, no importa cuánto tiempo y esfuerzo ponga en ejercitar mis músculos de las piernas, nunca podré caminar. En primer lugar, no tengo los músculos para fortalecer, sin importar el esfuerzo. Nunca sería exitosa en poder caminar.

Una vez, yo quería demostrar este concepto a los estudiantes en una de mis clases. Era una novata en mi profesión que quería apoyar a los estudiantes sin hacerlos sentir desanimados. Cuando los estudiantes entraron al salón de clases, tenía el eslogan, "Se todo lo que quieras ser" escrito en la pizarra. Les pregunté a los estudiantes, ¿Creen que podemos ser lo que queramos ser?" La mayoría de los estudiantes rápidamente defendieron su punto de vista que ellos podían ser lo que quisieran ser si se esforzaban. Luego saqué una pelota de baloncesto que había traído al salón de clase. Empecé a rebotar la pelota. Dije, "¿Qué pensarían si les dijera que quería ser el próximo Michael Jordan? ¿Piensan que lo podría hacer? Yo pondría mucho tiempo y esfuerzo para ser una buena jugadora de baloncesto." Seguía rebotando la pelota mientras esperaba respuestas. Con caras desconcertadas, ellos fueron renuentes a responder. Un estudiante finalmente dijo, "No, no puedes. No hay mujeres jugando profesionalmente en el baloncesto." Otro estudiante dijo, "No, no puedes. Eres muy baja." Interesantemente, después de varias respuestas, ninguno de los estudiantes mencionó mi discapacidad como la razón por la que no podría ser el próximo Michael Jordan. Supongo que todos la tenían en sus mentes. Tal vez, ellos tenían miedo de ofenderme al señalar mi discapacidad. Concluí la lección explicando que a veces la discapacidad puede determinar el éxito en un campo de trabajo, y que fracasando no sería a causa de la falta de esfuerzo.

Durante toda mi carrera, pensé en otras actividades para demostrar que no siempre podemos ser lo que nos gustaría ser, pero eso no significa que no podamos ser exitosos. Yo compartía que cuando tenía sus edades, yo quería ser abogada porque deseaba mejorar las vidas de las personas con discapacidades. Continuaba explicando que, aunque no soy una abogada, lo cual fue en gran parte a causa de mi discapacidad y falta de acceso en la escuela de leyes, yo encontré una carrera donde todavía puedo trabajar mejorando las vidas de los estudiantes con discapacidades. El esfuerzo no siempre resulta en obtener lo que queremos. Sin embargo, se requiere esfuerzo en todos nuestros éxitos. La pura fuerza de voluntad no hace que nuestros sueños se hagan realidad. Yo sé que a veces no es justo que alguien pueda ser exitoso con poco esfuerzo, mientras otros no podrán ser exitosos sin importar la cantidad de esfuerzo que pongan de su parte.

Aunque esto es verdadero, los estudiantes también aprendieron que el trabajo y esfuerzo duro es recompensado la mayor parte del tiempo. En la universidad, yo muchas veces apoyé a estudiantes conocidos como "transferencia reversa". Estos estudiantes habían ido a la universidad, pero no fueron exitosos académicamente y fueron dados de baja, forzándolos a regresar a casa. Ellos regresaban a Harper, su colegio comunitario local, para recibir asistencia. Tuve una estudiante, Lauren, que vino a Harper descontenta con su situación de haber sido dados de baja de la universidad a la que asistía. Ella admitió que fracasó en la universidad porque no se había esforzado. Ella usó su tiempo para propósitos sociales, dejando poco tiempo para estudiar para sus cursos. Durante nuestra primera cita, elaboramos un plan para cambiar su situación y ser exitosa. La motivé al asegurarle que, si trabajaba duro y era exitosa, tal vez podría regresar a la universidad. Le dije, "Lauren, en cuanto pruebes el éxito, nunca querrás algo diferente. Sin embargo, el éxito solamente ocurre si te esfuerzas." Y eso fue exactamente lo que hizo. Ella se transfirió de nuevo a la universidad y completó su título. Hasta hoy, ella recuerda esa conversación y continúa usándola para alcanzar sus metas.

El hermano menor de Lauren, Paul, aprendió de los errores de su hermana y decidió empezar en el colegio comunitario y luego transferirse a la universidad deseada por él. Paul tenía trastorno de déficit de atención, pero era muy inteligente. Él era un estudiante muy dedicado que trabajaba duro y se esforzaba en cada una de sus clases. El frecuentemente mencionaba las palabras que le había dicho a Lauren y que ella le había dicho a él, "En cuanto pruebes el éxito, no aceptarás nada más." Él terminó su título en dos años y se transfirió a la universidad graduándose dos años después, comprobando que el esfuerzo es recompensado.

Ser una Latina me ayudó a apoyar a los estudiantes Latinos con los que trabajé en el colegio. Yo sé que culturalmente, ponemos a la familia como prioridad y somos los primeros en decir "mañana". Yo sé cómo fuimos criados para vivir el momento. Mis padres eran únicos ya que ellos quisieron que yo planeara mi futuro. Sin embargo, muchas veces, como Latina, yo quería satisfacción y resultados inmediatos. Para algunos estudiantes, la idea de tener que esperar dos o más años antes de obtener un título parecía imposible y pensaban que no valía la pena. Yo pude enseñarles que vivir de cheque en cheque no era una buena manera de vivir. Yo también les expliqué que entre más educación obtuvieran, el salario sería más alto. Yo pude hacerlos entender que su educación era una prioridad y que los bailes y otras actividades sociales podían esperar. Yo los motivé a que cambiaran sus prioridades, recordándoles que momentos divertidos con familiares y amigos siempre estarían allí para disfrutar.

Yo usé mi propia experiencia personal al compartir como navegué las culturas opuestas de ser un "mexicano" viviendo en los Estados

Unidos. Ellos no podían creerlo cuando compartía que cuando asistía a la escuela de leyes, salía de mi casa a las 4 de la mañana y regresaba a casa hasta las 10 de la noche para luego seguir estudiando. Adicionalmente, ellos estaban sorprendidos al saber que tenía un trabajo de tiempo completo mientras terminaba mi maestría y que a veces, me quedaba en un salón de clases toda la noche para tener más tiempo para estudiar. Les destaqué la importancia de que yo hacía lo necesario, y que yo sabía que ellos también podían hacerlo. Yo frecuentemente me ofrecía a platicar con sus padres quienes cuestionaban la cantidad de trabajo requerido para una clase, pensando que ellos estaban afuera de casa solamente divirtiéndose.

Tina aceptó mi oferta y me pidió una cita para que yo pudiera hablar con sus padres. Sus padres no entendían por qué regresaba a casa más tarde de lo que terminaban sus clases. Me reuní con Tina y sus padres, y tuvimos una gran discusión sobre la vida universitaria y todo lo que requiere. Ninguno de sus padres había asistido al colegio así que no tenían ni idea de cómo funcionaba el colegio. Ellos estaban sorprendidos al saber que, para cada curso de tres créditos, se requiere que el estudiante estudie un mínimo de 2 a 3 horas por cada crédito. Yo compartí que por eso se considera tiempo completo cuando un estudiante toma doce créditos. Yo calculé que el trabajo fuera de clase tomaría de veinticuatro a treinta y seis horas semanales, con el tiempo de clase siendo adicional. Era importante que los padres supieran que su hijo/hija probablemente pasaría alrededor de treinta y seis horas estudiando ya que su discapacidad iba a requerir tiempo adicional para usar las acomodaciones y los recursos. Ellos a menudo salían de la cita con nuevos conocimientos, agradeciendo que les había explicado cómo el esfuerzo es una gran parte del éxito. Antes de reunirse conmigo, ellos entendían que el estudiante iría a la escuela por ciertas horas y luego regresaría a casa. Era algo nuevo para ellos saber que a veces los estudiantes tendrían que quedarse en el campus mucho más tiempo después de que terminaran las clases.

Yo siempre he sido una abogada para los estudiantes con discapacidades, al igual que para los estudiantes Latinos. Yo sabía las tristes estadísticas para ambas poblaciones. Fracaso universitario resultando en no graduarse y el desempleo, o en tasas de subempleo tendían a ser más altas para estos dos grupos. Trataba de instilar esperanza en ellos al urgirles de trabajar duro. Les explicaba que era importante que ellos obtuvieran una educación para alcanzar una posición de poder que les permitiera ser parte de la solución al estar sentados en la mesa donde se tomaban decisiones importantes. Yo sabía que se necesitaba mucho esfuerzo, pero yo también sabía que este país necesitaba su éxito.

Mis hijas aprendieron a temprana edad que, si no hay un intento y esfuerzo, ellas nunca podrán saber si podrían ser exitosas. Cuando eran pequeñas, las tenía envueltas en todo tipo de actividades, incluyendo béisbol, karate, gimnásticas, y aprendiendo a tocar un instrumento. Ariana muchas veces era exitosa con poco empeño mientras que Ariel batallaba más sin importar lo duro que trabajaba. Sin embargo, Ariel tenía una gran personalidad y habilidades sociales, así que yo sabía que esto la ayudaría a ella. Ariana era introvertida y batallaba para ser social, así que, aunque tenía las habilidades en todo lo que hacía, era difícil convencerla para que se enfocara en la actividad. Ella evitaba cualquier actividad que requería que ella fuera el centro de atención. Desde temprana edad, ella demostró ser una pianista talentosa, pero quería recibir lecciones con la condición de que se le permitiría hacerlo por diversión. A ella no le interesaba hacer recitales o competencias de piano. Ella tomó las lecciones y puso el esfuerzo necesario para mejorar sus habilidades, pero ella tenía el talento, y tocar el piano era fácil para ella.

Ambas niñas aprendieron que se esperaba que ellas trabajaran duro y se esforzaran. Como padres con discapacidades, modelamos como podíamos alcanzar muchas metas al trabajar duro y poner esfuerzo, aun cuando las cosas eran difíciles a causa de nuestras discapacidades. Con nuestras respectivas discapacidades, Isidro y yo trabajamos duro para proveer para nuestra familia. Pusimos mucho esfuerzo para darles a las niñas una experiencia completa al enseñarles que no hay excusas para no trabajar para alcanzar nuestras metas. Aun cuando Isidro y yo pasábamos por obstáculos relacionados con nuestras discapacidades, continuamos trabajando duro. Estoy segura de que pudimos haber usado una multitud de excusas, una de ellas siendo el dolor, para no levantarnos cada mañana e irnos al trabajo. Sin embargo, nunca lo hicimos. Simplemente encontramos soluciones para superar nuestros obstáculos.

Nuestra ética de trabajo y el ejemplo que pusimos de que el esfuerzo es recompensado, hicieron que nuestras dos hijas se convirtieran en individuos más fuertes. Nunca se resistieron a ir a la escuela, y tuvieron asistencia perfecta la mayoría de los años. Solamente faltaban a la escuela cuando se enfermaban. Ellas sabían que no podían hacer excusas para no esforzarse porque nosotros no lo hacíamos. Esta será la más grande herencia que les dejaremos después de que ya no estemos aquí. Creo que mis hijas recordarán el ejemplo que pusimos para motivarlas a que perseveren y luchen para alcanzar cada una de sus metas. El trabajo duro y el esfuerzo son esenciales para vivir esta vida. Ellos quienes no ponen ni el tiempo ni el esfuerzo, no podrán progresar.

Es más fácil decir, "No puedo hacerlo por X razón." Sí, es trabajo duro esforzarse. Sin embargo, es la única forma. Yo digo que trabajar duro es una inversión en nosotros mismos. Es la mejor inversión con el interés más alto de regreso. Cada uno de nosotros vale la pena.

Tenemos la capacidad de ser exitosos cuando la meta es realista, y si el éxito es algo que deseamos tanto que estamos dispuestos a poner el esfuerzo necesario. En esto, cada persona está en condiciones iguales. El esfuerzo es un gran nivelador. Esta es la manera que personas con menos recursos pueden entrar por la puerta. Si queremos igualdad, primero debemos demostrar que estamos dispuestos y listos para trabajar duro y poner todo el esfuerzo que se requiere. Yo sé que he cosechado los beneficios de mi trabajo duro y también sé que será igual para cualquier persona que trabaja duro. Ahora, yo nunca digo que tengo suerte. Trabajé duro y así obtuve mi éxito.

PREGUNTAS DE REFLEXIÓN

1. ¿Cuáles logros has obtenido a través de tu esfuerzo?
2. ¿Tu esfuerzo ha sido reconocido? ¿Cómo o por qué no?
3. ¿Qué has hecho donde tu esfuerzo no hizo ninguna diferencia?
4. ¿Has fracasado o no has tenido éxito por tu falta de esfuerzo? ¿Cómo?

CAPÍTULO 6
FE

Yo no soy una persona religiosa, pero tengo fe. Fui criada como Católica Romana y continúo practicando esta religión. Digo que no soy religiosa porque no paso interminables cantidades de tiempo rezando y yendo a misas. Yo rezo el rosario con mi familia, pero no lo rezo sola. No es que no vea el valor de las personas que rezan el rosario, sino más bien es que yo creo que practico mi fe de una manera diferente.

Mi fe me ha guiado al lugar donde estoy hoy. Yo sé que Dios lo hace todo posible. Aunque a veces me enojo con Dios, yo sé que Él siempre está presente, y Él siempre me apoya. Mis padres me enseñaron esto. Mi mamá tenía la fe más grande que he visto. Ella sirvió como una modelo de fe y ahora yo la practico de la misma forma. Ella no era una de aquellas personas que siempre cargaban el rosario en sus manos o se sentaba a rezar interminables oraciones ensayadas. Ella hablaba con Dios. Ella usaba sus buenas obras y su trabajo como maneras de rezar. Yo creo que este es el tipo de fe que yo tengo.

Por supuesto, yo creo en Dios. ¿Cómo no iba hacerlo? La voluntad divina de Dios es la única explicación del por qué yo sobreviví cuando contraje el polio, y por qué estoy aquí hoy. No existía un tratamiento médico ni alguna otra intervención. Tuve una parálisis completa por seis meses, solamente podía respirar independientemente. Lo único que mi madre podía hacer era rezar y cuidarme en cualquier forma que pudiera. Tengo la certeza que el par de onzas de leche que me daba de comida no hicieron ninguna diferencia en mi recuperación. Sin embargo, creo que la verdadera medicina fueron las oraciones de mi madre y Dios escuchando sus plegarias. No existe ninguna explicación científica.

Por este milagro de vida, yo desarrollé mi propio sentido de lo que es la fe. Era como si sintiera que Dios me permitió vivir porque tenía un propósito para mí. Yo usé esto para siempre seguir adelante a pesar del sufrimiento, dolor y obstáculos. Esto me permitió desarrollar una relación cercana con Dios. Yo sé que Él me ama sin ninguna duda. Yo sé que él permitió mi discapacidad para poder usarme como un instrumento para enseñar a otros la belleza de la vida. Mis oraciones son muy similares a las de mi madre. Yo probablemente sólo conozco un par de oraciones católicas establecidas. No tengo un horario de oración establecido, aunque pienso que debería. Supongo que yo vivo cada minuto de mi vida viviendo mi fe. Mis oraciones siempre están arraigadas a mi gratitud. Mi oración principal es siempre pedir fortaleza para seguir adelante sin importar los obstáculos que están en frente de mí. Como ser humano que soy, algunas veces paso mucho tiempo pensando en mi dolor, pero en cuanto puedo, sigo adelante. Yo veo cada dificultad como un problema para resolver, y cada día como una oportunidad para apoyar a los que están a mi alrededor. Trato de ser amable y amar a cualquier persona que conozco. Intento ser la mejor esposa y madre que puedo ser. De nuevo, soy humana, así que sé que a veces me quedo corta.

La única verdad es que soy una creyente. Yo creo que todo en este mundo tiene valor y fue puesto amorosamente por Dios. Mi fe me hace creer que Dios es perfecto y no comete errores. Aunque algunas personas piensan que debo estar enojada o molesta debido a mi discapacidad, yo no lo estoy. ¿Permito que las preocupaciones y el miedo entren a mi vida? Si, pero sé que Dios siempre pone los medios para sobrellevar cada obstáculo. Siempre estoy sorprendida de cómo Dios siempre tiene sus propios planes y aunque nosotros a veces queremos planear y tomar el control, todo pasa cómo Dios quiere y cuándo Él quiere que pase. Cada día que vivimos es un milagro. Podemos pensar que sabemos lo que ocurrirá, pero cada día es una sorpresa. Algunas veces, experiencias bellas e inesperadas ocurren para traernos alegría.

Con una educación, yo puedo entender los diferentes puntos de vista de la fe. Yo respeto cada uno de ellos. Yo simplemente escojo seguir la fe que mis padres me enseñaron y modelaron. Al final de cuentas, yo pienso que a pesar de lo que una persona cree, todos somos inherentemente iguales. Yo creo que tener fe hace que la vida sea un poco más fácil, por lo menos lo ha hecho para mí. No puedo imaginar mi vida sin fe y la aseguranza de que lo que hacemos en este mundo importa. No sé cómo podría superar los días oscuros de mi vida sin fe.

La fe, para mí, no significa que pienso que Dios me dará cada cosa que quiero. Yo solamente necesito confiar en que Él sabe mejor que yo lo que es mejor para mí. Así que, aun con todas mis operaciones y huesos fracturados, yo creo que pasó por alguna razón. Cada experiencia me ha hecho más fuerte y no tomar las cosas por hecho. Mientras mi condición física se deteriora con la vejez, he aprendido a apreciar lo que puedo hacer independientemente hoy, sabiendo que fácilmente puede cambiar mañana.

Después de trabajar en el jardín todo el día de ayer, esta mañana amanecí con un dolor de espalda severo. Mi primera oración de la mañana cuando me desperté fue decir, "Gracias mi Dios por tantos días que he tenido sin dolor de espalda. Por favor ayúdame con mi dolor de espalda hoy." Estoy segura de que mi oración será escuchada, pero si no, yo sé que Dios estará allí para apoyarme y ayudarme a encontrar la mejor solución. En pocas palabras, esta es mi fe.

Desde que mis padres fallecieron, algunos de mis hermanos continúan practicando ser católicos, yendo a misa los domingos y rezando. Otros no lo hacen. Sin embargo, estoy segura de que cada uno de nosotros tiene fe y que los valores que nuestros padres nos inculcaron continúan siendo el motor que nos guía. Yo sé que ya sea que estén practicando su fe o no, ellos siguen creyendo en Dios y estarán aquí para apoyarme si los necesito.

La demostración de fe es diferente para cada persona. Mis hijas heredaron mi fe, y las dos recibieron los sacramentos católicos. Como adultas, ellas toman sus propias decisiones. Mis hijas a veces comparten perspectivas contrastantes acerca de su fe católica. Yo estoy disponible para escucharlas y respeto sus opiniones. Ellas dos son muy abiertas a las diferencias y creen que a veces la doctrina no está abierta para todos. Yo solamente escucho y las cuestiono para que ellas tomen la mejor decisión para ellas mismas. Honestamente, estoy dispuesta a cambiar mi propia mentalidad si ellas comparten información que contradice mis creencias. Lo que es importante para mí es que ellas sean unas jovencitas buenas, amables y amorosas que practican el amor y no el odio.

Mi esposo Isidro demuestra su fe diferente que yo. Yo a veces deseo poder ver la vida a través de su lente de fe. El escucha varias formas en cual se puede expresar el cristianismo. Yo le digo que a veces deseo expresar mi fe como él lo hace como si fuera un niño inocente. Él reza por todo, hasta lo que yo considero que son solicitudes triviales. Por ejemplo, él a menudo reza por un clima soleado en un día nublado. De alguna manera, mi fe me bloquea de hacer estos tipos de solicitudes. Tal vez yo considero a Dios muy ocupado para preocuparse por el clima. Pero Isidro cree con todo su corazón que, si le pide a Dios cualquier cosa, se la concederá. Adicionalmente, él cree en señales como evidencia de que Dios lo está escuchando. Muchas veces lo escucho decir, "Dios me está diciendo que no debo hacer esto." Aunque fue criado católico, su perspectiva de la vida es como la de un niño. Como un niño que quiere un juguete específico para Navidad, Isidro también cree con todo su corazón que se le concederá lo que pida.

Yo creo en los milagros, pero no de la misma forma que muchas personas creen. Yo no creo que, si rezo lo suficiente, algún día voy a despertarme sin una discapacidad y podré caminar. Algunas personas sí lo creen. Recientemente, en unas vacaciones, cuando Ariana y yo paramos en una nevería, una jovencita, tal vez en la preparatoria, se acercó a mí y me preguntó si podía rezar por mí. Ariana se sorprendió por la solicitud ya que nunca había estado alrededor de mi cuando he recibido peticiones similares en el pasado. La niña joven dijo, "Me acabo de bautizar y me gustaría rezar por usted. ¿Está bien con usted?" Ella se veía tan buena gente que le dije que sí, simplemente como un gesto amable para ella. Ella me tomó de la mano, cerró sus ojos, y dijo, "Querido Jesús, tú prometiste que cuando recemos en tu nombre, escucharás nuestras peticiones. Por favor ayuda a esta mujer en silla de ruedas para que pueda caminar de nuevo. Sana su enfermedad. Yo rezo esto en el nombre de Jesús. Amén." Ella abrió sus ojos y dijo, "Sé que caminarás de nuevo."

No pude resistir la oportunidad para un momento de enseñanza. Le dije, "Muchas gracias por la oración. Yo creo que todos necesitamos oraciones. Solamente quería decirte que estoy bien sin poder caminar. Yo prefiero que le reces a Dios para que me haga fuerte para soportar vivir en un mundo sin accesibilidad y lidiar con las personas que dicen o hacen algo que me ofende. También, yo creo que hay muchas otras personas que necesitan más de tus oraciones que yo. De nuevo, gracias." Ella se me quedó viendo y no supo qué decir. Al final de cuentas, no compramos helados, no por la oración, sino porque descubrimos que era yogur congelado y no lo que queríamos.

Cuando regresamos a nuestro vehículo, Ariana me miró y me dijo, "¡Vaya eso fue extraño! ¿Por qué ella quería rezar por ti? ¿No sabía que yo también podría necesitar oraciones?" Le dije, "Porque sus lentes solamente la dejaban enfocarse en que mi discapacidad era algo que necesitaba ser sanado. Ella no me vio como un ser humano que como todos los demás, solamente buscaba un helado." Ariana luego preguntó, "¿Tú crees que ella realmente cree que tú vas a poder caminar?" Yo le dije, "Bueno, la fe mueve montañas, pero no sé si moverá mis piernas."

Nos aferramos a nuestra fe en cualquier forma que podamos. La fe permite que las experiencias dolorosas parezcan más llevaderas. Sin embargo, hay algunos que profesan ser ateístas o agnósticos que no creen en un ser superior. Yo respeto su punto de vista, pero no entiendo cómo pueden vivir la vida sin creer en Dios. Yo sé que no podría vivir sin la presencia de mi fe. Es lo que me motiva y hace que me mueva cuando me quiero dar por vencida. Es la esperanza de que estoy sirviendo un propósito y de que lo que decido hacer diariamente hace una diferencia. Es mi deseo de amar a otros sin importar quienes son.

A veces tengo pensamientos graciosos. He pensado, "¿Qué tal si estoy equivocada en creer que hay un cielo y debo esforzarme para llegar allí? ¿Qué tal si me muero y no hay nada? He tenido estas preguntas muchas veces, y mi respuesta siempre ha sido la misma. Soy más feliz creyendo que existe un ser superior. Si estoy equivocada, tan siquiera mi vida en la tierra fue mejor. La conclusión es que no sabremos la verdad hasta que nuestras vidas terminen. ¡Está bien para mí no saber la verdad por mucho tiempo!

Otro pensamiento gracioso que he tenido es, "¿Si el cielo es tan bueno, no debería querer llegar más temprano que tarde? ¿Entonces por qué debo comer comida saludable?" Por supuesto que esta pregunta llega después de sentirme culpable por haber comido un dulce poco saludable. La respuesta siempre es la misma. Nos esforzamos a vivir nuestras mejores vidas en la tierra porque al final eso es lo que determina si iremos al cielo o no. La conclusión es que hay muchas preguntas inexplicables, pero la fe es vivir lo mejor posible porque creemos que existe más que esta vida. Mi creencia de que Jesús se convirtió en hombre para venir a este mundo y morir por nosotros, me trae consuelo en mis días de sufrimiento. La fe es creer sin tener la confirmación absoluta de lo que vendrá.

Otro pensamiento negativo que a veces tengo es, "¿Si Dios existe por qué permite la guerra, el hambre, los tiroteos y el dolor? Yo reconozco que he escuchado estas preguntas de no creyentes. No estoy segura si sabré algún día el por qué. Yo planeo preguntarle a Dios cuando llegue el cielo. Lo que sí sé es que, en la perfección de Dios, Él nos creó a todos como seres humanos buenos, pero en nuestra humanidad nosotros somos los que permitimos que entre lo malo y el odio a nuestros corazones. Con la maldad y el odio, odiamos a los demás en lugar de amarlos, queremos riquezas en lugar de compartir lo que tenemos, y nos sentimos superiores en lugar de celebrar las diferencias de los demás. Él nos permite tomar nuestras propias decisiones al darnos la voluntad libre. A pesar de todos nuestros errores, Él está allí amándonos y apoyándonos todo el tiempo.

Él es tan amoroso, que nos perdona por todo, especialmente si nos arrepentimos.

La única certeza es que todos nacimos y todos moriremos. Tener fe me permite entender esta verdad. ¿Qué sentido tendría esforzarnos a hacer el bien y evitar el daño si no existiera nada después? Para mí, esto no tiene sentido. Mi fe me trae consuelo, especialmente cuando perdemos a un ser querido. Cuando mi mamá murió, las dudas que entraron a mi mente hicieron que mi sufrimiento se prolongara. Yo lo único que quise era que mi mamá estuviera bien. Si yo sabía que ella estaba bien, yo también lo estaba. Esta era una de las más grandes razones por las cuales yo seguía adelante a pesar de mis sufrimientos. Cuando ella murió, yo quería estar segura de que ella estaba bien. Yo pasé muchas noches sin dormir pensando que ella podría estar mal.

No recuperé mi paz de nuevo hasta que usé la fe que ella me enseñó. Ella me enseñó a creer que existe el cielo. Eso me hizo sentir mejor porque yo sabía que ella estaba en el cielo. Aunque ella ya no estaba conmigo, ella siempre estaría observándome. Empecé a visualizarla en el jardín más hermoso y esto le trajo serenidad a mi dolor. No he visto señales de su presencia, pero yo sé que ella siempre está conmigo. A veces una memoria me recuerda que ella está apoyándome constantemente. En mi jardín, ella siempre está conmigo.

Para mí, la fe ha hecho mi vida posible. La fe de mi mamá me regresó a la vida después de que a ella no le dieron ninguna esperanza. La fe continúa dándome fuerza y es por ella que estoy lista para cualquier cosa que suceda en mi futuro. Yo dependo de mi fe tanto como dependo de mi respiración. Dejaría de existir sin poder respirar, y mi vida ciertamente no tendría sentido sin mi fe.

Reconozco los momentos en mi vida cuando era difícil mantener mi fe. No podía explicar por qué Dios me había permitido sufrir y pensaba que no era justo tener que soportar el dolor que estaba sintiendo. A veces estaba tan enojada que me ponía rebelde y decía, "¡Dios no existe!" Estaba de muy mal humor y continuaba, "Si Dios existiera, no hubiera permitido que esto me sucediera cuando yo trabajo tan duro, no me doy por vencida, y ayudo a todos a quiénes puedo ayudar." Sin embargo, cuando estaba enojada con Dios, me sentía perdida y sola. Sentía que no podía seguir adelante. Me di cuenta de que Dios es quien me da mis fuerzas y reconocí que muchas otras personas buenas a quienes conozco han sufrido más que yo. Me sentí egoísta y ensimismada.

Esta realización fue lo que me motivó a ser defensora y aportar de vuelta a mi comunidad. Yo descubrí que mi dolor se disminuye cuando no estaba pensando en mí misma. Yo encontré maneras de enfocarme en los demás. Yo trabajé duro en apoyar a mis estudiantes, especialmente a aquellos que yo sabía que sufrían más de lo que yo sufrí. Me sentía de lo más contenta cuando sabía que otras personas estaban felices por lo que yo había hecho por ellos. Mi fe se solidificó más con cada lección de mis estudiantes. Cada estudiante, a su propia manera, me ayudó a crecer personalmente. Tengo la certeza que estaba viviendo mi misión en esta vida al trabajar con ellos.

También me envolví con una organización llamada "Direcciones de vida" que se enfoca en jóvenes de alto riesgo para que se conviertan en personas responsables. Encontré que entre yo más me enfocaba en los demás, menos sufría por la mía. Aunque estaba dando mi tiempo, yo era la que recibía el beneficio. Me encantaba trabajar junto al sacerdote Juan y la hermana Rosalía. Los dos eran muy nobles, y se enfocaban en dar a los demás en lugar de recibir. Con la dirección espiritual del padre Juan, mi fe creció. Aprendí que me estaba dando mucha importancia a mí misma, y que al ayudar a los demás, me estaría ayudando a mí misma. Por más de treinta años, he estado afiliada con la organización. La veo como un recordatorio que la fe *sí* mueve montañas, lo cual fue evidente en las vidas de muchos jóvenes a quienes Direcciones de vida apoya y logra cambiar sus vidas en una forma positiva.

La vida es compleja. Necesitamos todo el apoyo disponible para vivirla. La fe es el salvavidas que yo necesito para navegar el agua con lodo que a veces enfrento. He compartido mi fe, pero sé que hay diferentes maneras de ser creyente y espiritual. Yo creo que cada persona debe encontrar su recurso de apoyo que les ayudará a pasar el día. Les garantizo que, con apoyo, descubriremos lo bello que la vida puede ser.

PREGUNTAS DE REFLEXIÓN

1. ¿Te consideras una persona de fe? ¿Por qué o por qué no?
2. ¿Cuál es un ejemplo donde tu fe te ayudó durante un momento difícil?
3. ¿Qué haces o qué usas para superar tus dificultades?
4. ¿Cómo afecta tu vida tu fe o falta de fe?

CAPÍTULO 7
GRATITUD

Mi mayor atributo como ser humano es que estoy muy agradecida por todas mis bendiciones. Estoy muy bendecida en cada aspecto de mi vida. Primeramente, estoy agradecida por mi vida. Un diagnóstico de polio y los efectos que tuvieron en mí, amenazaron mi vida, pero sobreviví. Esto sucedió por la fe de mis padres y sus sacrificios al trabajar para lo que era mejor para mi familia. Sobre todo, esto sucedió por la misericordia de Dios. Estoy agradecida que me desperté de una parálisis completa porque la vida que he tenido ha sido maravillosa.

A lo largo de mis dificultades, yo siempre recordé que hubiera podido haber muerto, pero no morí. Mis padres me enseñaron a no dar las cosas por hecho porque mi vida pudo haber sido peor, y que la vida era un milagro. En lugar de enfocarme en lo que no tenía, ellos insistieron en que me enfocara en todo lo que tengo. Esta moraleja siempre me ayudó a alejarme rápidamente de la autocompasión y reconocer lo afortunada que soy con la vida que tengo. En lugar de enfocarme en un hueso fracturado o de estar en una silla de ruedas, yo rápidamente me daba cuenta de que era afortunada de ser parte de la familia más cariñosa y de estar en un país donde recibía el mejor cuidado médico y la mejor educación. Siempre tenía en mente que había otros en situaciones mucho peores que la mía.

Solía molestarme cuando mi madre no me permitía quejarme. Ella me paraba inmediatamente, recordándome que no tenía ninguna razón de quejarme cuando vivía con una familia amorosa, tenía un techo sobre mi cabeza, y tenía mucha comida en la mesa. Mi molestia venía de no querer pensar en las peores situaciones de vida, prefiriendo comparar mi vida con aquellos sin discapacidades y de lo contrario, en mi opinión, mejor que yo. A veces deseaba que mi madre pudiera empatizar conmigo cuando estaba sintiendo lástima por mí misma, pero mientras crecí, me di cuenta de que lo que buscaba era simpatía y no empatía. Existe una gran diferencia entre las dos, pero en aquel tiempo no lo sabía. Mi mamá empatizó conmigo al entender mis luchas, sabiendo lo mucho que sufría. Sin embargo, de ninguna manera, ella sintió simpatía por mí porque sabía que eso significaba que tendría que sentir lástima por mí, y no la sentía. Con empatía hay un entendimiento del dolor de la otra persona, pero con simpatía hay lástima. Mi mamá solo estaba agradecida de que estaba viva ya que todos le habían dicho que moriría por el polio. No había espacio para sentir lástima, y ella nunca toleró que yo lo sintiera tampoco.

Yo modelé el mismo punto de vista mientras crie a mi familia. En mi vida diaria, les enseñé a mis hijas la importancia de ayudar a la familia porque es su responsabilidad como miembros de la familia. Ellas aprendieron que recibir ayuda no era porque Isidro y yo necesitábamos que otros sintieran lástima por nosotros. Cuando eran pequeñas, ellas aprendieron que tenían que ayudar con los quehaceres de la casa, pero ellas también sabían que Isidro y yo éramos muy capaces. Ellas estaban agradecidas de que nosotros éramos sus padres, aun con todas nuestras limitaciones. Ellas apreciaban como proveíamos para cada una de sus necesidades. Otras personas no entendían nuestra dinámica como familia, y a veces interponían sus opiniones sobre cómo operaba nuestra familia. Los comentarios de otros eran porque nos veían con lástima.

Mis hijas frecuentemente se confundían con los comentarios que escuchaban cuando estábamos de compras. Una vez mientras estábamos comprando el mandado, en mi presencia, la cajera le dijo a Ariana, "Tu eres tan linda ayudando a esta mujer discapacitada. ¿Ella te paga?" Ariana tenía como diez años, así que se confundió con el comentario y la pregunta. De regreso a casa, platicamos sobre el incidente. Primero, le señalé que la cajera nunca consideró la posibilidad de que yo pudiera ser su madre. Segundo, la cajera ni me vio, ignorándome como un ser humano y viendo solamente mi discapacidad suponiendo que yo no era capaz de hacer nada por mí misma. Tercero, ella estaba operando con una perspectiva de "lástima", negando la posibilidad que Ariana solamente estaba siendo un miembro de una familia que se apoya.

Mis hijas nunca consideraron el apoyo que nos daban como "ayuda,", sino que lo veían como una responsabilidad al ser parte de una familia amorosa. Estaban agradecidas por todo lo que hacíamos por ellas. Ellas sabían que trabajábamos duro para que ellas nunca tuvieran que preocuparse cuando pedían las cosas que necesitaban. Nosotros disfrutábamos nuestro tiempo juntos como familia, y realmente apreciamos nuestros largos viajes en carretera y vacaciones a diferentes partes del país. Ellas estaban agradecidas con formar parte de una familia donde existía la paz y armonía. Claro, ellas pudieron haber sido fácilmente resentidas por haber sido criadas por dos padres con discapacidades y haber tenido responsabilidades que otras niñas a sus edades no tenían. Por mucho tiempo, me preocupaba sobre esto. Sin embargo, no debía haberme preocupado porque ellas escogieron estar agradecidas. Ellas se enfocaron en lo positivo en lugar de lo negativo.

Cuando ellas eran pequeñas, nosotros éramos muy impresionantes para otros. Yo tenía que empujar una doble carriola mientras iba en mi silla de ruedas. Era inevitable que las personas se pararan para quedarse viéndonos. Yo tuve que desarrollar una estrategia rápidamente para ayudar a mis hijas a que procesaran cómo los demás nos veían. Cada vez que alguien se nos quedaba viendo mientras íbamos de compras o estábamos saliendo de la van cuando llegábamos a nuestro destino, les decía, "O, mira. Nos están mirando porque desean tener una van bonita con una rampa como la de nosotros. Estamos tan bendecidos porque tenemos una van que muchas personas no pueden comprar." Yo redirigir sus pensamientos a pensar positivamente en lugar de negativamente. Esto les ayudó para que estuvieran agradecidas en lugar de enfocarse en sentir lástima por nuestra familia.

Todos tenemos razones para estar agradecidos. Es cuestión de reconocer que hay muchos más quienes están sufriendo en maneras que ni podemos imaginar. Por alguna razón, todos queremos solamente lo bueno, pero cuando estamos bien, ni podemos apreciarlo. Tal vez es porque mientras envejezco estoy teniendo más limitaciones físicas que antes, pero ahora soy constantemente recordada que todo podría ser peor. Durante momentos difíciles, yo quiero recordar eso. Yo quiero estar agradecida por cada día que vivo, especialmente cuando estoy libre de dolor.

Claro, hay personas que pueden caminar, personas que son más ricas, personas que son más inteligentes, personas que tienen más talentos, y etc. Sin embargo, también hay personas que ni pueden sentarse en una silla de ruedas, personas que son pobres y tienen hambre, personas que son ignorantes de espíritu, y personas que tienen talentos, pero no los usan. Enfocarse en que los demás tienen más suerte que nosotros, no nos deja apreciar lo que sí tenemos. Siendo agradecidos con lo que tenemos nos trae más alegría a nuestras vidas.

He mencionado que recientemente empecé la jardinería para sentirme más cerca de mi mamá quien amaba la jardinería. Este pasatiempo nuevo ha abierto mis ojos a la belleza de la naturaleza, a la cual yo no había apreciado anteriormente. Ahora noto los pájaros cantando, las mariposas volando, y hasta las ardillas que me molestan cuando cavan en mis plantas. Tengo una nueva apreciación a la bella creación de Dios y amor hacia todo lo que vive. Todos podemos mirar alrededor de nosotros y encontrar algo que no notamos anteriormente. Este nuevo descubrimiento puede llenar sus corazones con agradecimiento, al igual que llenó el mío.

Mi papá era un buen modelo por seguir en cuanto a notar la naturaleza y estar agradecido por las cosas más sencillas. Él decía a menudo, "Estoy tan bendecido que puedo ver este día hermoso." Él decía regularmente, "Yo estoy tan bendecido que puedo comer lo que me apetezca." También decía, "Estoy tan agradecido con Dios por haberme dado una familia tan bella. Soy el hombre más rico." Él nunca se quejaba por el hecho de que nunca fue a la escuela o que tenía que trabajar en fábricas para mantener a su enorme familia. Él nunca se quejó de sus limitaciones financieras, no poder manejar, no hablar bien el inglés, no viajar, no tomar vacaciones, etc. ¿Cuántas veces nos quejamos sin ver lo que tenemos?

Yo creo que mejoré en ser más agradecida tal vez porque siempre estuve expuesta a otros que sufrían más. Yo asistí a la escuela con muchos estudiantes con discapacidades. Yo estaba agradecida con mi independencia cuando notaba que algunos de mis compañeros no podían ni darse de comer. Yo estaba agradecida con mi habilidad de poder usar mis brazos cuando algunos estudiantes no tenían brazos que usar. Yo estaba agradecida con mi vista cuando había estudiantes que no podían ver. Si buscamos a fondo de nosotros, descubriremos todos nuestros diferentes privilegios.

Mi campo de educación también me expuso a personas que habían tenido vidas difíciles. Trabajé con muchos estudiantes. todos con discapacidades, algunas más severas que otras. Darse cuenta cómo algunos estudiantes carecían de apoyo familiar y vivían en hogares abusivos, me ayudó a apreciar mi propia familia y la seguridad que ella proveía. Algunos estudiantes eran indocumentados y no podían solicitar ayuda financiera o muchas becas, forzándolos a trabajar duro para pagar por su propia educación. Un estudiante, José, trabajó dos trabajos para tomar dos clases que tuvo que pagar totalmente solo. Él terminó su carrera como agente policial y luego empezó su bachillerato. Recuerdo una conversación que tuve con él. Él me dijo, "¿Pascuala, vale la pena el esfuerzo que requiere una carrera cuando sé que, sin número de seguro social, nunca seré contratado como policía?" Mi respuesta fue, "¿Cómo te gusta lo que estás aprendiendo?" Él inmediatamente dijo, "¡Me encanta! Me gustan todas mis clases de aplicación de la ley." Yo luego dije, "Pues allí lo tienes. Tú estás trabajando duro para pagar tus cursos, y te gusta la satisfacción de tu esfuerzo. No conocemos el futuro. Las leyes de inmigración pueden cambiar. Pero aun si no cambian, nadie te podrá quitar tus conocimientos, y confía en mí que, con tu gran esfuerzo, un día encontrarás tu camino."

Esta conversación con José me hizo agradecer que era un ciudadano estadounidense, lo cual fue posible gracias a los sacrificios de mis padres. Ellos nos trajeron a Chicago con documentos para que tuviéramos una mejor vida. La inmigración era más fácil en los años

70, permitiendo que mi padre obtuviera la residencia para toda mi familia. Ahora, los estudiantes indocumentados no tienen la ventaja que mi familia tuvo. Las leyes son más estrictas, y toma un tiempo largo para obtener la residencia sin la ayuda de un abogado. Lo más triste es que José vino a Chicago cuando él tenía dos años. Lo único que conoce es este país, pero no puede tener todos los beneficios de vivir en los Estados Unidos.

Algunos estudiantes con los cuales trabajé tenían dificultades cognitivas severas y no leían más arriba que el nivel de tercer grado. Muchos de ellos tenían mucha ambición para hacer buen trabajo. Algunos fueron exitosos con el apoyo correcto y oportunidades. Otros no lo fueron. Esto frecuentemente me recordó que debo estar agradecida con mis habilidades para leer y escribir. Tal vez no podré caminar, pero aprendo fácilmente. También puedo hablar, leer, y escribir en dos lenguajes. Hay muchos más ejemplos que de una forma y otra, me llevaron a estar agradecida con lo que tengo.

Mi compromiso con el activismo de justicia social también me enseñó a apreciar la libertad y los privilegios que tengo en este país. No solamente conocí a muchos otros activistas quienes luchan por razones más importantes que yo, pero también aprecié nuestra libertad de poder participar públicamente en mítines de activismo donde nosotros abogamos por cambios que harían nuestro país mejor para los ciudadanos con discapacidades. Estaba agradecida y reconocí que podía hacer todo excepto caminar. Durante las protestas, yo observé que había muchos más activistas que dependen de otra persona para comer, ir al baño, o tomar sus medicamentos. Muchos de los individuos que protestaron al lado mío vivían en hogares de ancianos porque sus familiares no podían cuidar de ellos a causa de sus discapacidades. Había otros cuyas discapacidades impedían su habilidad para comunicarse. Yo estaba agradecida de poder cuidarme yo misma, y por mi habilidad de poder comunicarme, no solamente en un idioma sino en dos.

Estoy segura de que los lectores que reflejen en todo lo que poseen, también podrán escribir una lista larga con razones por las cuales deben estar agradecidos. Depende de uno cambiar nuestros pensamientos. Cuando tomamos tiempo para reflexionar, nosotros podemos aprender a dejar de quejarnos al solo enfocarnos en apreciar lo que tenemos en lugar de enfocarnos en lo que no nos está yendo bien. Yo sé que nuestras vidas pueden ser difíciles, pero al simplemente nutrir nuestros pensamientos y entrenar nuestros cerebros a que tengan gratitud, las cargas serán reducidas. Como una buena planta, debemos cosechar y tender a nuestros pensamientos negativos. Cada persona puede encontrar algo en su vida para estar agradecido.

Aunque yo creo que soy una persona agradecida, yo conozco a otros que son aún más agradecidos y me sirven de ejemplos a seguir. Tengo una prima que ejemplifica cómo se debería demostrar la gratitud. Lucía ha estado luchando contra una enfermedad difícil que impacta todos sus órganos. Ella ya no puede caminar. Ella recibe su nutrición por vía intravenosa. Su vida está continuamente amenazada, teniendo que entrar al hospital regularmente con pocas esperanzas de sobrevivir. Lo peor de todo es que mi primo, su padre, quien es uno de los que cuida a Lucía, recientemente fue diagnosticado con cáncer.

Lo que es asombroso es que cada vez que contacto a Lucía, usualmente por texto, ella está allí brindándome su apoyo y queriendo enfocarse en mí. Ella nunca se ha quejado de sus condiciones. Ella continúa teniendo altas esperanzas sobre su futuro y su fe va más allá de lo que yo podría imaginar. La admiro. Cada vez que empiezo mi conocido camino a la autocompasión, yo rápidamente la recuerdo a ella. Al hacer esto, yo rápidamente puedo reconocer y apreciar todo lo que tengo porque me ayuda a ver que lo que me está molestando es algo trivial. Yo sé que ella está en este mundo para tocar vidas. Estoy agradecida de que ella tocó la mía.

Las personas siempre están pasando por momentos difíciles, pero nosotros usualmente nos enfocamos solamente en nuestras propias dificultades como si nadie más estuviera sufriendo. Yo sé que siempre cuestiono a Dios, y le pregunto, ¿"Por qué?" Sin embargo, ahora estoy tratando de no solamente ir con Dios cuando las cosas no me están yendo bien. Yo quiero estar constantemente dándole las gracias por todo lo que tengo, lo cual es mucho, y probablemente más de lo que me merezco.

Estoy mejorando para ser agradecida. Este último Día de acción de gracias, mientras nos preparamos para comer nuestra cena abundante, circulamos la mesa y expresamos las cosas del año pasado por las cuales estamos agradecidos. Cuando fue mi turno, yo dije, "¡Este ha sido un año excelente! Escribí y publiqué dos libros, Isidro y yo hemos estado ocupados con la promoción de mis dos libros, Ariel se comprometió con un joven bueno, Ariana está por terminar la universidad, y hemos sobrevivido la pandemia." Mi esposo me miró con ojos incrédulos. Él dijo, "¿Qué tal tus dos huesos fracturados y estar en cama casi todo el verano? Riéndome dije, "Supongo que todas las bendiciones borraron todo lo malo en mi mente, así que solo tengo gratitud."

Estoy tan agradecida por todas mis bendiciones, pero especialmente por las personas que tengo en mi vida que me apoyan. Soy afortunada en tener una familia grande, la cual incluye a mi esposo, hijas, hermanos, sus parejas y todas sus familias. Hay más de 83 personas en mi familia inmediata, sin contar a mis tíos o primos. Estoy tan agradecida por siempre tener amigos que he conocido a través de mi viaje de vida. Trato de mostrar mi gratitud al demostrar en formas sencillas lo mucho que los aprecio. Yo no doy su amor y apoyo por hecho. Su amor incondicional nunca pasa desapercibido.

No puedo evitar también estar agradecida por gente desconocida. Sí, yo puedo enfocarme en esos comentarios ignorantes que me hirieron, pero prefiero enfocarme en toda la gente buena en este mundo. Me gusta pensar que la gente es buena hasta que me demuestren lo contrario. Intento ser amable y querer a los demás genuinamente. Yo estoy agradecida por la oportunidad de conversar y aprender de los demás. Yo puedo conectar con personas porque con cada interacción yo crezco como persona.

A veces la amabilidad de gente extraña me sorprende. En más de una ocasión, personas de mi iglesia se acercaron a mí para darme regalos. Una mujer me dio la señal de la paz al mismo tiempo que me dio un billete de $100 durante la Navidad y Pascua. No sé si me han dado regalos porque ellos pensaron que los necesitaba por mi discapacidad, pero recibí sus regalos con gratitud y luego los pasé a otra persona que los necesitaban. También, una pareja que va a mi iglesia nos compró boletos a mí y a mi familia para asistir a la cena Navideña, diciéndonos que querían conocernos mejor. La amabilidad de los demás siempre es apreciada.

Cuando estoy atravesando cualquier dificultad, tengo mi equipo de apoyo. Digo en broma que cuando algo bueno o malo pasa en mi vida, yo tengo que compartirlo inmediatamente con por lo menos siete familiares o amigos. Me gusta celebrar mis momentos de felicidad, al igual que quiero consolación durante mis momentos difíciles también. Me gustaría pensar que mis familiares y amigos también me buscarán a mí por apoyo y aliento. Después de todo, los amigos son la familia que escogemos.

A veces la amabilidad que recibo es inmerecida y tal vez llega por parte de la divina intervención de Dios. Han habido muchas veces donde he estado en el lugar correcto a la hora correcta. Me asombra como Dios me ayuda al ponerme gente amable en mi vida. Mi primer libro, *No siempre es un valle de lágrimas*, me ha conectado con tantas personas que de lo contrario no se hubieran conectado con mi vida. Ahí está mi amiga Linda, quien se conectó conmigo después de una década de no vernos. Ella ahora es una persona muy importante en mi vida por su apoyo incondicional, su conocimiento invaluable, su multitud de conexiones, y su gran corazón en general. Estoy agradecida que la tengo como una amiga y apoyo.

Igualmente, sin buscarlo, recibo oportunidades que resultan en los mejores tipos de experiencias. Después de escribir mi autobiografía, yo sabía que la quería como un audiolibro, pero quería que mi libro fuera accesible para todos los lectores, incluyendo a las personas con impedimentos visuales. No sabía ni dónde empezar con su grabación, especialmente porque quería grabarlo en mi propia voz. De nuevo, de alguna manera ocurrió. Conocí a una amable bibliotecaria que no solamente me alentó a meter mi autobiografía en un concurso (el cual gané) pero también abogó y facilitó la posibilidad de usar el estudio de grabación de la biblioteca, aunque yo no vivo en la comunidad donde está localizada la biblioteca. No solamente grabé el libro en inglés, sino que también completé el libro en español. Más aún, adquirí grandes amigos- una bibliotecaria y un editor de audio. La vida es buena para mi todo el tiempo. Todo el tiempo, la vida es buena para mi.

Trabajo duro y siempre aprovecho las oportunidades que me ofrecen. Estoy agradecida con las oportunidades y casi siempre digo "sí". El resto se convierte en otra bendición que me demuestra que tengo tantas cosas para agradecer en mi vida. Esas personas que toman el tiempo para reflexionar y analizar sus propias bendiciones llegarán a la misma conclusión. La vida está llena de eventos, experiencias, sorpresas y personas que nos dan razones por las cuales debemos estar agradecidos. A veces, las únicas dos palabras en mi mente son "¡muchas gracias!" Todo lo demás, incluyendo nuestro sufrimiento, dolor, y luchas desaparecen cuando tenemos un corazón con gratitud. Hazme un favor y reconoce todas las bendiciones en tu vida y agradécelas.

PREGUNTAS DE REFLEXIÓN

1. ¿Cuándo tomas tiempo para hacer una lista de lo que estás agradecido en tu vida?
2. ¿Te consideras una persona con gratitud? ¿Por qué o por qué no?
3. ¿Cómo te ha ayudado practicar la gratitud en tu vida?
4. ¿Qué puedes hacer para practicar la gratitud en tu vida?

CAPÍTULO 8

HUMOR

¡Reír siempre es mejor que llorar! He usado esta filosofía regularmente durante mi vida. Incidentes dolorosos se convierten en situaciones chistosas cuando los vemos a través del lente de humor. Yo prefiero la risa que el dolor o las lágrimas cualquier día. Espero que todos los demás también opinen lo mismo. Debemos reírnos de nosotros mismos para aligerar cualquier carga sobre nuestros hombros. Muchas veces, he convertido experiencias dolorosas a experiencias donde puedo sonreír, simplemente con usar el humor.

No debemos siempre tomar la vida tan seriamente. Cuando lo hacemos, estamos invitando el resentimiento, la autocompasión, la envidia y el dolor a nuestras vidas. De nuevo, depende de nosotros. A veces los que nos rodean piden permiso para aligerar la situación con humor. Yo siempre he sido una persona que da la bienvenida al humor, y nueve de diez veces, lo que pudo haber sido una experiencia dolorosa resulta ser chistosa. Yo he tenido muchos amigos con buen sentido del humor que han tenido la habilidad para convertir mis caídas, cuando caminaba en muletas, en un chiste. Claro, primero se aseguraban de que no me había herido. Ahora recuerdo esas caídas, pero no por la vergüenza ni el dolor, sino por lo chistoso de la situación. Caerme y luego tener un amigo cantando "Si eres feliz y lo sabes, besa el piso", sinceramente cambió la caída vergonzosa a algo más positivo. Adicionalmente, después de mi experiencia dolorosa el verano pasado cuando me fracturé dos huesos, nosotros miramos hacia atrás y riéndonos dijimos, "La ambulancia llegó antes que la pizza."

Mis amigos me han dicho que soy una mujer graciosa. Yo sé que mis amigos siempre se ríen de mis locuras. En mi gran deseo de ser independiente, a veces me meto en situaciones difíciles. Un ejemplo de mi pasado llega rápidamente a mi mente. Cuando trabajaba en Harper como un miembro de facultad, yo desarrollé y coordiné un programa, Programa para Lograr el Éxito de los Estudiantes, el cual lo sometí a un concurso. Nos notificaron que habíamos ganado el premio, y fui invitada para recibir el reconocimiento en Boston. Mi jefe Tom no pudo asistir. No pude dejar pasar la oportunidad, así que viajé a Boston sola. Después de recibir el premio muy temprano por la mañana, todavía tenía el resto del día antes de tener que viajar de regreso a Chicago el próximo día. Siempre me ha encantado la natación así que fui a ver cómo estaba la alberca. Tal y como yo esperaba, no tenía ascensor acuático. Yo realmente quería ir a nadar así que me dije a mí misma, "¿Qué tan difícil puede ser? Hay escalones que puedo usar para salir." Sabía que meterme sería muy fácil, solamente tenía que zambullirme. La gravedad a veces es una cosa maravillosa.

Fui a cambiarme a mi cuarto y rápidamente regresé a la piscina. Como predije, no hubo ningún problema al meterme. Nadé de un lado a otro, encantada por ser la única persona en la piscina. Nadé alrededor de una hora, pero después me cansé así que estaba lista para salirme. Había dejado mi silla de ruedas cerca de los escalones de la piscina pensando que iba a poder salir subiendo escalón por escalón hasta llegar a mi silla de ruedas. Bueno, fue mucho más fácil decirlo que hacerlo. Intenté de todas las formas posibles sin tener éxito. No tenía la fuerza necesaria para salirme. Luego prendí mi cerebro en modo de resolver problemas, pensando en todas las soluciones posibles. Me pregunté, `` ¿Debería gritar por AYUDA?" Y rápidamente respondí, "No, eso no funcionaría." Luego vi mi silla de ruedas y recordé que había dejado mi teléfono allí. Pude alcanzar mi teléfono, teniendo cuidado de no dejarlo caer en el agua. Me pregunté, "¿A quién debo llamar? ¿Debería llamar al 911?" Me imaginé ese escenario en mi cabeza y opté por no hacer eso. Luego recordé que tenía el número del hotel en mis llamadas recientes. Escogí llamar a la recepción del hotel y pedir ayuda.

¡Esa conversación fue divertidísima! Le dije, "Soy una de sus huéspedes, y necesito ayuda para poderme salir de la piscina." Confundida, la mujer amable preguntó, "¿Qué necesita?" Yo le repetí lo que necesitaba, pero incluí detalles adicionales. Yo respondí, "Soy una de sus huéspedes del hotel. Yo uso una silla de ruedas. Vine a nadar y ahora no puedo salir de la piscina." La mujer tomó varios segundos para procesar lo que había dicho, y luego respondió, "O, ya veo. Mandaré a alguien para ayudarla." Luego puse mi teléfono de nuevo en mi silla y nadé unos minutos más mientras esperaba mi rescate.

Unos minutos después, aparecieron dos hombres Latinos vestidos con el uniforme del hotel. Ellos se veían confundidos, parecían no estar seguros del porqué los habían mandado a la piscina. Yo pregunté, "¿Hablan español?" Los dos respondieron, "Sí." Luego les expliqué la situación y casi podía escuchar sus mentes trabajando mientras intentaban encontrar la manera de resolver el problema. Sin decirme, uno de los hombres se quitó sus zapatos y calcetines y le dijo al otro hombre, "Voy a ir por dentro y tu jálala." El hombre se subió sus pantalones y bajó los escalones. Para ser honesta, no importó que se había subido los pantalones. ¡Él se empapó! Después de varios intentos y con mucho miedo, ellos lograron poder sacarme.

Una vez en mi silla, y después de darles las gracias, regresé a mi cuarto. Pensamientos negativos empezaron a entrar en mi mente. Me empecé a sentir mal por mí misma, diciéndome que no podía hacer nada y que debería estar avergonzada de mí misma. Sin embargo, también empecé a pensar en lo preocupados que se veían los hombres. Empecé a reírme aún más cuando visualicé al hombre con sus pantalones subidos mojándose todo. ¡Fue muy chistoso! Me permití reírme de la situación y rápidamente me deshice de los pensamientos negativos que empezaba a tener. El humor cambió la situación y en lugar de sentirme mal, yo la encontré humorística.

Yo probablemente debería quedarme afuera de las piscinas, pero amo demasiado la natación. Yo abogué para que Harper pusiera un ascensor en sus piscinas para tener acceso, al igual que todos los estudiantes con discapacidades. Me registré en un curso acuático con una amiga y colega que es maestra. Platicamos un poco y le expliqué que tendría que hacer mis propios ejercicios ya que era poco probable que yo iba a poder hacer los ejercicios que ella había planeado. Yo celebré cuando pude usar el ascensor para entrar a la piscina. El ascensor estaba empolvado por la falta de uso después de haber estado en un closet. Probablemente no fue una buena idea celebrar porque después de que la clase terminó y traté de salirme, el ascensor dejó de funcionar y no me quería subir para poder salir de la piscina. La maestra, quien se había quedado fuera de la piscina durante la clase, empezó a tener pánico. Ella brincó en la piscina para ver si podía arreglar el ascensor. Ella no pudo. Luego ella dijo, "Voy a salirme para ver a quién puedo llamar para que nos ayude." Cuando vi a dos bomberos venir, supuse que había llamado al 911. Me pregunté si ella había usado la famosa línea de "Se ha caído, y no se puede levantar." Los bomberos no tuvieron ningún problema para sacarme. De nuevo, tenía dos opciones. Decidí reírme de la situación que pudo haberme hecho llorar. Y como bono, esa maestra y yo desarrollamos una relación fuerte a causa de esa experiencia.

Me gustaría decir que ahora que soy mayor, he dejado de hacer locuras. Ninguna posibilidad. Recientemente, me metí en otra situación chistosísima. Vi el papel de ofertas que nos llega semanalmente a nuestra casa y me puse feliz cuando vi que las botellas de Coca Cola estaban en oferta en una tienda de comestibles cerca de donde vivimos. Le dije a Isidro, "Vamos a comprar algunas Cocas. Tienen 4 paquetes de seis Cocas de veinte onzas por $10 dólares. No se puede mejorar ese precio." Isidro típicamente me sigue la corriente, así que fuimos por la oferta. Ya que él usa muletas, si vamos a la tienda por algo que va a ser rápido, él usualmente maneja y se queda en el vehículo mientras yo entro sola y rápidamente compro lo que necesitamos. Mi silla de ruedas puede ser muy rápida.

Fui directamente al pasillo de las bebidas. Rápidamente encontré las botellas de Coca-Cola. Ya que no puedo empujar un carrito de compras con mi silla de ruedas, tuve que ingeniármelas para poder cargar 24 botellas de Coca en mi regazo. Estaba decidida. Puse los paquetes donde podía, usando mi regazo, debajo de mis brazos y hasta mis senos para poder asegurar las sodas para que no se cayeran ya que sabía que no podría recogerlas si se caían. Antes de la pandemia, las personas que estaban haciendo compras se ofrecían a ayudar, pero ahora ya no. Me imagino que es a causa de su preocupación sobre el COVID. Apenas podía moverme, pero llegué a la fila de pago. Podía ver a la cajera sonreír, probablemente juzgándome como la "vieja loca en silla de ruedas en "Coca", como ama las Cocas."

Afortunadamente, ella solo pidió uno de los paquetes en la banda transportadora para escanear el precio. Estaba agradecida porque había encontrado la manera perfecta de sostener los cuatro paquetes de 6 Cocas. Por supuesto, todavía tenía que encontrar la manera de meterlos al vehículo. ¡En cuanto pude, sentía que necesitaba celebrar! ¡Era tan gratificante lograr lo que quería, aunque fuera tonto! ¡Todavía me río cada vez que tomo una botella de Coca!

Esta experiencia me llevó a querer resolver mi problema con los carritos del supermercado. Fui a Walgreens y vi que tenían pequeñas cestas con ruedas. Me dije a mi misma, "Esto sería perfecto, para no batallar cargando el mandado." Decidí buscar en línea y encontré una bodega cerca de mí que vendía carritos similares. De nuevo, Isidro fue conmigo en esta loca búsqueda del tesoro. Ya que había un escalón pequeño para entrar a la bodega, Isidro tuvo que bajarse esta vez. Él entró y poco tiempo después me llamó diciendo, "Cuali, son distribuidores para tiendas, y sólo vende paquetes de seis carritos, pero pueden grabarlos." Yo dije, "Eso no va a funcionar. Sólo necesito uno. Pregúntales si me venden uno solo." Ya que Isidro me tenía en el teléfono con altavoz, pude escuchar al hombre decir, "Yo no puedo hacer eso."

Le pedí a Isidro que pusiera al hombre en el teléfono. Con una voz dulce, yo dije, "¿Usted podría hacer una excepción? Estoy en silla de ruedas y la cesta con ruedas me ayudaría enormemente. Es difícil para mí empujar un carrito regular, y todas las tiendas no tienen cestas con ruedas." Mi esposo interrumpió la conversación añadiendo, "Ella no puede entrar a la bodega por el escalón. ¿Sabían que es una violación del ADA?" Rápidamente, el hombre respondió siendo más flexible. Él dijo, "Está bien, pero tendrá que pagar el costo de una canasta, lo cual es $29.99. También le daré una bolsa de malla por su molestia." Yo le dije, "Trato hecho." Yo apuesto que

Isidro mencionando la violación del ADA ayudó a cambiar su opinión. Para evitar que las personas piensen que me robé el carrito, yo cargo el recibo en mi bolsa.

El humor le da sabor a la vida. Tiene el potencial de transformar una situación difícil en una experiencia positiva y memorable. Pero tenemos que estar abiertos porque es un remedio seguro para hacer la vida menos difícil y más colorida. Debemos reírnos de nosotros mismos y ayudar a los demás para que encuentren la luz del sol en un evento tormentoso. En cualquier momento que me permitía reír, transformaba lo que estaba pasando de miseria a alegría.

El humor puede ser usado aun en las situaciones más serias. Yo usé humor para ayudar a mis estudiantes, y les enseñé cómo ver las cosas de una manera diferente, muchas veces convirtiendo un sentimiento deprimente en esperanza. Ana era una estudiante que necesitaba un animal de servicio. Ella fue aprobada para usar su perro, Tubby, en el campus. Aunque ella tenía los documentos que apoyaban su solicitud para acomodaciones, después de varias visitas a mi oficina yo tenía mis dudas de que Tubby tenía las habilidades para ser un animal de servicio. Sin embargo, ya que Ana proporcionó la documentación necesaria, no tenía otra opción más que aprobar su solicitud de acomodaciones. Tubby, un pastor alemán bello, hacía todo excepto lo que Ana le pedía que hiciera. Era obvio que Tubby no estaba entrenada y probablemente servía más como un perro de terapia.

Un día, cuando le estaba dando un recorrido del campus a Ana, nos topamos con varios administradores universitarios quienes estaban aparentemente saliendo de una junta en grupo. Esto fue demasiada estimulación para Tubby, y cuando Ana estaba distraída, soltó la correa y Tubby salió corriendo. Ana y yo estábamos en silla de ruedas, así que nos lanzamos detrás de Tubby para intentar atraparla.

El grupo de administradores no sabía que hacer más que vernos. Todos estaban paralizados y nadie ayudó. Finalmente, obtuvimos a Tubby bajo el control de Ana. Cuando regresamos a mi oficina, nos reímos, imaginándonos lo que los administradores tal vez estuvieron pensando. Ana y yo establecimos estrategias de cómo prevenir que esa situación ocurriera de nuevo. Poder reír aligeró la conversación y como resultado Ana no se puso defensiva mientras platicamos sobre el problema con la falta de entrenamiento de Tubby.

A veces lo que se decía en mi oficina era tan chistoso, que cuando lo compartía con mis colegas, ellos pensaban que me lo estaba inventando. Por ejemplo, compartí que un estudiante había dicho descaradamente que odiaba a los mexicanos. Su diagnóstico era el Autismo así que tomé su comentario ligeramente. Yo encontré chistoso que él le había dicho a una mexicana que odiaba a los mexicanos. Si yo tomara las cosas muy seriamente, me hubiera sentido insultada y hubiera hecho un escándalo de una ocurrencia inocente donde él obviamente no intentaba herirme. El estudiante solamente estaba expresando su frustración de no poder entender a su jefe en un restaurante donde él le hablaba a sus empleados en español.

Nuestro trabajo como proveedores de servicio para discapacidades era difícil. Mis colegas y yo usábamos el humor para ayudarnos con situaciones duras. Para poder superar un semestre difícil, nos apoyamos, riéndonos en lugar de estar estresados. Para hacer este tipo de trabajo, el humor es esencial. Yo creo que esto es cierto para cualquier trabajo, pero aún más para los que trabajan con estudiantes con discapacidades. Nosotros nunca nos reímos de los estudiantes, pero sí nos reímos de algunas de las cosas que dijeron y compartieron. ¿Cómo se puede evitar la risa cuando uno de mis estudiantes compartió que necesitaba un brasier sin tirantes así que usó filtros para el café en lugar de comprar un brasier? Nosotros a veces tenemos que darnos permiso de reír.

Una de las experiencias más graciosas fue con un estudiante que no solamente tenía una discapacidad para el aprendizaje, sino que también era bastante inmadura. Ella traía golosinas para cada cumpleaños y se disfrazaba para la Noche de brujas. Esto debería haber sido una pista para mí. Una vez, mientras trabajaba con Ángela, ella parecía estar más distraída de lo usual. Le pregunté, "¿Angela, algo te está molestando?" Ella me miró y dijo, "Estoy preocupada. Yo creo que estoy embarazada. No me ha bajado y mi menstruación está con una semana de retraso." Yo le dije, "Bueno, a veces los periodos están retrasados, especialmente cuando hay estrés. ¿Podría ser eso?" Ella dijo no con la cabeza. Yo continué, "Podemos ir a los servicios de salud, y rápidamente puedes hacerte una prueba de embarazo para estar segura. Es confidencial y gratis. Si gustas, puedo acompañarte." Ella sonrió y respondió, "Si, por favor." Fuimos al edificio donde está la oficina de servicios de salud y la hice registrarse para una cita. En unos minutos, la enfermera vino por Angela, pero me dijo que debería esperar afuera. Ni a los cinco minutos, las dos salieron. Perpleja, me pregunté si podían obtener resultados tan rápidamente. La enfermera dijo, "Ya terminaste Angela. Pascuala, Angela me dio permiso de hablar contigo. ¿Puedes venir conmigo por un minuto?" "Claro," yo dije.

La enfermera me miró con ojos interrogantes. Titubeantemente, me preguntó, "¿Por qué pensaste que ella estaba embarazada y que necesitaba hacerse una prueba?" Confundida, yo respondí, "Bueno, ella estaba ansiosa porque no había tenido su periodo este mes y pensé que le ayudaría saber si realmente estaba embarazada." Riendo, ella dijo, "¿De casualidad le preguntaste cuándo fue la última vez que tuvo relaciones sexuales?" Yo admití que no le había preguntado, pero contesté, "Yo supuse que ella había tenido sexo recientemente si sospechaba estar embarazada." Todavía con una sonrisa dijo, "Pues ella dice que es virgen porque es judía, y que su mamá la mataría si tiene relaciones." No podía creer lo que estaba escuchando. No podía parar de reírme de mi misma por no haber preguntado la pregunta obvia. Me reuní a sus carcajadas y le dije, "gracias. Creo que voy a hablar con ella sobre las relaciones sexuales y añadiré esto a mi descripción de trabajo. De ahora en adelante, no voy a suponer nada de mis estudiantes y les haré preguntas directas, aunque me parezcan tontas."

En casa, vivo con dos introvertidos, mi hija Ariana, y mi esposo Isidro. Aunque son introvertidos, les gusta pasarla bien, así que constantemente estamos burlándonos unos de otros. Cuando recientemente fuimos de vacaciones a Branson, Missouri, la cama estaba demasiado alta para poder transferirme. No queríamos que se repitiera mi caída que tuve en California la cual resultó en huesos rotos a causa de que la cama había estado demasiado alta. No iba a tomar el riesgo de intentar subirme a la cama sin ayuda. Cuando llamamos a la recepción para ver si podrían bajar la cama y me dijeron que no, empezamos a pensar en estrategias para subirme a la cama de una manera segura. Todos nos reímos de las posibles soluciones que encontramos. Yo en broma dije que deberíamos usar una grúa y Ariana dijo que me jalaría con una cuerda. Aunque era una preocupación seria, la risa removió el enojo de no tener acceso adecuado que podría resultar en lastimarme de nuevo.

Similarmente, cuando la regadera del baño estaba a por lo menos cuatro pies del asiento de baño que iba a usar, empezamos a pensar en soluciones chistosas. Una idea que tuve fue que debería hacer ejercicios de estiramiento para que mis brazos se alargaran por lo menos dos pies. Por supuesto que Ariana resultó siendo la solución.

Cuando me metí a la regadera, le pedí que me ayudara con la ducha. La primera vez, casi me pelé la piel de lo caliente que estaba el agua ya que teníamos que estimar donde estaba el agua tibia en la ducha. Ariana se reía cuando le decía que sólo usaba un poquito de agua a la vez para no quemarme.

El humor cambia nuestra mentalidad. El enojo se convierte en risa. El temor se transforma en valentía. La depresión se vuelve alegría. Estoy segura de que todos podemos pensar en cosas chistosas que pasan todo el tiempo. Por supuesto que a veces la risa llega después, y no es inmediata. Cuando estamos en una situación estresante, podemos actuar irracionalmente y puede ser difícil de ver el humor. Sin embargo, en cuanto el problema o la situación terminan, a veces miramos hacia atrás y nos reímos.

Tenemos dos gatos, Charlie y Rosie, quienes han formado parte de nuestra familia por ocho años. Cuando Ariel se mudó de la casa, ella añadió otra mascota a nuestra familia. Ella compró un perro hermoso, un mini pastor australiano, que se llama Luna. Un par de meses después de mudarse, ella decidió regresar a casa, con todo y perro. Charlie y Rosie estaban menos contentos. Ahora nos reímos pensando que Charlie se molestó tanto por el perro que se escapó, aunque los dos gatos fueron criados como gatos domesticados. Ariana se imaginaba a Charlie diciendo, "Ni loco. Yo no puedo vivir con un gato y un perro. ¡Me voy de aquí!" Cuando esto sucedió, todos estábamos devastados y buscamos a Charlie incesantemente. Pusimos anuncios en nuestro barrio, ofreciendo una recompensa por ayudarnos a encontrarlo. Hasta le dejamos comida a Charlie en nuestro patio, esperando que regresara.

Ya que no tenía un microchip, después de algunos días, perdimos las esperanzas de encontrarlo. Después de varios días, fui al jardín y escuché que un gato maullaba. No podía creer que había regresado.

Charlie es un gato con pelo blanco y largo, pero cuando regresó a casa tenía el pelo café de lo sucio que estaba. Estábamos felices de tenerlo de nuevo. Ariana decidió bañarlo para quitarle la suciedad. Después de un baño sin una buena bienvenida, Rosie no lo reconoció y se la pasó dándole gruñidos. Después de la terrible experiencia, empezamos a reírnos del pobre Charlie que pasó por algo tan difícil solo para regresar a donde lo bañarían y no era bienvenido por Rosie.

Espero que siempre pueda encontrar la manera de ver las cosas con menos seriedad. Esto realmente me ayuda a cambiar mi perspectiva. Si nos tomamos muy en serio las cosas, terminamos siendo amargados y sin poder ver la luz. ¡Yo escojo la felicidad por encima de la depresión! Espero que todos los demás también escojan lo mismo.

PREGUNTAS DE REFLEXIÓN

1. ¿Cuál es un ejemplo de cuando usaste el humor para superar algo difícil?
2. ¿Cuáles son situaciones difíciles por las que has pasado de las cuales ahora puedes recordar y reír?
3. ¿El humor es algo que practicas? ¿Por qué o por qué no?
4. ¿Cómo te sientes cuando otras personas usan el humor para convertir una situación tensa en algo menos pesado?

CAPÍTULO 9

INTELIGENCIA

Irónicamente, yo pude haber escogido la palabra ignorancia para la letra "I", pero opté por una palabra positiva. Sin embargo, no puedo evitar de compartir como algunas personas aparentemente inteligentes también pueden ser ignorantes en ciertos temas. Lo que más me atrae de una persona es su inteligencia, pero yo no defino la inteligencia de la misma forma que muchos lo hacen. Yo no me refiero necesariamente a las personas con el coeficiente intelectual más alto, el título más alto, o con las mejores posiciones de trabajo. A mí me atraen las personas que aman aprender porque para mí eso enseña inteligencia.

Sin importar su habilidad cognitiva, su nivel de educación, o la posición que una persona tiene, siempre existe la necesidad de seguir aprendiendo. Nadie podrá saberlo todo. Cuando yo presento a grupos de personas, siempre empiezo con el recordatorio de que yo no soy experta en nada excepto por una cosa, mi vida. Aun con treinta años de experiencia y al haber trabajado con miles de estudiantes, yo nunca he terminado de aprender.

Yo probablemente tengo inteligencia promedio si es medida por el coeficiente intelectual, aunque cuando era menor, yo dudaba tener una inteligencia promedio. Tal vez mis dudas resultaron de siempre sentir que tenía que demostrar mis habilidades y de mis experiencias donde yo sentí que otros cuestionaban mis habilidades a causa de mi discapacidad. Más tarde en mi vida, me di cuenta de que soy muy inteligente, no porque tenga una puntuación superior en el sentido tradicional de medir la inteligencia, sino porque yo soy persistente y me he convertido en buen estudiante. Yo soy testaruda y cuando me propongo algo, doy lo mejor de mi sin importar lo que requiera. Aunque no pasé mis años universitarios con computadoras, Google o diferentes programas informáticos, yo siento que soy competente en cuanto a las computadoras. La computación no se me facilita, pero yo puedo enseñarme a mí misma sobre cualquier cosa que me interesa aprender. Yo frecuentemente me refiero a mí misma como una Aspirante Milenaria porque la tecnología me ha abierto tantas puertas que ahora no temo usarla.

Mis hijas hacen todo más rápido que yo, y muchas veces se burlan de mí diciendo, "A ti te gusta hacer cosas de una manera difícil." Ellas me enseñan como hacer cosas en un par de segundos, comparado a todo el tiempo que a mí me tarda hacer la misma cosa. Me defiendo siempre diciendo, "Recuerden que yo soy más inteligente que ustedes. Yo asistí a la universidad sin computadoras, internet, YouTube ni Google." Ellas solamente se ríen y me enseñan como ahorrar mucho tiempo al hacer las cosas de una manera distinta. Sin embargo, en cuanto lo aprendo, rara vez se me olvida como hacerlo otra vez.

Cuando tomé la decisión de aventurarme en el mundo de la industria editorial, yo sabía que tendría que aprender desde lo más básico. Era un nuevo territorio para mí. Sin embargo, paso por paso yo pude aprender cómo hacerlo y luego lamenté no haber publicado anteriormente ya que siempre me ha gustado escribir. No obstante, yo sé que las cosas suceden cuando deben suceder. Ahora, no solamente escribí y publiqué dos libros, sino que también aprendí cómo crear mi propio sitio web y manejar todas mis cuentas de ruedas sociales, lo cual me ha ayudado a comercializar mis libros.

Yo no tengo inteligencia académica, pero acepto esta realidad con dignidad porque he compensado mi carencia con otras habilidades en las cuales sobresalgo. Cuando digo que no tengo inteligencia académica, me refiero a que no fácilmente recuerdo estadísticas, autores o datos. Todo lo que sé, está de alguna manera relacionado conmigo. No me gusta llenar mi mente de detalles que no me aplican. Yo admiro a los investigadores, pero me he aceptado como soy. Las varias formas de expresar nuestra inteligencia a través de nuestras diferentes habilidades y talentos, hace que este mundo sea interesante. Esto nos obliga a trabajar juntos como compañeros que se complementan para tener mejores posibilidades de alcanzar nuestros objetivos. Yo soy la primera en admitir que necesito a los demás para ser exitosa.

He conocido a muchas personas en mi camino que son muy inteligentes. Aunque mi padre nunca asistió a la escuela, yo lo consideraba como una persona muy inteligente. Él se enseñó a sí mismo a leer. Él era muy organizado, sabiendo donde todo estaba localizado. Dios nos socorra si no regresábamos una herramienta que nos prestaba al lugar debido. Él también era muy inteligente en la forma que veía la vida. Él podía observar a su alrededor y siempre podía encontrar una conexión que nos enseñaba una lección sobre la vida. A veces sonrío, pensando que ahora hay carreras industriales donde los estudiantes aprenden a trabajar con maquinaria conocida como punzonadora, la cual él trabajó por muchos años sin educación. No puedo resistir preguntarme qué hubiera sido si hubiera tenido la oportunidad de tener una educación. No sé lo que hubiera escogido, pero estoy segura de que hubiera sido exitoso.

Mi madre solamente asistió a la escuela hasta el quinto grado, pero la considero una de las mujeres más sabias que he conocido. Ella tenía una tremenda habilidad para resolver problemas. Necesitaba tener esa habilidad para criar a sus nueve hijos y sus nietos. Era una experta en la jardinería, teniendo las habilidades de una botánica educada. Ella conocía la polinización cruzada de plantas, cambiando su color en combinaciones hermosas. Con una educación formal, no me puedo imaginar todo lo que hubiera podido hacer con su talento innato y su amor hacia las plantas.

A veces la inteligencia no puede ser descubierta porque las personas no tienen la oportunidad de recibir una educación. Yo estoy segura de que todos mis hermanos son naturalmente más inteligentes que yo. Sin embargo, ya que ellos nunca buscaron la oportunidad de obtener una educación universitaria, ellos no pudieron demostrar lo inteligente que son. A causa de su ética de trabajo y su dedicación, mis hermanos encontraron caminos que les permitieron obtener ingresos para mantener a sus familias. Cuando bromeamos, decimos, "No hay personas ignorantes en la familia Herrera."

Mis dos hijas son muy inteligentes. Sin embargo, Ariel tiene dificultad enseñando su inteligencia a causa de su discapacidad del aprendizaje y su ansiedad. Esta también era la realidad para muchos de mis estudiantes con los cuales trabajé en la universidad. Me tomó mucho esfuerzo ayudar a Ariel y a los estudiantes como ella para que creyeran que sus luchas académicas no eran basadas en su inteligencia. La mayoría de las personas creen que, si hay dificultades académicas, es a causa de inteligencia baja o falta de esfuerzo. Esto no es siempre el caso. De hecho, para ser diagnosticado con discapacidades de aprendizaje, uno de los criterios es comprobar que tienen inteligencia a nivel promedio o más alto. Regularmente sorprendía a los estudiantes cuando les explicaba que su problema era a causa de una dificultad en procesar la información, no en su inteligencia. Todas sus vidas, ellos pensaron que eran tontos por todas sus luchas.

Ciertamente, hay individuos diagnosticados con discapacidades intelectuales. Sin embargo, esto no significa que no pueden aprender. Los estudiantes que tienen discapacidades intelectuales, cuando reciben una educación apropiada, pueden aprender habilidades que les ayudarán a tener empleo. Tales oportunidades están disponibles por toda la nación, para que estos estudiantes puedan integrarse a la sociedad. Más programas como estos necesitan estar disponibles y de bajo costo.

Como seres humanos, no podemos dejar de compararnos unos a otros, siempre queriendo ser más inteligentes, teniendo la educación más alta, y teniendo la posición más alta en el trabajo. No obstante, he aprendido que hasta aquellos que tienen doctorados pueden ser inteligentes académicamente, pero a veces no personalmente. He escuchado comentarios insensibles de personas supuestamente inteligentes que tienen altos niveles de educación. Ellos tienen una falta de concienciación de lo inapropiadas que son sus palabras hacia mí como una persona con una discapacidad.

En mi posición en la universidad, yo frecuentemente asistía a conferencias profesionales para mantenerme al día en el campo de servicios para discapacidades. En una conferencia, en la charla de apertura, mi colega Stacey y yo estábamos sentadas en la mesa más cercana a la puerta. Ya había varias personas sentadas en la mesa. Como normalmente hago, me presenté y saludé a cada persona. Una mujer, sentada al lado mío, empezó a platicar conmigo. Noté en su identificación personal que trabajaba como administradora en un colegio y que tenía un doctorado. Platicando superficialmente, ella dijo un par de comentarios que hasta la fecha Stacey y yo no hemos olvidado. La mujer dijo, "Oh, vi otra silla de ruedas eléctrica. Tal vez ustedes dos podrán tener una carrera más tarde." Yo no tenía ni idea de cómo responder. Lo peor del caso es que continuó haciendo comentarios aún más ignorantes. Después de que expliqué mi posición en el colegio, diciendo que veía a estudiantes con discapacidades para planear sus adaptaciones necesarias y que enseñaba varios cursos, ella dijo, "¿Cómo reaccionan los estudiantes al tenerte como maestra ya que estas en silla de ruedas?"

No podía creer que una mujer tan educada no se diera cuenta de lo inapropiado que eran sus comentarios. Su primer comentario sobre la carrera fue condescendiente, haciéndome sentir como una niña que necesitaba jugar en una carrera, en lugar de la persona profesional que soy. Su segundo comentario claramente demostró su falta de confort al verme en una silla de ruedas. Me pregunté dónde había estado ella que nunca había notado que las personas con discapacidades, cuando se les brinda la oportunidad, pueden tener posiciones profesionales. Más aún, nuestras generaciones jóvenes ahora están expuestas a personas con discapacidades, y muchas veces están más abiertos a aceptar las diferencias. Mis estudiantes nunca tuvieron ningún problema con mi discapacidad. Estoy segura de que algunos estaban sorprendidos al principio, pero mi discapacidad desaparecía en cuanto ellos podían ver que yo los podía apoyar como todos los demás, o hasta mejor.

Esta mujer obviamente inteligente demostró su ignorancia. Yo ya no me impresiono con altos niveles de educación. A mí me impresionan los individuos que enseñan su inteligencia al ser personas con conocimientos de las experiencias de otros. Vivimos en un mundo multicultural, así que no hay excusa para tener la mente cerrada en cuanto a la diversidad. No estoy diciendo que debemos saber todo sobre cada grupo marginado. Lo que estoy diciendo es que las personas inteligentes deben de estar conscientes de su falta de conciencia y buscar maneras de aprender más. Por lo menos, deberían seguir una de las conocidas reglas de oro- "Si no tienes nada bueno para decir, entonces no digas nada."

En la fuerza laboral de hoy en día, la inteligencia no es suficiente. Se requiere que trabajemos amablemente con otras personas. Se nos espera que nos la llevemos bien con diferentes empleados. Los estudiantes a veces compartían que ellos odiaban cuando sus profesores los hacían trabajar en grupo. Yo les recordaba que esto era para su beneficio. Yo compartía que cuando ellos tuvieran trabajos, ellos tendrían que llevarse bien con otros y trabajar junto con sus colegas. Es muy raro trabajar aislados hoy en día, así que la mayoría de los trabajadores deben estar preparados para trabajar con otras personas que pueden tener diferentes perspectivas, opiniones y estilos de trabajo.

Yo fui parte de muchos comités de entrevistas cuando el colegio estaba buscando llenar una posición administrativa. En cuanto a nivel de educación, solamente nos importaba que tuvieran los mínimos requisitos necesarios. Lo que realmente importaba era como la persona respondía a las preguntas preparadas, usualmente relacionadas con trabajar en grupos, su estilo de liderazgo, y preguntas sobre sus conocimientos de la diversidad. Claro, las cualificaciones son importantes, pero lo que realmente importa es otro tipo de inteligencia. Los individuos deben tener inteligencia de la "vida".

De nuevo, me tomó toda mi carrera para darme cuenta de que el nivel de educación no es la única forma de medir la inteligencia. Claro, no estoy desestimando los grandes logros de las personas que obtuvieron sus doctorados, pero he parado de comparar mi educación con la de los demás, para determinar mi nivel de inteligencia. Así como no me considero más inteligente que los miembros de mi familia que no asistieron a la universidad, tampoco debo sentir que soy menos inteligente porque solamente tengo mi maestría.

Yo solía pensar que cada uno de nosotros nace con cierto nivel de inteligencia. De hecho, cuando estaba obteniendo mi maestría en Educación con una concentración de discapacidad en lectura y aprendizaje, nosotros nos enfocamos en aprender las diferentes categorías de los niveles de inteligencia. Los maestros nos hicieron grabar en nuestros cerebros los niveles. Por ejemplo, aprendimos que la inteligencia de nivel promedio estaba entre 80 y 110, y que para determinar que una persona tenía una discapacidad para el aprendizaje debería tener por lo menos un 80.

A través de los años, noté que esos números eran manipulados para que, en sus mentes, los estudiantes pudieran recibir una catalogación aceptable. Yo tenía estudiantes con un coeficiente intelectual menos de 80 pero que venían con documentación que los catalogaba con una discapacidad de aprendizaje. Por alguna razón, las familias sentían que era más aceptable ser reconocidos con una discapacidad de aprendizaje que con una intelectual. Sin embargo, los estudiantes y los padres se daban cuenta que las expectativas universitarias eran más altas que lo que el estudiante podía lograr. A veces, la falta de rendimiento era tan grande que esto muchas veces era frustrante para el estudiante y el miembro de facultad.

Desafortunadamente, no tengo todas las respuestas. Como educadora, me interesaba ayudar a que cada estudiante fuera exitoso sin importar su catalogación. Los estudiantes se merecen una oportunidad, pero la oportunidad debe estar donde el estudiante puede florecer y aprender, y no solamente frustrarse. Es como la jardinería. Si una planta se está marchitando por tanta luz del sol, debemos moverla a la sombra. Todos tenemos desafíos que necesitamos aceptar. Así como nunca podría ser una aeromoza por mi incapacidad de caminar, algunos estudiantes no podrán completar sus estudios universitarios. Sin embargo, esto no significa que el estudiante no pueda ser exitoso. ¿Por qué siempre medimos el éxito basándonos en la puntuación de grados o poder obtener créditos? La intención de algunos estudiantes puede ser mejorar una habilidad o experimentar la vida universitaria. Para ellos, la habilidad para hacer eso, puede ser equivalente al éxito.

Los niveles de inteligencia no deben ser otro motivo para dividir a las personas. Nadie es mejor que la otra persona. Todos somos creados con el mismo amor y la misma devoción, y estamos en este mundo para servir una misión. Tratando a los demás con respeto, sin importar las medidas intelectuales, es lo único que debe importar. Si vamos a vivir en este mundo complejo, tan pronto nos aceptemos a nosotros mismos y otros a pesar de nuestros niveles de inteligencia, más rápidamente podremos vivir en armonía.

PREGUNTAS DE REFLEXIÓN

1. ¿De cuáles formas te consideras inteligente?
2. ¿Cuándo en tu vida te ha faltado la inteligencia?
3. ¿Para ti, cómo demuestran su inteligencia las otras personas en tu vida?
4. ¿Alguien te ha hecho sentir como si no eres inteligente? Si tu respuesta es sí, explica cómo.

CAPÍTULO 10

JUSTICIA

Tal vez porque he tenido una discapacidad desde que tengo memoria, siempre he sido una defensora de la justicia. Sin embargo, mi definición de la justicia ha cambiado a consecuencia de mi desarrollo profesional y mi vida personal. En el pasado, yo pensaba que abogar por la justicia significaba pelear para que todos fueran tratados de la misma manera o igual. Conforme fui creciendo profesional y personalmente, aprendí que ser justo no es necesariamente tratar a todos de la misma forma, sino más bien es que cada persona se merece recibir lo que necesita.

Cuando empecé a trabajar en Harper, la ADA acababa de ser firmado como ley. Vi mi función como abogada para que los estudiantes sean tratados en una forma justa y equitativa. Yo rápidamente noté que esta definición de abogacía era contradictoria cuando estaba aprobando adaptaciones basadas en las limitaciones funcionales de mis estudiantes, y estaba pidiendo que la facultad del colegio tratara a los estudiantes con discapacidades diferente al facilitar sus adaptaciones aprobadas.

Los estudiantes con discapacidades necesitaban acomodaciones, como tiempo adicional en exámenes, el uso de personas que tomen apuntes. y otros apoyos para poder tener acceso que les ayudaría a ser exitosos. Comprensiblemente, algunos de los profesores sentían que no era justo que algunos estudiantes tuvieran más tiempo para completar un examen mientras otros no lo tenían. Ellos cuestionaban si este trato diferente sería injusto. La mayor parte del tiempo, mi explicación del por qué el trato diferente era justo era aceptada. Yo explicaba que los estudiantes que eran aprobados para acomodaciones tenían desventajas comparados a los estudiantes sin discapacidades. Las acomodaciones eran simplemente para igualar las condiciones y no darles una ventaja injusta.

Algunas personas batallan para entender que la justicia no significa que todos reciben el mismo trato, al mismo tiempo, y de la misma manera. Yo admito que frecuentemente dije que me gustaría que las personas me vieran simplemente como una persona y no vieran mi discapacidad. Yo no quería un trato especial debido a mi discapacidad porque yo pensaba que sería injusto. Lo que debería haber dicho es que las personas deben verme como una persona con una discapacidad que tal vez necesitará acomodaciones por sus limitaciones físicas. Ser discapacitada es parte de mi identidad, al igual que ser una mujer Latina. La interseccionalidad de mis identidades me hace una persona completa. Si alguna de esas dos identidades es ignorada, entonces parte de quien soy yo está siendo ignorada. Para tener justicia, cada parte de cada persona tiene que ser considerada.

Mis padres sirvieron de ejemplo para mí sin darse cuenta. Tengo ocho hermanos y hermanas, y todos somos diferentes. Todos tenemos diferentes habilidades, personalidades, capacidades y metas. Mis padres sabían todo esto sobre nosotros y por esa razón nos trataron diferente. Estoy segura de que a veces algunos de nosotros vimos el trato como algo injusto, pero últimamente lo que ellos estaban haciendo era simplemente ser justos.

Fuimos criados en una familia mexicana tradicional. Mis padres nos inculcaron valores que representan nuestra cultura. Las mujeres de la casa tenían responsabilidades que los hombres no tenían, y viceversa. Estoy segura de que mis hermanas mayores tal vez vieron esto como injusto porque mis padres eran más estrictos con ellas que con mis hermanos, pero mis hermanos probablemente se sintieron igual por diferentes razones. Como una mujer con una discapacidad, mis padres me dieron un trato aún más diferente. Esto no significa que no hayan tenido expectativas para mí. Ellos solamente estaban muy conscientes de nuestras capacidades, y las responsabilidades que nos daban para la casa giraban en torno a esas diferencias.

Desafortunadamente, recibir un trato diferente no me salvó de tener que lavar los platos simplemente porque estaba en una silla de ruedas. Mis padres siempre tomaron en cuenta los cambios necesarios para poder cumplir mi obligación de lavar los trastes. Aunque por su tamaño, no tenía acceso al cuarto donde lavamanos la ropa, mis padres todavía esperaban que yo lavara la ropa con algo de ayuda. Tal vez esa es la razón por la cual odio doblar la ropa. Yo considero poner ropa en la lavadora y transferirla a la secadora las partes fáciles y divertidas, pero esas son tareas donde yo necesito asistencia cuando estoy lavando la ropa. Así que, mis padres me dejaban con la parte menos divertida- doblar la ropa.

Viví una vida independiente en casa. Mi papá siempre estaba dispuesto a hacer modificaciones para que yo pudiera ser lo más independiente posible. Cuando el guardarropa era demasiado alto para que pudiera colgar mi ropa, mi papá encontraba la manera de bajar la barra para poder alcanzarla. Similarmente, porque me gustaba cocinar en ocasiones, mi mamá se aseguraba de que los ingredientes que yo usaba regularmente estuvieran en el gabinete más bajo. Si necesitaba algo de una parte alta, ella me lo bajaba. Dependiendo de lo que era, a veces usaba la herramienta *Reacher*, la cual prácticamente tenía en cada cuarto. Un *Reacher*, que también es reconocido como un agarrador, es un extendedor con un asa que permite que las personas alcancen artículos que están muy altos al operar un mecanismo similar a una garra para sujetarlos. No lo sabía en aquel entonces, pero básicamente, ellos estaban tratando de proveer acomodaciones para mí por mi discapacidad.

Mi hermano mayor era a quien le tenían más expectativas ya que era el varón mayor. Mi mamá y mi papá se aseguraron de que él caminara en una línea recta al ir a la escuela y también al trabajar. Yo creo que mi mamá estaba más presente con él porque se preocupaba de que mi hermano tomara decisiones incorrectas y que se involucrara con amigos que lo llevarían a meterse en problemas. Como resultado, mi hermano es un hombre trabajador que juega el papel de patriarca ahora que mi papá no está con nosotros.

Siendo la hija menor, mis padres fueron más indulgentes conmigo. No estoy segura si mis padres eran más flexibles conmigo que con mis hermanas porque sabían que mi vida era diferente o porque ellos se habían cansado de ser estrictos con mis cinco hermanas mayores. De todas formas, yo me pregunto por qué me permitieron viajar, salir por la noche, y hacer cualquier cosa relacionada con eventos escolares cuando mis hermanas tenían que rogarles para poder ir al cine. ¿Esto era justo? Yo pienso que sí lo era. Todos nosotros confiábamos que mis padres siempre sabían el porqué de las decisiones que tomaban.

Las mujeres en mi familia jugaron un papel importante en el hogar, y tener una alta moral y decencia era esperado de nosotras. Creo que mis padres tuvieron que cuidar a mis hermanas para que no terminaran en relaciones malas y quedaran embarazadas antes de casarse. Ésta era una razón grande por la cual yo creía que nunca me iba a casar y que yo viviría con mis padres toda mi vida. Yo pensaba que, si mis padres no esperaban que yo tuviera las mismas responsabilidades que mis hermanas, y yo tampoco tenía que seguir las mismas reglas, esto era porque ellos nunca pensaron que me iba a casar o quedar embarazada. Yo creía que ellos no se tenían que preocupar de que yo quedara embarazada y arruinara mi vida. Aunque nunca les pregunté a mis padres por qué me trataban diferente, yo confiaba en lo que ellos hacían. Todas mis hermanas se casaron antes de los 21 años, y siguen casadas. Mi hermana mayor, Bella, apenas celebro su aniversario de boda #50 en agosto del 2022. La sala de mi mamá parecía un estudio de fotografía porque sus decoraciones en sus paredes consistían en todas nuestras fotos de boda. Obviamente, las formas en las que mis padres nos criaron pueden parecer injustas porque a todos nos trataron diferente, pero su manera de criarnos funcionó porque todos encontramos parejas amorosas y duraderas.

Si yo le preguntara a cada hermano y hermana si ellos pensaban que eran queridos por mis padres, cada uno diría que sí. Aún más, cada uno diría que él o ella era a quien mi mamá más quería. Yo sé que me siento de esa manera. Lo que esto significa es que aún si existieron momentos cuando sentíamos que el trato que recibimos era injusto, esto nunca afectó nuestra percepción de lo mucho que nos querían. No sé cómo lo hicieron, pero ellos fueron unos padres increíbles.

Ahora que soy una mamá, teniendo dos hijas con solo siete meses de diferencia de edad, estoy empezando a entender la justicia en casa más claramente. Ariel y Ariana son completamente diferentes en personalidad, temperamento y comportamiento. Ariel diría que yo era más estricta con ella cuando era adolescente y que era a quien más regañaba. Ella tendría la razón. A veces cuando reflexionaba, me cuestionaba si estaba siendo justa o no en la manera que disciplinaba a mis hijas. Siempre concluía que la razón por la cual trataba a Ariel con más disciplina era porque ella la necesitaba. Ariana se comportaba bien, no me sacaba de quicio, y hacía lo que tenía que hacer en la escuela y en la casa. ¿Por qué tendría que disciplinarla como a Ariel si Ariana obedecía las reglas y cumplía con sus responsabilidades? Casi nunca había una razón para regañarla o disciplinarla.

Espero que cuando ellas sean mayores y piensen en su niñez, que las dos digan que las quise igual, aunque tal vez no las traté de la misma forma. El amor estuvo presente aun cuando era estricta, me enojaba, me frustraba, y sobre todo cuando las disciplinaba. Cuando les demostraba mano dura, a mí me dolía más que a ellas. Yo amo a las dos por igual, pero sé que cada una necesita que les enseñe mi amor de diferente forma. Yo siempre les recordé a las niñas que la disciplina era la forma más importante de enseñar el amor, algo que aprendí del padre Juan. Espero que mis hijas me hayan creído.

Yo siempre he mostrado interés en pelear por la justicia al participar en grupos que se enfocan en la diversidad, equidad e inclusión. Los títulos de tales grupos han cambiado a lo largo de los años, pero la misión y las metas siempre han permanecido iguales. Cuando comencé a trabajar en los años 90, lo crean o no, el comité que se enfoca en la diversidad se llamaba "Acción Afirmativa." Yo colaboraba con colegas en estas comitivas para asegurar que los estudiantes, sin importar su identidad, recibieran un trato justo. Yo estaba contenta de ver que la palabra "equidad" estaba siendo usada más regularmente porque creo que es un mejor término para describir la justicia para todos. En mi opinión, "pertenecer" sería aún mejor porque eso significaba que la justicia ha sido aplicada.

En la vida, algunas personas pueden creer que Dios no es justo a causa de sus circunstancias o problemas. A veces es difícil entender la justicia cuando escuchamos que niños han sido asesinados a causa de la violencia con armas. Muchas veces decimos, "La vida no es justa." Si analizamos detenidamente las vidas de otros, algunas veces no podemos sino estar de acuerdo con esto. ¿Por qué los niños pasan hambre? ¿Por qué las personas tienen enfermedades serias? ¿Por qué fui la única persona en mi familia que contrajo el polio? ¿Por qué algunas personas tienen la oportunidad de recibir una educación mientras otras no? ¿Por qué los padres tienen que enterrar a sus hijos a causa de un accidente o una enfermedad? ¿Por qué las riquezas son distribuidas de una manera desigual? Tantas preguntas sin respuestas.

A veces pienso que mi propia vida es injusta, pero eso es porque pierdo de vista mis bendiciones. Me quejo y digo que es tan injusto que todo sea mucho más difícil para mí. Una vez más, no menciono que tengo tantos privilegios, muchas veces no ganados, sobre muchas otras personas. En la perfección de Dios, estoy segura de que Él es justo. Tal vez no podamos verlo ahora, pero rezo para poder verlo claramente después de que nos vayamos de este mundo.

Es fácil echarle la culpa a Dios por permitir que las injusticias ocurran, pero ¿dónde está nuestra responsabilidad? ¿No debemos ayudar a cumplir la justicia? Cada uno de nosotros puede hacer algo para mejorar el mundo en el cual vivimos. Somos tan rápidos en ser codiciosos en lugar de compartir con los demás, rápidos en juzgar en lugar de aceptar las diferencias, ser violentos en lugar de vivir en paz, ser egoístas y solamente pensar en nosotros mismos en lugar de ayudar a los demás, y ser hostiles en lugar de ser amistosos. La decisión es siempre de nosotros, y por lo menos en nuestro círculo inmediato podemos hacer una diferencia.

En un mundo con justicia existiría la paz y armonía, pero es un trabajo difícil. Un trabajo que requiere amor al prójimo cuando muchas veces ni nos queremos a nosotros mismos. También requiere dar en lugar de recibir. Requiere estar abiertos a las diferencias y aceptar a los demás tal y como son, en lugar de ser racistas, homofóbicos, capacitistas, sexistas, y de otro modo discriminatorios. Yo sé que tal vez estoy soñando y escribiendo de un mundo que no existe. Sólo puedo anhelar que cada uno ponga de su parte para que la justicia sea una realidad. Si necesitamos algo que nos motive a ser justos, debemos recordar que cuando somos justos, recibimos justicia.

PREGUNTAS DE REFLEXIÓN

1. ¿Cómo demuestras la justicia en tu vida?
2. ¿Cómo has sido tratado injustamente?
3. ¿Cómo puedes practicar la justicia regularmente en tu vida?
4. ¿Cuál es un ejemplo donde fuiste acusado/a de ser injusto/a?
5. ¿Cuáles pasos puedes tomar para abogar por la justicia en nuestro mundo?

CAPÍTULO 11

KARMA

Cuando pienso en karma, dos frases que aprendí en el pasado vienen a mi mente. La primera frase que recuerdo claramente es de cuando estaba aprendiendo a hablar el inglés. Me interesaba aprender una variedad de dichos para mejorar mi vocabulario y para inspiración. La cita la cual yo recuerdo es de Confucio y dice, "No hagas a los demás aquello que no quieres que te hagan a ti." Creo que esta frase se usa comúnmente para enseñarles a los niños a ser amables y respetuosos, lo cual es una lección importante de aprender.

Karma también me recuerda una segunda frase que fue usada como parte del juramento Hipocrático de las profesiones médicas. La frase dice, "Me abstendré de voluntariamente cometer faltas injuriosas o acciones que hacen daño." Yo recuerdo estas frases porque así es básicamente como yo entiendo el karma. Para mí, las dos frases significan ser pasivos, pero no participar en hacer el mal. Aunque es un buen comienzo, el karma da un paso más. No solamente no debemos causar daño, pero si lo hacemos, regresará a nosotros. Yo lo veo como un bumerán que siempre regresa. Nos da el poder de determinar lo que pasa en nuestras vidas.

Para ser honesta, no estoy segura de que creo en el karma. Primeramente, le quita el poder a Dios. Frecuentemente observo como cosas malas les ocurren a personas buenas, y cosas buenas les pasan a personas malas. Si el karma existiera, haría más sentido que las cosas malas les pasaran a las personas malas y cosas buenas les pasaran a las personas buenas. Como siempre, tengo más preguntas que respuestas. Yo sé que algunas personas usan el miedo del karma como una motivación para disuadirlos de hacer o desear el mal a alguien.

Sin tener en cuenta si el karma existe o no, de lo que sí estoy segura la mayor parte del tiempo es que somos recompensados por nuestras buenas acciones y obras. Un buen ejemplo es que trabajé muy fuerte en el colegio y desinteresadamente intenté ayudar a cada estudiante con quien trabajé cada semestre. Fui recompensada por mi dedicación no solamente al recibir reconocimientos de la universidad, sino más importantemente, en el agradecimiento que recibí de los estudiantes y sus familias. Yo siempre he encontrado que el cariño que doy al cuidar a la gente y siempre tratar de ayudarlos, siempre me es devuelto.

Similarmente, siempre me asombra como siempre soy recompensada cuando soy generosa. Ha ocurrido que donamos dinero y luego recibimos inesperadamente un cheque por correo. Es como si nuestra buena obra fuese recompensada. Otras veces, he sido sorprendida por gestos de bondad por algo que hice. La mayor parte del tiempo no pensaba que fuera gran cosa y lo veía como parte de mi trabajo, pero los estudiantes encontraron maneras significativas de enseñarme su agradecimiento.

No estoy segura si esos son ejemplos del karma porque siempre he creído que Dios tiene el control. Yo recuerdo a mi papá diciéndome,

"No se mueve la hoja del árbol sin la voluntad de Dios." Este refrán era un recordatorio de que Dios tiene todo bajo su control. Al creer en el karma, nosotros somos la causa de lo que nos pasa y no Dios.

Aunque creo que Dios tiene el control, también pienso que ser amable y hacer buenas obras satisface. Yo sé que cuando me enfoco en mí misma, muchas veces me conduce a la tristeza, De una forma, yo soy voluntaria y trato de ayudar a los demás porque gano más de lo que doy. Hay tanta satisfacción cuando veo el éxito de los estudiantes que ayudé. De alguna manera, espero que yo haya tenido un papel pequeño en su éxito. Yo soy una firme creyente que debemos usar cualquier cosa o tener cualquier creencia que últimamente nos ayuda a hacer lo que es bueno y correcto. Ayudar a los demás es parte de nuestra responsabilidad.

Recientemente, fui a hacer una presentación en un asilo de ancianos donde me encontré con un estudiante con el que trabajé en el pasado. Scott era un hombre joven que había sido clasificado con desorden de comportamiento por su incapacidad de controlar su ira. Trabajamos juntos por dos años, escogiendo verme semanalmente cuando era un estudiante. Él se refería a estas citas como sus "rendiciones de cuentas." Lo que hicimos la mayor parte del tiempo fue hablar de estrategias para combatir su enojo, encontrando mejores métodos para que él pudiera tener mejor control de sus impulsos. Hablamos sobre situaciones en su vida, y yo le ayudé a que viera cosas desde una perspectiva diferente para que él pudiera considerarlas sin enojo. En el asilo de ancianos, tuve la oportunidad de hablar con algunos residentes y con Scott por un par de minutos. Estaba tan contenta de escuchar que él ha estado trabajando allí y que los residentes lo quieren. Ver su éxito es tan gratificante. Mi trabajo con él lo ayudó a convertirse en una mejor persona y también lo ayudó a ser más feliz.

Mientras voy a bibliotecas, círculos de lectura, escuelas, y ferias de libros para hablar sobre mi libro y compartir *"No siempre es un valle de lágrimas"*, siempre me siento humilde con los comentarios que recibo de mis audiencias. Es satisfactorio escuchar que mi gran empeño y mis sacrificios para superar muchos obstáculos está ayudando a otros. A través de lo que comparto en mis presentaciones, he conocido a varias personas que están motivadas y buscan mi apoyo por su interés en publicar.

Conocí a la mujer colombiana más amable, quien ahora es una amiga querida. Ella compartió que había estado escribiendo poesía por años, pero nunca encontró la manera de cómo empezar a pensar en la publicación. Ella ahora está motivada y continúa escribiendo con la esperanza de publicar su colección pronto. Adicionalmente, fui a dar una presentación sobre mi libro a un grupo de comunidad llamado Consejo de Asesoría de Padres Bilingües del distrito escolar #83 de Mannheim. Los padres en este grupo estaban tan motivados que ellos me preguntaron si yo podía dar talleres de escritura para que ellos pudieran escribir viñetas cortas y publicar una colección de sus historias individuales. ¿Qué increíble es eso? Además, esta semana, una mujer que vive lejos de mí y leyó mi libro, me preguntó si podía visitarme porque ella también aspira a ser una autora. Tal vez no estoy haciendo muchísimo dinero al publicar mi libro, pero soy recompensada en maneras más significativas al poder ayudar a los demás a seguir sus propios sueños.

Estos son los ejemplos de todo lo bueno que ha resultado de mi esfuerzo y al compartir mi historia. Mientras ayudo a otros, soy recompensada en maneras que nunca imaginé. Durante mi vida, siempre encontré que cualquier buena obra que hago para mi comunidad siempre es reconocida. Más aún, siempre recibo lo que doy, o recibo más de lo que doy. Yo creo que esto es usualmente cierto para cualquier persona que ayuda a los demás. No es por ninguna razón que muchos de mis amigos que se han retirado ahora son voluntarios para sus respectivas pasiones. Obviamente, nuestro trabajo no es por el dinero, sino por la satisfacción de saber que estamos haciendo una diferencia en la vida de los demás.

Lo único que puedo decir es que la felicidad en esta vida está medida por la felicidad que le brindamos a otros. Es una regla simple, ya sea que creamos o no en el karma. Cuando somos generosos, la generosidad regresa a nosotros. Cuando somos amables, la amabilidad regresa a nosotros. Cuando sonreímos, recibimos una sonrisa de regreso. Sin embargo, cuando somos egoístas, el aislamiento y la soledad están asegurados. Cuando somos malos, el enojo es recibido. Cuando fruncimos los labios de enojo, lo mismo recibimos. ¿No es mejor recibir cosas buenas de vuelta?

Ser parte de una familia grande ha sido mi mayor tesoro. Cuando mi mamá todavía estaba viva, ella era la conexión para todos nosotros. Ella nos enseñó a siempre ser amables el uno con el otro. Es algo extraño para mi escuchar sobre familias divididas y ejemplos de hermanos que no se la llevan bien o que no se hablan. Mi mamá se aseguró de que nunca habláramos mal unos de otros. Si alguno de nosotros empezaba a quejarse de lo que hizo algún hermano, ella paraba la conversación y arreglaba la discordia. Ella sabía que lo que daba, era dado de vuelta. En lugar de querer que estuviéramos enojados, ella nos enseñó a aceptarnos unos a los otros tal y como éramos. Ella nos enseñó a querernos sin importar qué.

Ahora que ella se fue, nosotros continuamos con las grandes lecciones de vida que nos dio. Siempre estamos allí para apoyarnos, no tenemos resentimientos y aceptamos los puntos de vista de cada uno. El vínculo familiar siempre ha sido algo que valoramos. Pase lo que pase en mi vida, yo sé que siempre tendré ocho hermanos y hermanas, y sus familias, listos para apoyarme. Asimismo, cuando alguno de ellos necesite algo, yo estaré presente. Nosotros celebramos cada cumpleaños con buenos deseos, regalos pequeños y, sobre todo, con amor. Yo creo que cosechamos lo que sembramos. ¿Karma?

Algunas personas creen en el karma o tienen otras creencias, desde creer en hechizos a la brujería, para explicar lo que pasa en la vida. Yo fui criada en no creer en otra cosa que no enseña la iglesia católica. Yo conozco a personas que creen que su hijo se enfermó por el "mal de ojo." De nuevo, yo creo que esto es por su deseo de querer explicar algo malo que está sucediendo. En algunas culturas, existe la creencia de que el mal puede ser causado por un mal deseo o una mala mirada. Soy escéptica con respecto a estas creencias, aunque entiendo como ellos quieren encontrar la causa de su sufrimiento.

Mis padres siempre nos alejaron de practicar esas creencias. Similarmente, yo les he enseñado a mis hijas que hay una razón científica para una enfermedad, y que cuando no la hay, que Dios es la única explicación. Yo soy firme en esta creencia. Cuando yo tenía nueve meses, siempre estaba al cuidado de algún familiar. Yo todavía no caminaba, así que no había ninguna manera de ser expuesta a cualquier cosa que otro familiar no había sido expuesto. Yo contraje el virus del polio y nadie más de mi familia lo contrajo. ¿Fue un hechizo? ¿Fue mal de ojo? ¿Fue el karma regresando a mí y a mi familia por algo mal que hicimos? ¿Fue una brujería lo que causó mi parálisis? Yo digo "no" a todas estas preguntas. La voluntad de Dios es la única explicación que yo he encontrado.

Luego hay la pregunta, si Dios es amor, ¿por qué fue Su voluntad de que yo contrajera el polio? De nuevo, hay una multitud de razones. Sin embargo, durante los últimos días de vida de mi mamá, yo encontré una respuesta que me satisface. Yo tenía que estar discapacitada. Punto final. Porque es a través de mi discapacidad que he podido ayudar a tantas personas. Me veo como un instrumento de Dios. De hecho, bromeando he dicho que Dios debe ser mi coautor de cada libro que escribo. Mi fe está arraigada en la creencia de que Dios no quiere que suframos o tengamos dolor.

Yo no estoy sufriendo más que otra persona. Mi discapacidad no ha hecho mi vida insoportable. De lo contrario, a veces creo que mi discapacidad ha hecho mi vida mejor. No lo veo como un hechizo o algo malo. Estoy segura de que todos tenemos dolor y sufrimiento, aun cuando tienen piernas que funcionan perfectamente. Yo espero que Dios continúe usándome como un instrumento para hablar fuerte y hacer que las personas entiendan que mi vida no es miserable a causa de mi discapacidad.

Claro, los obstáculos en mi vida me afectan. Las barreras tienen que ser arregladas, no mi incapacidad para caminar. Mis piernas están perfectamente bien y no necesitan ser arregladas, contrario a lo que la mayoría piensan. Yo no me levanto todas las mañanas deseando no seguir discapacitada y poder caminar. Solamente rezo para tener paciencia y entendimiento hacia las personas que dicen o hacen cosas que me lastiman. Yo rezo por el mundo que Dios quiso crear. Yo me esforzaré para hacerlo posible.

El karma, o cualquier otra creencia, debe guiar a las personas para que sean lo mejor posible y puedan vivir armoniosamente con otros. Lo importante es saber que el bien triunfará sobre el mal. Debemos entender que somos lo suficientemente fuertes para soportar cualquier situación que la vida nos presenta. Nada será insoportable. Debemos ver nuestras vidas y reflejar en cómo podemos ayudar a los demás, lo cual resultará en nosotros poder ser la mejor versión de nosotros mismos.

PREGUNTAS DE REFLEXIÓN

1. ¿Crees en el karma y cómo afecta tu vida?
2. ¿Cuáles creencias o prácticas únicas existen en tu familia?
3. ¿Cómo crees que las buenas obras son recompensadas en la vida? ¿Las obras malas?

CAPÍTULO 12
LEALTAD

La lealtad es una característica que siempre buscamos en cualquier relación que tenemos. Pero la lealtad es mucho más que ser fieles en nuestras relaciones. Cuando alguien no es leal, la confianza se rompe, haciendo difícil de mantener una relación. Esta característica es necesaria en amistades, familia, entre esposo y esposa, pero especialmente en nosotros. Ya que yo quiero que las personas en mis vidas sean leales, trato de practicar la lealtad en cada aspecto de mi vida.

Hay muchos tipos de herramientas para determinar tipos y fortalezas de personalidad. En Harper, tuve la oportunidad de tomar un instrumento diseñado por Gallup que se llama *"Strengths Finder Quest"*. El resultado de este instrumento indica las cinco fortalezas de cada persona basándose en cómo las respuestas son contestadas. Mis resultados demostraron que una de mis cinco fortalezas es que yo incluyo a los demás. No estaba sorprendida con que esta fuera una de mis fortalezas. Me gustaría pensar que me empeño a ser leal, y una de las formas que yo demuestro esto es al incluir a todos sin importar el estatus de la persona. Para mí, todos somos iguales, sin importar si la persona es un jardinero, desempleado, maestro, abogado, doctor, millonario, desamparado, o cualquier otro tipo de estatus. Este punto de vista ha sido beneficioso para mí ya que he podido desarrollar muchas colaboraciones con un grupo diverso de personas, siempre haciendo mi vida interesante y mejor.

En mi departamento en Harper, Servicios de Acceso y Discapacidad, yo tuve el honor de trabajar con un equipo que veía como familia. Éramos ocho de nosotros, algunos de tiempo completo y otros de tiempo parcial. Trabajábamos duro, confiábamos uno en el otro, nos divertíamos, y trabajábamos colaborativamente para desarrollar programas que apoyaban a nuestros estudiantes con discapacidades. Y no debemos olvidar, nosotros comíamos mucho, muchas veces para celebrar, pero también sin tener algún motivo para celebrar. La comida siempre hacía nuestro trabajo más fácil. Lo que es más importante es que todos estábamos comprometidos a nuestro trabajo. Todos éramos leales a nuestros estudiantes y hacíamos todo lo posible para ayudarlos.

Yo sé que este tipo de ambiente de trabajo es ideal pero difícil de encontrar, así que me considero muy afortunada de haber tenido mi familia de Harper. Como miembro de facultad de tiempo completo y Coordinadora de servicios de aprendizaje, yo era responsable de supervisar y completar las evaluaciones de las posiciones que no eran consideradas facultad y a los que tenían la posición parcial de especialista de aprendizaje. Tener este tipo de responsabilidad no cambió la dinámica del grupo porque yo consideraba a todos como iguales; todos eran parte del equipo sin importar sus títulos o responsabilidades. Yo trabajé duro en mantener un ambiente de confianza en el trabajo. Esto requería que fuera transparente, honesta y ser buena en comunicar. Yo veía al programa como NUESTRO programa, y no MI programa.

Aunque tuvimos la fortuna de trabajar juntos por muchos años, por varias razones, fuera de nuestro control, el grupo disminuyó hacia el final de mi carrera. Aunque todos tomamos caminos diferentes, yo continúo siendo amiga de ellos, y siempre seré leal a cada uno de ellos. Tengo la confianza de que ellos serán leales a mí también. La lealtad nos conectó y nos hizo mejor en nuestros trabajos. Juntos éramos mejor que cada uno individualmente.

Las amistades fuera de mi departamento también se desarrollaron por mi lealtad. Yo siempre fui honesta y genuinamente apoyé a la facultad, especialmente mientras trabajamos con estudiantes desafiantes mutuos. Debido a mi papel, yo trabajé con mucha facultad, de todas las disciplinas, que después terminaron siendo amigos. Ellos sabían que podían contar conmigo. La facultad estaba totalmente consciente de que yo haría todo lo posible para ayudar a los estudiantes para que fueran exitosos, lo cual resultó en ayudarlos a ser profesores exitosos también. Aparte de trabajar con la facultad, yo también trabajé con mucho personal de la universidad en proyectos de programación para los estudiantes de Harper. Fue evidente que, por mi lealtad, yo desarrollé fuertes lazos con mucho personal de todas las áreas de la universidad. Hasta después del retiro, esas conexiones no han terminado.

Primordialmente, yo era leal a mis estudiantes y sus familias. Yo abogué por sus necesidades porque nunca dudé en sus habilidades para ser exitosos. Yo siempre vi el potencial en mis estudiantes, aun cuando tenían un bajo rendimiento académico o tenían discapacidades severas. En ocasiones, yo creía en ellos más de lo que ellos creían en sí mismos. Los estudiantes confiaban en mí y se sentían cómodos al platicar conmigo de cualquier cosa. Ellos se dieron cuenta que yo los entendía porque les hablaba con el corazón en la mano ya que compartimos la misma experiencia de vida como individuos con incapacidades. Aún durante algunas conversaciones difíciles con estudiantes cuando tuve que hablar sobre sus calificaciones bajas o su comportamiento inapropiado, los estudiantes sabían que me importaban y que deseaba su éxito. Algunas de las conversaciones difíciles fueron las que hicieron que el estudiante y yo creciéramos lo más posible.

La lealtad requiere el compromiso de estar allí uno para el otro. El compromiso es natural y no es forzado porque los dos realmente se tienen cariño. La lealtad mutua es un requisito para cualquier relación saludable. Una persona no puede ser leal mientras la otra persona es infiel. Una vez que se rompe la lealtad, es difícil reparar y reconstruir la confianza. Esto usualmente resulta en arruinar el vínculo entre los dos individuos, ya sea una amistad, un matrimonio, o cualquier tipo de compañerismo. En estos casos, la decisión más difícil de tomar es si el individuo traicionado debería quedarse o si es mejor salir de la relación. A veces una persona debe retirarse no porque se da por vencida, sino porque se da cuenta que se merece algo mejor.

La lealtad siempre fue una expectativa en mi familia. Mis padres tenían 58 años de casados cuando mi papá murió. Si estuvieran vivos, estoy segura de que seguirían juntos. Asimismo, ninguno de mis hermanos ni yo nos hemos divorciado. Si mi mamá nos escuchaba quejarnos de nuestros esposos, ella rápidamente intercedía diciendo que deberíamos ser leales y trabajar juntos con la meta de reconciliarnos y quedarnos casados. La palabra divorcio nunca entró a nuestro vocabulario. El matrimonio es difícil y estoy segura de que mis hermanos y yo a veces hemos querido aventar la toalla cuando hemos tenido problemas con nuestras parejas. Sin embargo, como nunca ha habido ningún tipo de abuso, las resoluciones han sido posibles. Desafortunadamente, esto no es siempre el caso en algunos matrimonios. A veces irse es la única opción que queda.

Mis padres sirvieron de ejemplo de lo que es la lealtad en la forma que ellos vivieron su matrimonio y sus vidas. Mi mamá vivió para mi papá y nosotros. Ella se dedicó enteramente a su familia, con la jardinería siendo su única diversión. Mis amigos no lo podían creer cuando les decía que mi mamá nunca pasó tiempo con amigos, asistió a conciertos, fue al cine o fue de vacaciones. Nuestra familia era su vida entera. De igual forma, mi papá no era solamente leal a mi mamá y a sus hijos, sino que constantemente nos dijo como mi mamá era el amor de su vida y lo mucho que significábamos para él. Él nos decía, "Yo soy nada sin tu mama y mi familia." Yo nunca temí que mis padres algún día se separarían, ni cuando mi papá estaba lidiando con el alcoholismo. Ellos estaban comprometidos uno con el otro, y siempre encontraron la manera de resolver sus diferencias.

Yo previamente mencioné como mis padres le enseñaron a cada uno de sus hijos cómo estar el uno para el otro. Hasta ahora, yo puedo confiar en mis hermanos y hermanas con mis luchas, y ellos están listos para darme su apoyo y/o consejos. Yo tengo buenas relaciones con todos. Ellos saben que yo adoro a mi familia y que le doy gracias a Dios todos los días por haberme bendecido con ellos como mis hermanos. Tener una discapacidad toda mi vida fue soportable gracias a la familia en la cual nací. Claro, a veces tenemos desacuerdos o nos enojamos, pero soy honesta cuando digo que nunca he guardado rencor o resentimiento hacia ninguno de mis hermanos o hermanas. Y creo que ellos tampoco.

Espero que Isidro y yo también estamos sirviendo de ejemplo para nuestras hijas de lo que es lealtad. Primero, en mi relación con Isidro. Segundo, en mi relación con ellas dos. Yo también tenía la expectativa de que las niñas serían leales una a la otra. Yo les he enseñado a ser honestas y ayudarse, especialmente si una de ellas está tomando una mala decisión. Cuando eran adolescentes, yo tenía que balancear el reforzar que no se delataran para que fueran leales una a la otra y el tener que decirme si una de ellas corría peligro. Ellas se cuidaban, y me encantaba como ellas eran directas y transparentes. Ninguna de las dos hablaba mal de la otra detrás de sus espaldas. Ellas se aseguraban de que, si una me decía algo de la otra, esa hermana también estuviera presente.

Ahora en día, es poco común tener matrimonios largos y duraderos. Más y más parejas se están divorciando por muchas razones, incluyendo la infidelidad. Yo sé que los compromisos requieren de mucho trabajo y esfuerzo. Algunas parejas pueden decidir que no hay solución para la infidelidad u otras demostraciones de traición ya que la confianza se ha roto. Cuando las parejas se casan, típicamente planean estar casados felizmente por el resto de sus vidas. Yo reconozco que a veces hay razones legítimas para divorciarse, pero espero que antes de divorciarse la pareja haya intentado resolver sus conflictos.

La lealtad dentro de cualquier relación sirve como un vínculo que trae paz. Todos necesitamos tener el apoyo de nuestros seres queridos y depender de la lealtad de otros cuando necesitamos ayuda. Cada persona tiene la responsabilidad de demostrar que son dignos de confianza. La paz es perturbada grandemente cuando una relación está llena de conflicto, abuso y falta de respeto. Para vivir en una relación segura y feliz, las dos personas tienen que estar disponibles para hacer que las cosas funcionen, Esto puede requerir el compromiso o a veces el perdón. Sobre todo, requiere comunicación y una decisión honesta para hacer que las cosas funcionen sin importar lo que requiera. A veces puede significar quedarse cuando desea irse.

El conflicto entre dos personas siempre existirá. Una de las mejores maneras de evitar el conflicto es hacer el compromiso de permanecer leal. Por el bienestar del matrimonio y la familia, cada persona debe trabajar en evitar tentaciones que pueden resultar en infidelidades. La infidelidad y la traición son la manera más dolorosa de enseñar la falta de lealtad. No solamente destruirán la paz del ser querido, sino que adicionalmente, podrá destruir la paz mental de la propia persona.

Aparte de ser leal a los que me rodean, siempre ha sido importante ser leal para mí misma- yo en mi totalidad. Yo debo aceptar cada parte de mis identidades, vivir auténticamente como soy, y ser leal a mis valores, aun cuando sea malentendida o juzgada. Yo encuentro imperativo el no ocultar quien soy. Asimismo, siempre he tratado de enseñarles a mis hijas a hacer lo mismo.

Cuando Ariana estaba en segundo grado, una de sus tareas fue crear un cartelón que tenía como encabezado, "Banana caliente" y debajo del encabezado tenía preguntas que tenía que contestar. La lista incluía preguntas como: ¿Cuál es tu color favorito? ¿Cuál es tu película favorita de Disney? ¿Cuál es tu comida favorita? Trabajamos en su proyecto juntas. Cuando llegamos a la pregunta sobre su comida favorita, ella respondió rápidamente, "tacos de lengua". Mi mamá, quien la cuidaba mientras yo trabajaba, frecuentemente cocinaba lengua de res, cortándola en pedacitos y usándola como carne para tacos.

Al día siguiente, cuando Ariana regresó a casa de la escuela, ella no estaba contenta con la reacción de sus compañeros de clase cuando compartió su cartelón "Banana caliente". Ella dijo que les dio asco a sus compañeros cuando ella dijo que le encantaban los tacos de lengua. Con certidumbre exclamó, "De ahora en adelante, yo voy a decir que mi comida favorita es el espagueti." A esta temprana edad, ella estaba formando la opinión de que expresarse auténticamente no iba a ser apreciado ni entendido. Aunque intenté convencerla de que no había nada chistoso, desagradable o malo en gustarle los tacos de lengua, yo entendí el por qué ella prefería conformarse con lo que los demás aceptaban en lugar de ser honesta.

Yo entendía el dilema de Ariana, porque aún como adulto, yo a veces hago lo mismo. A veces he sentido que tengo que dejar de ser mexicana en cuanto llego al trabajo. Mientras iba al trabajo, escuchaba música en español, cantando las canciones. En cuanto entraba al edificio donde se encontraba mi departamento, sentía un cambio en mí. Mi comportamiento era diferente, yo pensaba diferente, y hasta me gustaban cosas diferentes. Si me hubieran preguntado cuál tipo de música me gustaba, nunca hubiera mencionado a Los Bukis, la música que yo escuchaba mientras manejaba al trabajo. Más bien, hubiera dicho Bon Jovi.

Hasta mi comportamiento y cómo veía mi discapacidad cambiaban dependiendo si estaba en el trabajo o en casa. En el trabajo, siempre quería demostrar mi independencia, así que aun sabiendo que batallaría, esperaba hasta que alguien se ofreciera a ayudarme, y aún entonces, me resistía a aceptar la ayuda. Por ejemplo, cuando había un evento social en el trabajo donde la comida era servida estilo buffet, yo cuidadosamente decidía dónde sentarme para poder independientemente agarrar mi comida. Si algo estaba muy alto y no podía alcanzarlo, escogía otra cosa para comer que estuviera más accesible. Si realmente quería algo, como fresas cubiertas de chocolate, le pedía ayuda a un buen amigo.

Sin embargo, en casa, cuando había un encuentro familiar, yo frecuentemente encontraba una esquina y me sentaba allí hasta que me iba a casa. Nunca fallaba que varios familiares me trajeran un plato con una variedad de comida. En algunas ocasiones, hasta tenía que regresar platos porque otra persona ya me había traído comida. Con la familia, me sentía obligada a aceptar mi papel de ser cuidada y dependiente. Yo más bien creo que sentía que esa era la expectativa, y yo me conformaba a ella.

No estoy segura cuál comportamiento, como me comportaba en casa o en el trabajo, era la yo real. No sabía cuál era la que cambiaba para alcanzar las expectativas de los demás. ¿Soy yo dependiente como soy con mi familia o solamente estoy pretendiendo ser dependiente, permitiendo ser servida para satisfacer las expectativas que mis familiares tenían de mí? En el trabajo, ¿era realmente yo la mujer independiente que demostraba, o estaba actuando así para servir de ejemplo de lo que aspiro que los demás supieran sobre las personas con discapacidades? A mi edad, todavía me pregunto quién realmente soy. ¿Soy realmente yo con los dos comportamientos? ¿Estoy siendo leal en las dos instancias? ¿Cambio mi comportamiento dependiendo de mi medio ambiente? Aunque los cambios culturales son comunes con individuos diversos en cuanto a raza y cultura, yo lo viví con mi discapacidad.

A pesar de este conflicto, yo siempre he sido leal a mis valores sin importar a dónde vaya. Sin embargo, en una experiencia, yo fui empujada a ser leal a mis valores. Durante la primera manifestación de justicia social en la cual participé, no estaba segura de cómo vivir mis valores. Yo creía en pelear por los derechos de las personas con discapacidades, pero no estaba de acuerdo con la posibilidad de ser arrestada, de lo cual había escuchado que podía suceder mientras participaba en protestas de desobediencia civil. Yo había tomado la decisión de evitar ser arrestada pensando que no creía que sería favorable que una profesora universitaria fuera multada por incumplimiento de la ley, aunque fuera un delito menor. Sin embargo, durante la emotiva protesta, y al ver a tantas personas con discapacidades más serias que la mía luchando sin preocupación de ellos mismos o de ser arrestados, yo inmediatamente me di cuenta de que, si yo era leal a la causa, yo debería dejar de preocuparme por mi bienestar. Yo creía que cuando uno cree en algo con todo su ser, la preocupación sobre consecuencias personales debe desaparecer.

Ser leal a nuestros valores y principios es lo más gratificante. No fue hasta que me enfoqué en mi deseo de conseguir un cambio positivo para las personas con discapacidades que comencé a vivir mis valores verdaderos. Esta experiencia me hizo más atrevida, y me ayudó a entender que hablar en contra de la injusticia, aun cuando no es algo popular, es respetarme a mí misma y mis valores. De allí en adelante, siempre me he preguntado, "¿Esta causa es lo suficientemente importante para mí para arriesgar ser arrestada?"

Vivimos en un país donde tenemos la libertad de poder hablar libremente sobre nuestras creencias y tener la libertad de abogar por los cambios que más nos importan. Si somos leales a nosotros mismos, y nos comportamos pacíficamente en las manifestaciones sin violencia, vamos a sentir que estamos haciendo algo por lo que creemos. A veces no es posible, y cuando lo es, debemos estar preparados para la resistencia. Cualquier pelea por un cambio positivo probablemente se encontrará con resistencia, pero esta es la única forma de hacer una diferencia para que todos podamos vivir con equidad.

Como autora, soy leal a mí misma en cada oración que escribo. No sé si los lectores van a reaccionar negativamente a lo que escribo. Espero que no. Sin embargo, la mayoría de los autores se hacen vulnerables al compartir su historia, sus ideas, sus conocimientos y sus opiniones sobre lo que más les importa. Claro, podría tratar de complacer a todos los lectores, pero estoy totalmente consciente que eso no sería posible. Yo soy tan leal a mis puntos de vista que estoy dispuesta a publicarlos sin importarme la reacción del lector. Las experiencias que yo comparto con historias breves me han enseñado mucho sobre la vida. Espero que el compartirlas sea útil para que las personas reflexionen sobre sus propias vidas. Como mencioné en mi introducción, yo soy más inteligente que pensar que todos van a estar de acuerdo con mis opiniones. No espero ni quiero que los lectores instantáneamente cambien sus pensamientos, puntos de vista, u opiniones al leer lo que escribo. De hecho, ese es el punto de lo que estoy compartiendo. Yo quiero que cada persona sea leal a sus creencias. Lo que sí espero es que los lectores analicen sus pensamientos y durante el proceso obtengan algo que pueda hacer sus vidas más alegres.

Ser leal a nosotros mismos no significa que debemos ser necios y no estar abiertos a cambiar nuestros puntos de vista. Yo constantemente cambio mis propios puntos de vista, pero lo hago sin ignorar mis valores. Mis propias hijas me han ayudado a cambiar mis puntos de vista. Ya que yo tuve un buen ejemplo de cómo debemos criar a nuestros hijos gracias a mis padres, yo quería criar a mis hijas tal y como ellos lo hicieron con mis hermanos y yo. Sin embargo, los tiempos han cambiado, así que tenía que ser flexible. No puedo imponer mi necedad sin ver lo que está pasando a mi alrededor. Mis hijas, aunque eran pequeñas, me enseñaron que darles la oportunidad de cometer sus propios errores era una buena forma de ser mamá. Por ejemplo, por mucho tiempo, me resistí a permitirles usar la tecnología por el temor de que se conectaran con extraños. Sin embargo, me di cuenta de que, al resistir, estaba haciéndolas tener una desventaja ya que los otros niños de su misma edad estaban usando la internet libremente. Como alternativa, les permití usar la tecnología y les ayudé a tomar decisiones sobre lo que era y no era seguro. Yo todavía estaba siendo leal a los valores que me enseñaron mis padres.

La lealtad a sí mismo es el primer paso. Ser fieles a nosotros mismos nos da credibilidad y las personas van a querer escuchar. Me encantaba cuando los compañeros de trabajo compartían que ellos sabían lo que opinaba en términos de lo que se estaba discutiendo. Yo ni tenía que abrir mi boca. Mi reputación era que yo apasionadamente me enfocaba en el estudiante. En ocasiones, yo era felicitada al hablar por los estudiantes cuyas voces eran frecuentemente ignoradas. Mi mensaje siempre fue el mismo, sin importar dónde estaba en el campus o en qué proyecto estaba trabajando. Mi canción y baile, como usualmente me refería a ellos, era que los estudiantes con discapacidades y los estudiantes Latinos podrían ser exitosos si se les brindaban las oportunidades y el apoyo que ellos necesitaban. Yo nunca me eché atrás de este mensaje, aun cuando sabía que se podrían oponer a causa del costo, dificultad o falta de entendimiento.

Vivir siendo nosotros mismos y siendo leales a nuestras creencias es una elección que todos tenemos. Claro, a veces es una decisión difícil, pero, cuando elegimos ser verdaderos, nosotros vamos a ser apreciados por las personas que realmente importan- nuestras familias y nuestros amigos. Tenemos que ser leales a nosotros mismos antes de poder ser leales a cualquier otra persona.

PREGUNTAS DE REFLEXIÓN

1. ¿A qué o quién eres más leal en tu vida?
2. ¿Cuándo ha sido la lealtad desafiante para ti?
3. ¿Cómo demuestras la lealtad a ti mismo?
4. ¿Cuáles cambios tienes que hacer para ser más leal?

CAPÍTULO 13

MOTIVACIÓN

Yo les decía a los estudiantes que lo que la gasolina es para el carro es como la motivación para la vida. Los dos estarían estancados y sin poder moverse sin esas cosas. Claro, no podemos ir a una gasolinera para llenarnos de motivación. Tenemos que averiguar cómo poder encontrar nuestra motivación. A veces la motivación puede ser externa, como querer obtener una educación para tener mejores oportunidades de trabajo. Tal vez queremos encontrar la motivación para hacer ejercicio tres veces a la semana para perder peso y poder ponerse el vestido de novia que nos queda perfectamente para la boda. La motivación externa usualmente ofrece una recompensa al final.

La motivación también puede venir desde el interior sin la necesidad de ser recompensado. He encontrado que, con la motivación interna, he recibido más satisfacción que me lleva a recompensas más grandes de lo que nunca había esperado. Lo que a veces olvidamos es que con la satisfacción estamos más propensos a ser más apasionados en nuestros trabajos, nuestras escuelas y en otras partes de nuestras vidas. Como resultado, esta motivación es reconocida con premios, becas y un mejor salario. Yo estoy segura de que cada persona puede encontrar su propia fuente de motivación interna. Para mí, la motivación interna se remonta a casi morir cuando fui diagnosticada con polio.

Debido a las muchas historias que escuché de mis padres, hermanos y otros familiares, yo siempre he visto mi vida como un milagro. Esto ha sido el motor en todo lo que hago, al no permitir darme por vencida a pesar de las dificultades en frente de mí. Mi motivación interna está arraigada en el pensamiento de que Dios me permitió despertarme de mi parálisis porque Él tenía un propósito para mí. Estoy aquí por alguna razón, igual que todos los demás. Mi motivación se deriva de querer ganarme el privilegio de vivir. Yo trabajo duro, supero dificultades, y soporto el sufrimiento para poder dar gracias a Dios por no llevarme cuando contraje el polio. Siempre he buscado el próximo trabajo, la próxima meta, el siguiente logro, pero sobre todo, la próxima oportunidad de ayudar a los demás para que vivan una mejor vida. Al ser honesta y abierta sobre mi vida, yo creo que mis experiencias inspiran a que otros crean en sus propios sueños. Yo siento que tengo la obligación de ser lo mejor posible en mi vida.

Por esta razón, siempre he tenido dificultad en decir "no" a muchas peticiones. A medida que envejezco, me he dado cuenta de que no puedo hacer todo y hacerlo bien. Estoy creciendo en mi comodidad de priorizar y soy más gentil conmigo misma cuando digo que no. He descubierto que no puedo hacer todo, así que me enfoco en las cosas que me llenan mientras tienen un gran impacto en otras personas. Estas expectativas que me pongo a mí misma son muy altas. No sé cómo sentarme al margen. Tal vez esto es porque lo he hecho frecuentemente al ser excluida de participar a causa de mis barreras físicas. He aprendido a odiar ser solamente un espectador. Si puedo hacer algo, ¡lo haré!

Si me preguntaran por qué pienso que se espera de mí que diga que si a cada petición, yo contestaría que es porque yo lo espero de mí. Algunos de estos comportamientos provienen de mi crianza y otras partes pueden ser genéticas. Mi madre fue un ejemplo de cómo deberíamos actuar hoy y no esperar para mañana, recordándonos que mañana tal vez nunca llegará. Esto trabajó a mi favor la mayor parte del tiempo, aunque estoy segura de que pude haber prevenido mucho estrés innecesario si no me hubiera puesto tanta presión en mí misma. En la escuela, el trabajo, y en casa, yo cumplí mis responsabilidades sin procrastinación. A veces me empujo hasta el límite para terminar todo.

Aunque estoy envejeciendo, mi motivación es más fuerte que nunca, pero siempre existe la sombra en todo. A causa de mi motivación extrema, me he puesto metas inmanejables. Sorpresivamente, yo usualmente alcanzo estas metas poco realistas. Más aún, la mayor parte del tiempo, las alcanzo antes de tiempo. Sin embargo, debo analizar y preguntarme, "¿A qué precio?" Otros han comentado que lo que he logrado es impresionante. Mientras reflexiono, me pregunto por qué siento la necesidad de seguir comprobando que soy capaz de hacer las cosas. Solamente continuó trabajando, raramente paro para descansar. No veo la televisión mucho y es terrible para mí cuando mi familia quiere ir al cine. Ir al cine significa tener que estar sentada por dos horas sin poder realizar tareas múltiples. Para mí, eso es difícil.

Mi hija recientemente me preguntó por qué trabajo tanto ahora que me he retirado. Hasta se preguntó si lo estaba haciendo por cuestiones de finanzas, lo cual frecuentemente es una gran motivación para muchas personas. No tuve que pensarlo por mucho tiempo. Le dije que no me había retirado; solamente me eh reconfigurado, algo que el Padre Juan me señaló. Además, cuando trabajo, se me olvida mi discapacidad completamente. Cuando me siento y me pongo a escribir en mi computadora, o cuando estoy dando una plática o presentación, a mí se me olvida totalmente de lo que no puedo hacer, que estoy limitada, dependiente e incapacitada. Estos son sentimientos comunes que tengo cuando estoy en la sociedad, o hasta en casa. Cuando estoy en casa y quiero limpiar un ropero (confía en mí, es por necesidad), rápidamente pienso en toda la ayuda que voy a necesitar, haciéndome sentir dependiente. No puedo levantar cajas, mover ropa fácilmente o alcanzar alto. Cuando decidí hacer tamales para los días de fiesta, me sentía incapaz. No porque no sabía qué hacer, sino porque aún en mi cocina que he hecho lo más accesible posible, todavía tiene barreras que hacen que necesite ayuda. En la sociedad, las barreras que enfrento o las personas que encuentro me recuerdan de lo que no puedo hacer.

Sin embargo, dame un teclado o una audiencia, y lo puedo hacer totalmente sola. No soy una experta en nada excepto por una cosa y esa es MI VIDA. Así que, estoy segura de que nadie puede escribir sobre mi vida como yo lo puedo hacer. Adicionalmente, pienso que mis treinta años de experiencia como una educadora me hicieron una profesora capacitada. Me encanta compartir lo que sé. Al igual que las estrategias, algunas de mis ideas trabajarán, mientras que otras no lo harán. Sin embargo, me siento satisfecha sabiendo que lo que escribí o lo que dije positivamente cambió a alguna persona. Así que, el trabajo me sirve como un escape de mi realidad, especialmente porque mi discapacidad se convierte en un recurso valioso.

Aunque la mayoría de los individuos con discapacidades, incluyendo a mí misma, no quieren ser reconocidos como "inspiradores" por simplemente empujar sus sillas de ruedas, yo acepto ser considerada motivadora cuando comparto mi vida. Es alentador saber que yo motivo a otros para que vean sus propias vidas de un modo diferente. En lugar de verme como inspiracional, creo que la mejor palabra para lo que hago es motivacional. Yo quiero que las personas se sientan motivadas. Yo quiero que los individuos usen sus talentos para su propio bien y el de los demás. Muchos de mis estudiantes tenían motivación porque se veían en mí. Cuando yo era un estudiante, yo también me motivaba cuando conocía a otros profesionales que eran Latinos o individuos con discapacidades. Me daba esperanzas y yo admiraba como se veía el éxito.

Yo usé mi discapacidad como una herramienta para motivar a los estudiantes que necesitaban un empujoncito porque estaban desanimados. Un ejemplo viene a mi mente. Un estudiante, Mateo, se convirtió en cuadripléjico debido a un accidente automovilístico. Cuando empezó a verme, claramente enseñaba su enojo por lo que había pasado y cómo su vida había cambiado drásticamente. Conforme fuimos conociéndonos, desarrollamos una conexión llena de confianza. Un día de invierno, cuando vino a su cita, era evidente que estaba teniendo un día difícil. Se quejó de que algunas de las banquetas no habían sido limpiadas de la nieve. Me dijo, "A veces deseo haber muerto en el accidente en lugar de tener que estar en una silla de ruedas." Rápidamente se dio cuenta de lo que había dicho y trató de cambiar lo que dijo. En cambio, yo no estaba ofendida. Más bien, usé mi propia discapacidad como una herramienta para "llenar su tanque" con motivación.

Primero le dije, "Mateo, no me ofendiste. Gracias por sentirte tan a gusto conmigo que puedes expresar tus verdaderos sentimientos." Yo creo que él estaba un poco sorprendido de que no me puse a la defensiva o que no estaba enojada. Luego le dije, "La silla de ruedas no fue lo que te frustró. Lo que te frustró fue que las banquetas no estaban limpias, lo cual creó una barrera para ti. Te aseguro que hablaré con las personas apropiadas para resolver esto." Mi comentario le dio permiso de expresar que su silla de ruedas hacía todo más difícil. Yo le respondí, "Sí, la vida puede ser más complicada, pero no es lo suficiente complicada para querer morir. Yo estoy en una silla de ruedas, y todavía tengo una vida llena y feliz. Tengo una educación y una carrera que amo. Estoy casada y tengo dos hijas bellas. Tengo mi propia casa y manejo. Puedo con mis gastos, y hasta tengo un poco más para ir de vacaciones y divertirme. ¡Mi vida vale la pena y también la tuya!"

Mateo continuó trabajando conmigo, y esa conversación directa y honesta lo motivó para hacer su vida lo mejor posible. Sí, su vida había cambiado, pero un cambio de vida nunca es razón suficiente para querer darse por vencido y morir. Hasta la fecha, aunque han pasado muchos años desde nuestra interacción, permanecemos en contacto. La mamá de Mateo a veces me llama, aún ahora que me he retirado. Su mamá siempre quería demostrar su agradecimiento, regularmente trayendo golosinas que yo compartía con todo el departamento. Frecuentemente me decía que ella nunca olvidaría todo lo que había hecho para ayudar a su hijo. Durante una de nuestras conversaciones, yo recibí el elogio más grande que he recibido. Con una sonrisa, ella dijo, "Gracias. Yo tal vez le di vida a Mateo, pero tu ejemplo y apoyo le devolvieron la vida."

Mantener un nivel constante de motivación es más fácil cuando hacemos lo que nos importa. Eso ha sido en mi caso. Si hubiera tenido que hacer matemáticas todo el día, probablemente me hubiera dado por vencida, o por lo menos batallado para mantener mi motivación. Pero porque me encanta enseñar, escribir y hablar, estoy motivada para seguir haciendo un buen trabajo. Siempre les dije a mis alumnos que no decidieran sobre las carreras en cuanto a la cantidad de dinero que esperaban ganar, sino que eligieran una carrera en los campos que amaban y disfrutarían haciendo. A veces, los estudiantes decidieron que ganar mucho dinero era más importante. Les aseguré que, a la larga, probablemente terminarían ganando más dinero haciendo lo que amaban porque persistirían y no se rendirían. Como dice el dicho popular: "Si amas lo que haces, nunca trabajarás un día en tu vida".

Un gran asesino de motivación es el miedo. Conocí a muchos estudiantes a lo largo de los años que se acostumbraron al fracaso. Algunos incluso me dijeron que tenían miedo de tener éxito, por lo que ni siquiera intentaban alcanzar sus sueños. Vi a muchos estudiantes autosabotear su éxito al faltar a clase el día de una prueba sin tener una razón para estar ausente. Era mucho más fácil para ellos fracasar porque sabían lo que iba a pasar. Si hubieran tenido éxito, tenían miedo de no saber qué hacer. Sobre todo, tenían miedo de tener éxito y no poder mantener sus buenas calificaciones. Los estudiantes decían: "Es demasiado trabajo" o "No importa cómo salga en la clase. Ya he reprobado muchas clases ". Nunca formé ningún juicio ni alimenté sus propios pensamientos autodestructivos. Creí en ellos. Y a menudo fui recompensada cuando los estudiantes aprendieron que yo tenía razón al creer en ellos. El éxito se siente mucho mejor que el fracaso, por lo que el esfuerzo y la motivación valen la pena.

Lo que es triste es que los estudiantes que tienen razones legítimas de sus luchas pierden su motivación debido a la reacción de los demás y, francamente, debido a nuestro sistema educativo. Cuando alguien fracasa, lo juzgan rápidamente y atribuyen su fracaso a la falta de esfuerzo o de no estar motivados. Los estudiantes son juzgados y les dicen que deberían aumentar su motivación, esforzarse más, o peor, se les hace creer que no son lo suficientemente inteligentes como para tener éxito. A veces, la motivación está ahí, pero puede perderse debido a las dificultades causadas por una discapacidad no diagnosticada, vivir en un hogar abusivo o tener otros desafíos de vida similares. La facultad que construye relaciones con los estudiantes puede ayudar a determinar la verdadera razón del fracaso.

Nuestro sistema educativo, lo admitamos o no, clasifica a los estudiantes en función de su desempeño en pruebas académicas o estandarizadas. Se clasifican de cierta manera y luego el estudiante mantiene esa clasificación hasta que se gradúan de la escuela secundaria. Mis dos hijas tienen sólo siete meses de diferencia de edad. Siempre han estado en los mismos grados, aunque nunca en el mismo salón por petición mía. Desde los primeros grados, cada una de mis hijas fue puesta en diferentes "líneas de producción" como yo las llamo. Ariana fue colocada en la línea llevando a los estudiantes a la universidad. Por otro lado, Ariel estaba en una línea diferente que dirigía a los estudiantes a trabajar. Desde el segundo grado, ya había predicciones de su éxito. Cada una de mis hijas pertenecía a una línea diferente, incluso cuando la motivación era la misma entre ellas.

Por supuesto, yo no estaba de acuerdo en ponerlas en diferentes categorías con diferentes expectativas. Sabía que Ariel tenía dificultades, pero me di cuenta de que tenía que haber una razón por sus dificultades, la cual la falta de motivación no era una posibilidad. Alguien que no está motivado faltaría a la escuela o no estaría entusiasmado con ir a la escuela en general. Ariel no faltaba a la escuela y le gustaba ir durante sus primeros años. Ella siempre intentaba hacer su tarea, y mientras le ayudaba, noté que tenía dificultades legítimas. Ella se esforzaba, pero no podía pronunciar las palabras para poder leerlas. Yo había tenido la razón. Debido a mi insistencia, luego fue diagnosticada con ansiedad y discapacidades de aprendizaje en el lenguaje.

Lo que es triste para mí es que, debido a sus dificultades, no fue alentada ni motivada para considerar la universidad. La pusieron en un camino que era completamente diferente al de Ariana. Recuerdo lo molesto que era para Ariel recibir el "sobre amarillo" al final del año escolar, en lugar del "sobre blanco" como su hermana. Este fue el sistema que la escuela usó para indicar cual carta el estudiante llevaría a casa. El "sobre amarillo" significaba que la escuela de verano estaba muy recomendada. Aquellos con el "sobre blanco", como Ariana, no fueron recomendados para ir a la escuela de verano. Los niños son inteligentes y con rapidez aprendieron exactamente lo que significaban los sobres. Si el uso de sobres de diferente color era para mantener la confidencialidad, ese plan falló porque los estudiantes descubrieron quienes eran inteligentes y quienes no lo eran. Sabían que obtener un sobre amarillo significaba que no eran inteligentes y, por lo tanto, tendrían que ir a la escuela de verano.

Cuando estaban en su tercer año en la escuela secundaria, cada una de mis hijas recibió un trato diferente basado en la "línea de producción" en la que estaban. Ariana podría haber llenado las paredes de su habitación con solicitudes universitarias e invitaciones a diferentes eventos preparatorios para la universidad. Ariel, por otro lado, recibió sólo una. Recibió la solicitud de Triton ya que ese es nuestro colegio comunitario del distrito. Estoy segura de que esto afectó la motivación de Ariel y le hizo pensar que la universidad no era para ella. Sin embargo, Ariana fue solicitada y las escuelas luchaban por tenerla como estudiante porque era una estudiante excelente académicamente.

Parece irónico que los estudiantes que necesitaban más aliento no lo recibieran. No importaban las razones de sus dificultades. Lo único que importaba eran sus calificaciones. Esto rápidamente llevó a Ariel a perder su motivación, pensando que la universidad no era para ella. Ella solamente estaba logrando las expectativas de las escuelas. Y, por supuesto, ¿no es una tontería requerir la escuela de verano para los estudiantes que no les gusta asistir a la escuela a causa de sus dificultades? Entiendo que esto es un esfuerzo para mejorar sus habilidades académicas. Como educador, conozco la intención.

Pero como madre, pude observar y experimentar la realidad a través del frágil y titubeante autoestima de Ariel.

Debemos motivar a todos los estudiantes. Debemos motivar a nuestros hijos. Cuanto más alentemos a los estudiantes a buscar lo que los motiva, más mostrarán la determinación para superar las dificultades. Como educadores, debemos motivar a todos los estudiantes, no sólo a nuestros estudiantes estelares. Esos estudiantes ya están motivados. Como padres, debemos aceptar las fortalezas y dificultades de nuestros hijos y, sobre todo, debemos demostrar que creemos en ellos. Cuanto más expresemos nuestra expectativa de éxito, más sabrán que creemos en ellos. Igualmente, es importante encontrar el apoyo y las estrategias para ayudarlos a navegar por sus dificultades.

La vida está llena de razones para rendirse. Necesitamos asegurarnos de que nosotros no somos una de ellas. Además, no debemos permitir que otros definan nuestro futuro o nuestro potencial para alcanzar el éxito. Somos nuestros propios escritores de nuestros viajes de vida. Los niños necesitan aprender que el éxito pertenece a todos. Necesitamos recordarles que cada persona tiene un propósito en la vida y que deben creer en su propio potencial tanto como creer en el potencial de cada ser humano. Sobre todo, debemos buscar fuentes de motivación y ayudar a nuestros hijos a hacer lo mismo. La motivación es lo que nos ayudara través de cada golpe en el camino.

PREGUNTAS DE REFLEXIÓN

1. ¿Qué te ayuda a mantener tu motivación?
2. ¿Qué te hace perder tu motivación?
3. ¿Cómo motivas a los demás?
4. ¿Qué has notado que elimina la motivación de los estudiantes/niños?

CAPÍTULO 14
NECESIDAD

La belleza de la vida es que todos nos necesitamos en un momento u otro. No importa quién sea la persona, en un momento u otro, cada individuo necesitará ayuda o apoyo de otros. Solía odiar ser dependiente y, a menudo, necesitar que otros me ayudaran. Sin embargo, a medida que maduré y pude ayudar a otros, cambié mi perspectiva. Descubrí que, igual que yo necesito a los demás, otros me han necesitado. La necesidad nos une y nos hace trabajar juntos en colaboración.

El nivel de necesidad varía según las circunstancias de vida de cada persona, pero todos necesitan algo. Las personas a veces nacen en situaciones en las que pueden tener las cosas esenciales para satisfacer sus necesidades básicas. Algunos no tienen el privilegio de tener un techo sobre sus cabezas, comida y seguridad. Aunque mis padres siempre tuvieron un techo sobre nuestras cabezas y al menos arroz y frijoles para comer sobre la mesa, experimentaron falta de recursos, particularmente, de atención médica para mí cuando vivíamos en México. Esta fue una de las principales razones por las que tomaron la difícil decisión de emigrar a Chicago. La necesidad era más grande que cualquier miedo a lo desconocido. Querían tratamiento médico para mí debido a mi diagnóstico de polio y no tenían el tratamiento ni el equipo médicos necesario para ayudarme con mi movilidad. Sabían que tenían que hacer algo porque cuando me vieron arrastrándome en el suelo porque no podía mover mis piernas, sabían que no tendría mucho futuro sin este sacrificio.

La necesidad es todo relativo. Cuando nuestra familia de once se mudó a Chicago a una casa de dos habitaciones, nos sentíamos como las personas más ricas de la tierra. Sin embargo, rápidamente aprendimos que éramos considerados una familia de bajos ingresos que estaba en "necesidad". Debido a nuestro estatus, calificamos para asistencia financiera para mis cuidados médicos. Aceptar apoyo fue difícil para mis padres. Eran personas orgullosas y nunca quisieron depender del gobierno para nada. Mis padres aceptaron la ayuda sólo porque se les explicó que las agencias sociales, como la "March of Dimes" y los Sellos de Pascua, ayudaron a muchas familias con recursos recopilados a través de donaciones. Debido a la fuerte ética de mi padre, siempre donó todo lo que pudo a muchas de las mismas organizaciones que alguna vez habían apoyado a nuestra familia.

El orgullo a menudo se interpone en el camino de las personas que piden ayuda incluso cuando la necesitan. En el capítulo anterior sobre la motivación, compartí cómo hay cosas que no puedo hacer, como limpiar un armario, debido a las demandas físicas que requieren. Cuando el clima comienza a mejorar y necesito guardar mi ropa de invierno y reemplazarla con mi ropa de verano, necesito ayuda. Aunque sé que necesito ayuda, nunca es fácil reconocer que no podemos hacer algo por nuestra cuenta y que dependemos de la ayuda de los demás. Un año, le pedí ayuda a mi hermana, y cuando vino a mi casa para ayudarme, comencé a quejarme, diciendo: "¡Soy inútil!

Ni siquiera puedo organizar un armario sin ayuda". Ella detuvo lo que estaba haciendo y dijo: "¿A qué te refieres? No eres inútil. Mira todo lo que haces. Ni siquiera puedo hacer una cita con el médico debido a mi inglés limitado. Ahora eso sí es inútil en comparación ". Mi hermana hizo un buen punto. Normalmente compensamos lo que nos falta con otras cosas que podemos hacer. Es fácil olvidar y perder de vista nuestras fortalezas porque estamos demasiado ocupados enfocándonos en nuestras debilidades.

Lo sorprendente es que a veces obtenemos más de lo que esperábamos cuando extendemos una mano amiga a alguien que lo necesita. Hice mi misión al ayudar a mis alumnos, y lo que he recibido ha sido más de lo que pensé que era posible. Soy quien soy por mis alumnos y cómo aprendimos y nos ayudamos mutuamente. A veces, mis alumnos con limitaciones más severas ayudaron a los profesores sin saberlo. Muchos profesores crecieron profesionalmente como maestros a través de su experiencia con estudiantes con discapacidades. Aunque los estudiantes podrían haber creído que solamente recibían de los demás al ser los únicos necesitados y los únicos que recibían apoyo, ellos no sabían que también estaban ayudando a sus profesores.

Jon, era un estudiante con autismo a quien conocí durante el curso de primer año que enseñaba. Era muy inteligente y su interés era la historia. Pudo leer un libro de texto de historia completo en una semana, recordando con detalles todo lo que había leído. Algunos de sus profesores llamaban a nuestra oficina en busca de ayuda, compartiendo que a veces Jon los corregía cuando cometían un error. El estudiante conocía el material por dentro y por fuera, pero debido a su autismo y su falta de habilidades sociales, no sabía que corregir a un profesor frente a todos era inapropiado. A Jon se le recordó constantemente que interrumpir a sus profesores cuando hablaban era algo que tenía que dejar de hacer.

Además de que Jon fue apoyado con su comportamiento inapropiado en el salón de clases, Jon estaba tratando de descubrir el mejor camino para él con su interés en la historia. Muchos estudiantes que se especializan en la historia terminan convirtiéndose en maestros de historia. Es poco probable que Jon pueda enseñar debido a sus dificultades con la comunicación y la falta de comprensión de los comportamientos sociales apropiados. Aunque entendería y se memorizaría el tema, sus otras dificultades no le permitirían tener éxito en la enseñanza. Jon consideró otros campos, pero se preguntó cómo lo haría en una universidad donde no habría el tipo de apoyo que estaba recibiendo en Harper. Sin embargo, uno de sus profesores vio su talento y le ofreció una clase de estudio independiente donde Jon podía ayudarlo con trabajo de investigación. ¡Jon fue un éxito! Su profesor estaba muy impresionado con la calidad del trabajo de Jon y con su capacidad para conectarse con cualquier cosa que había leído relacionada con la historia. El profesor se sorprendió con lo rápido que Jon absorbía tantos detalles con su trabajo de investigación.

Debido a la ayuda de Jon, desarrollaron una relación mutua en la que cada uno satisfizo las necesidades del otro. No sólo eso, sino que, debido a la relación entre ellos, su profesor llevó a Jon bajo su ala e incluso llegó a encontrar un programa donde Jon pudo continuar en una universidad. Incluso después de que Jon se transfiriera, lo veía regularmente en el campus porque el profesor seguía trabajando con Jon. El profesor aún recibía apoyo de Jon para sus proyectos de investigación. Antes de mi retiro, el profesor me informó que Jon completó su licenciatura en historia y que seguían siendo amigos. El profesor estaba tratando de ayudar a Jon a encontrar un trabajo que le pagara. Ambos fueron afortunados de haberse encontrado, y cada uno de ellos satisfizo una necesidad, el uno para el otro.

Otro profesor con el que trabajé también desarrolló una gran relación con uno de mis alumnos. Jessica era una tetrapléjica que estaba tomando clases para el auto enriquecimiento. Su salud era incierta, y su padre sólo quería darle a Jessica una experiencia universitaria. Ella estaba muy interesada en el arte. Tuvimos que encontrar una forma en que pudiera dibujar con su limitada movilidad en sus brazos y manos. Un profesor se encargó de tratar de encontrar una solución. Utilizó materiales que tenía en casa para desarrollar un escritorio que pudiera colocarse en la parte superior de la mesa de dibujo. El escritorio incluía lazos de velcro que podían usarse de manera fácil y segura para sujetar sus manos para que no se cayeran de la mesa cuando ella dibujaba. Fue increíble ver cómo un profesor encontró posibilidades para lo que parecía imposible. Estaba dispuesto a ayudar y satisfacer las necesidades de Jessica al ser creativo. Como resultado de esto, el profesor desarrolló una relación cercana con Jessica y su familia. Desafortunadamente, no hace mucho tiempo, el profesor me informó que la estudiante había fallecido y que él había estado allí cuando ella respiró por última vez. Qué historia tan increíble que muestra el poder de ayudar a los demás con sus necesidades. No solo disfrutó el arte, sino que estoy segura de que la vida de Jessica mejoró significativamente debido al ingenioso apoyo del profesor.

Cuando todos miramos a nuestro alrededor, encontraremos a alguien que tiene una necesidad y que podemos ayudar, incluso cuando creemos que no tenemos nada que ofrecer. Como persona con discapacidad física, no puedo ofrecer mucho en términos de apoyo físico. Pero ciertamente puedo ofrecerme como persona con quien hablar y especialmente como persona para rezar. Mis amigos saben que estoy aquí para ellos y pueden llamarme para que los apoye. A veces, todo lo que una persona necesita es una sonrisa cuando se siente deprimida. A veces, lo que es más importante no nos cuesta ni un centavo. Todos podemos ofrecer una sonrisa gratuita y libremente.

El ayudar profesionalmente, cuando vemos a tantas personas necesitadas, puede ser agotador. La fatiga de la compasión es real, porque a veces incluso con todo nuestro deseo de satisfacer una necesidad, no podemos apoyar con éxito a cada persona de la manera que queremos. El tiempo, los recursos y la voluntad de la persona para ser apoyada pueden ser barreras inquebrantables para ayudar a una persona necesitada. Sé que hubo momentos en que tuve que satisfacer mis propias necesidades antes de poder seguir ayudando. Cuando me sentía así, me di permiso para tener un día personal de salud mental. Es importante estar consciente de nuestros propios sentimientos y atenderlos lo antes posible. Si no nos ayudamos a nosotros mismos, ¿cómo podemos esperar ayudar a los demás?

Trabajé en el mismo papel durante treinta años, un trabajo difícil porque los estudiantes estaban lidiando no sólo con su discapacidad, sino también con situaciones de vida difíciles. La gente me preguntaba cómo no me cansaba. Mi respuesta fue fácil. Me encantó lo que estaba haciendo, y lo vi como mi misión el ayudar a mis alumnos. Sin embargo, lo interesante es que me parecía mucho a mi madre en cómo apoyaba a mis alumnos. Nunca sentí pena por ellos. Siempre los hacía responsables y les hacía ver su propia autoestima. Les llamé la atención, de una manera amable y suave, cuando necesitaba hacerlo por el crecimiento de los estudiantes. A veces, mis compañeros de trabajo observaban cómo interactuaba con mis alumnos y se sorprendían cuando los estudiantes querían solo verme a mí, aunque siempre usaba un enfoque directo. Yo era real. No estaba allí para perder el tiempo. Tenía expectativas de cada uno de ellos.

A veces usaba estrategias que eran poco comunes. Tenía un estudiante, Eddie, que no hacía mucho trabajo escolar fuera del aula.

Juntos creamos un plan en torno a su trabajo donde podía hacer su trabajo escolar. Durante una de nuestras citas, le pregunté si había hecho su lectura para una clase de psicología que estaba tomando. Dijo que sí. Le pregunté si podía mostrarme su libro de psicología. Lo sacó y me lo entregó. Inmediatamente, noté que el libro estaba frío, como si lo hubieran dejado en un automóvil frío. Le dije: "Eddie, tu libro parece frío. ¿Por qué está tan frío?" Supongo que no tuvo tiempo de inventar una explicación porque dijo: "Oh, lo siento, no leí. Mi libro se quedó en el auto todo el fin de semana". Yo pensé: "Ahora puedo agregar algo nuevo a la descripción de mi trabajo: tomar la temperatura de los libros".

A veces nos apresuramos a juzgar si una persona realmente necesita ayuda cuando la vemos rogando por dinero en medio de las calles. Mientras esperamos durante una luz roja, procesamos la situación y decidimos si vamos a ayudar o no. Por lo general, yo respondo rápidamente dándoles cualquier cambio suelto en mi portavasos. Aunque puedo hacer juicios rápidos y cuestionar por qué no están trabajando y en su lugar optan por pedir donaciones, de todos modos, decido darles dinero. Estoy plenamente consciente de que las situaciones de la vida pueden cambiar instantáneamente obligando a alguien a perder su hogar seguro. Aunque aparentemente pueden parecer aptos, al menos en comparación conmigo, sé que hay diferentes tipos de necesidades. La persona puede haber perdido un trabajo o tal vez no puede encontrar uno porque no tiene una dirección- la cual generalmente se requiere en una solicitud. O la persona puede estar lidiando con problemas psicológicos u con discapacidades invisibles. Quizás la persona puede carecer de habilidades para leer debido a que no ha tenido oportunidades educativas. Nunca sabré la verdad. Todo lo que sé es que el cambio que le doy no es mucho y que ni siquiera me haría falta. Lo que la persona hace con el dinero o por qué la persona está rogando, no debería importarme.

Al igual que puedo juzgar a la persona que pide y parece poder trabajar, me han juzgado como una persona necesitada porque uso una silla de ruedas. Solíamos reírnos cuando llevaba a mis hijas (cuando eran jóvenes) a pedir dulces para el día de las brujas, y yo volvía con más dulces que ellas. Durante las vacaciones del colegio, si salía de compras, a veces extraños me ofrecían dinero para mis compras navideñas. Siempre fue una situación incómoda tener que decirles que no necesitaba el dinero. Tener una discapacidad nos hace parecer que estamos necesitados. A veces incluso me preguntaba si estaba mejor yo financieramente que aquellos que querían darme dinero.

Es importante estar consciente de la razón por la que decidimos dar. Trato de no dar por lástima. No me gusta que me compadezcan, así que trato de no compadecer a los demás tampoco. Una vez, cuando estaba en Nuevo México en una conferencia, observé a muchas personas que pedían cerca del centro de convenciones. Vi a una mujer con dos pequeños sosteniendo un cubo para donaciones. Las cuerdas de mi corazón fueron jaladas y comencé a sentir lástima por ellos, especialmente por los niños. Sin embargo, me detuve y me puse a pensar sobre lo que podía hacer para ayudar. Decidí ir a un McDonalds cercano y compré una comida para la madre y dos comidas de niños. Cuando hice esto, la mujer estaba muy agradecida. Ella me agradeció y estaba claro que estaba sorprendida de que una mujer discapacitada la estuviera ayudando. Me sentí mejor sabiendo que les di comida en lugar de formular mi propia historia sobre su vida lo cual me haría tener lástima.

Por supuesto, nunca sabré la historia detrás de cada persona que apoyo financieramente, pero espero que cualquier contribución que doy, les ayude al menos con la necesidad más básica: la comida. Es lamentable que a veces elija no dar por miedo a mi propia seguridad. Me encantaría vivir en un mundo donde la gente no tendría que estar en las calles rogando y que otros no tuvieran miedo de ser caritativos y ayudar. Creo que este es un problema social y que, si trabajamos juntos, podríamos solucionarlo. Sé que es un sueño, pero puedo poner de mi parte para hacerlo realidad.

La inseguridad alimentaria es real, y puede sucederle a cualquiera de nosotros. En Harper, aunque se encuentra en una comunidad rica, los estudiantes con los que trabajaba a veces sufrían inseguridad alimentaria regularmente. Estuve muy contenta al ver que Harper hizo avances para traer recursos para tener una despensa que pudiera ayudar a los estudiantes. Los estudiantes pueden entrar y pedir algo de comer u otras cosas básicas personales como jabón, cepillos de dientes, etc. En mi oficina, me aseguraba de mantener mi propia colección de bocadillos para ofrecer a los estudiantes. Incluso tenía un mini refrigerador dónde no sólo podía guardar mi almuerzo, sino también tener otros alimentos y bebidas para ofrecer a los estudiantes si alguna vez tenían hambre.

Tal vez debido a que mis padres compartieron muchas historias sobre la pobreza que experimentaron de niños, soy muy sensible a las personas que pueden tener hambre. Nunca experimenté hambre, pero mis padres sí lo hicieron. Del mismo modo, mis hijas nunca han experimentado hambre, por lo que a veces me preocupa que puedan dar por hecho la comida. Regularmente reprimo a mis hijas cuando desperdician la comida. A veces toman un bocado de un sándwich y luego deciden que ya no lo quieren. Quieren rápidamente tirar el sándwich mordido a la basura. Les recuerdo que nunca se debe desperdiciar la comida y sugiero que la guarden para comerla más tarde. En mi opinión, parece que cada generación se vuelve más derrochadora que la anterior. Si no experimentamos hambre, damos la comida por hecho.

La conclusión es que la necesidad existe en todos nosotros. Dependeremos el uno del otro en un momento u otro. Además, todos podemos ayudar cuando alguien lo necesita. Ayudar es algo recíproco, que nos une de una manera más como humanos. Estamos aquí en la vida juntos, queriendo las mismas cosas. Queremos que nuestras necesidades básicas se satisfagan. Depende de cada uno de nosotros estar allí el uno para el otro. Hoy hago algo por un vecino, y mañana un vecino hace algo por mí. Estaba destinado a ser así.

PREGUNTAS DE REFLEXIÓN

1. ¿Qué haces para satisfacer las necesidades de los demás?
2. ¿Cómo te han ayudado otros con tus necesidades?
3. ¿Hay cosas que puedas hacer para satisfacer las necesidades de alguien que no conoces?

CAPÍTULO 15

OPORTUNIDADES

En México, aunque viví una infancia feliz, nunca habría obtenido las oportunidades que este país me ha ofrecido. No puedo predecir cómo hubiera sido mi vida, pero sé que no habría tenido tanto éxito como en los Estados Unidos. Los recursos simplemente no estaban allí. ¿Habría vivido para tener la edad que tengo hoy si hubiera permanecido en México? ¿Cuál habría sido mi calidad de vida si mis padres no hubieran emigrado a los Estados Unidos? Sé que probablemente sea tonto tener estas preguntas, pero a veces me ayuda a estar aún más agradecida por el sacrificio que mis padres hicieron cuando nos mudamos a Chicago. Sin saber qué llevaría el futuro, nos llevaron a una tierra extranjera con las esperanzas de una vida mejor que afortunadamente tenemos.

Regularmente contemplo si el Sueño Americano, la razón por la que la mayoría de los inmigrantes se mudan de sus países, realmente existe. ¿Se ofrecen las mismas oportunidades a todas las personas? Solía pensar que sí, pero algunas personas aprovechaban de ellas mientras que otras personas no. Sin embargo, a medida que reflexiono profundamente sobre las oportunidades, he concluido que no a todos se les ofrecen las mismas posibilidades de tener éxito. Estoy segura de que algunos no estarán de acuerdo con esta opinión. Algunos incluso se sorprenderán de que creo esto, especialmente porque las probabilidades estaban en mi contra, pero con las oportunidades que recibí, estoy cerca de lo que la gente considera vivir el sueño americano.

He conocido a muchas personas de todas las clases sociales. Algunos son muy exitosos y ricos económicamente. Algunos no tienen hogar y sufren inseguridad alimentaria. Muchos son como yo. No soy rica, pero ciertamente no paso por inseguridad alimentaria. ¿Es esto porque la persona rica tuvo más oportunidades o cuál es la explicación de la diferencia de cómo viven las personas? Quizás en una etapa diferente de mi vida, habría dicho que todos recibimos las mismas oportunidades, pero que nuestra riqueza se deriva de si aprovechamos las oportunidades o no. Sin embargo, ahora creo que las oportunidades nunca son las mismas.

Claro, creo totalmente que se requiere trabajo duro para el éxito la mayor parte del tiempo. Sin embargo, cuán diferente es la experiencia de alguien que tiene todos los recursos para obtener una educación. Ciertamente, no todos los estudiantes que quieran ir a la universidad se les ofrece la oportunidad de hacerlo. Muchos nunca podrían ingresar a un aula universitaria si no fuera por la ayuda financiera y las becas disponibles para los estudiantes dentro de un cierto nivel de ingresos. Aun así, algunos estudiantes ni siquiera son elegibles para recibir ayuda o becas debido a que su estado inmigratorio les da aún menos oportunidades. Muchas personas pueden asistir a la universidad sin preocuparse por cómo se financiará. Y luego hay personas como yo que trabajaron duro y aceptaron cada oportunidad que se les ofreció para obtener una educación.

Las oportunidades dependen de cosas diferentes. Pueden depender de dónde nacen las personas, su raza o su género. A veces también depende de qué familia nace una persona. Por ejemplo, nací en una familia cohesiva muy solidaria que siempre me daba amor y aliento. No todos tienen esta experiencia. Además, la salud de una persona es otro factor que influye en las oportunidades. Nací en México, por lo que las oportunidades que mis padres tenían para tratar mi polio eran diferentes a si hubiera nacido en los Estados Unidos. Sin embargo, incluso en este país, debido a mi raza, es posible que no haya recibido las mismas oportunidades que otras. Debido a que soy una mujer, esto también afectó los tipos de oportunidades que tuve aún más en mi cultura.

Reconozco que tuve la suerte de haber nacido en una familia amorosa que me amaba y me proporcionó seguridad, mientras que otros nacen en hogares de padres solteros o familias rotas, limitándolos de las mismas oportunidades que tuve. Un diagnóstico de polio también cambió las oportunidades que tendría en la vida. Una persona sana tiene más oportunidades porque vive en un mundo que está hecho para ellos. Por otro lado, debo combatir constantemente el estigma que viene con tener una discapacidad, además de todas las barreras de accesibilidad que debo navegar.

Incluso con las oportunidades desiguales que las personas reciben, es importante aprovechar las oportunidades cuando vienen. Sé que todos somos culpables de emitir juicios sobre otros basados en nuestra creencia de que se les dan oportunidades a todos por igual, pero que algunos prefieren tomar la ruta fácil. Las oportunidades requieren esfuerzo, pero no podemos asumir que las oportunidades son iguales para todos. Por ejemplo, cuando era niña tuve la oportunidad de aprender inglés porque asistía a la escuela. Mi madre no tuvo esta oportunidad porque sus prioridades tenían que ser diferentes. Ella fue una madre que se quedó en casa para cuidarnos a todos. Entonces, creer que mi mamá no aprendió inglés debido a que no actuó en una oportunidad sería incorrecto.

Del mismo modo, mi padre tampoco tuvo las mismas oportunidades de aprender inglés que yo tuve. Aunque trabajó fuera de la casa, su fábrica contrató principalmente empleados que hablaban español. Todo lo que mi papá escuchó en el trabajo fue español. Para alguien que nunca fue a la escuela, me impresionó bastante su conocimiento sobre diferentes materiales, especialmente con sus habilidades de inglés. Él podía entender todas las conversaciones e incluso hablaba algo de inglés, aunque no dominó el idioma como quería.

Tuve muchos estudiantes Latinos con situaciones similares. Los padres nunca aprendieron a hablar inglés. A algunas personas les resultará fácil decir que podrían haber asistido a la escuela para aprender inglés, pero no podemos juzgar tan rápido sin entender lo que está sucediendo en la vida de las personas. Debido al inglés limitado y quizás a una educación mínima, los padres luchan por mantener a sus hijos económica y educativamente. ¿Cómo pueden apoyar a sus alumnos, como ellos desean, cuando tienen el salario mínimo y no están familiarizados con la experiencia universitaria?

Muchos estudiantes universitarios de primera generación deben valerse por sí mismos sin el apoyo de sus familias, al igual que yo lo hice. Esto los distingue de sus compañeros de clase que reciben el apoyo de sus padres educados en la universidad. Las diferencias de los estudiantes en cuanto al nivel de apoyo claramente afectarán sus oportunidades. Los estudiantes pueden dejar de recibir información importante porque no tienen un miembro de familia que los pueda dirigir. Si no hubiera sido por encontrar el apoyo de un profesional Latino en DePaul, es posible que yo hubiera perdido muchas oportunidades que me pusieron en el camino para el éxito. Estaba demasiado ocupada tratando de sacar buenas calificaciones, así que tener a alguien que me ayudara era crucial.

Las calificaciones también afectan las oportunidades de una persona. Y las calificaciones no siempre se basan en el esfuerzo como muchos creen. Cuando me estaba preparando para ir a la escuela de derecho, se motivaba a que los estudiantes tomaran un curso preparatorio conocido como la Prueba de Admisión de la Escuela de Derecho (LSAT). La clase era costosa y la ayuda financiera no cubría el costo. No podía pagar el curso, así que tuve que estudiar el doble de duro por mi cuenta, mientras que algunos de mis amigos que tenían los medios financieros tomaron el curso. Hice bien, pero me pregunto cómo lo habría hecho si hubiera tomado el curso preparatorio. Una mejor puntuación podría haber cambiado algunas de las oportunidades que me ofrecieron.

Una cosa de la que estoy segura es que las oportunidades no nos buscan. Debemos salir y encontrarlas. A veces, las personas ni siquiera reconocen una oportunidad cuando la ven, creyendo que no la merecen o se avergüenzan de aceptarla. Tener información precisa es necesario para saber cuándo hay una oportunidad. E incluso entonces, algunas personas no saben dónde acceder a la oportunidad. La cultura y el lenguaje pueden desempeñar un papel en si una persona reconoce una oportunidad y si la aprovecha o no.

Por esta razón, trabajaba duro para informarles a mis alumnos sobre cualquier oportunidad disponible para ellos. Tanto los estudiantes Latinos como los estudiantes con discapacidades necesitan apoyo adicional para encontrar todo lo que está disponible, especialmente cuando sus padres no tienen la información para ayudarlos. También alentaba a mis alumnos a involucrarse en grupos y organizaciones en el campus. Muchas de las oportunidades que encontré cuando yo era estudiante fueron de boca en boca de otros estudiantes que estaban en una situación de vida similar a la mía. El desarrollo de relaciones y la creación de redes ayuda tremendamente a mantenernos informados.

Como nueva autora, aprendí mucho sobre el negocio de la publicación porque tuve el tiempo necesario después de retirarme. Anteriormente, yo, como muchas personas, pensaba que publicar era demasiado difícil, por lo que el objetivo, aparentemente era inalcanzable. Nunca había contemplado la idea de autoedición como una opción, suponiendo que era muy difícil y costosa. Ahora estoy consciente de que los objetivos a menudo parecen imposibles hasta que encontramos la información correcta y/o el aliento de los demás. Desearía haber aprendido todo lo que sé ahora sobre la publicación hace mucho tiempo ya que me encanta escribir. Probablemente podría haber publicado varios libros hace mucho tiempo si hubiera tenido la información. Estar en casa durante la pandemia me dio tiempo para investigar y encontrar la información y las oportunidades necesarias. También usé conexiones que había hecho para obtener la mejor información. Ahora, quiero compartir mi conocimiento y aliento con los demás. A través de mi experiencia con la publicación, he conocido a diferentes personas que también están interesadas en publicar y con mucho gusto les ofrezco mi apoyo.

Existen oportunidades allá afuera, pero a veces no son fácilmente accesibles. A veces, es posible que ni siquiera sepamos dónde mirar o a quién preguntar. Si no sabemos qué oportunidades existen, ¿cómo podemos aprovecharlas? Nuevamente, el lenguaje es una gran barrera para muchas personas. Aunque las cosas están cambiando, la mayoría de las veces la información sobre las oportunidades está en inglés, así que muchos latinos no están informados de lo que hay ahí fuera. Afortunadamente, estoy notando más intentos de tener información en diferentes idiomas.

Además, hay grupos que desean brindar apoyo a aquellos que puedan necesitar información sobre oportunidades para sus hijos. Recientemente, asistí a una conferencia bilingüe. Estaba muy feliz de ver tantos grupos de padres reunidos para discutir temas importantes que afectan a los niños de sus familias. Asistí a la conferencia para co-presentar con los miembros del Consejo Asesor de Padres Bilingües (BPAC) del Distrito Escolar Mannheim. Nuestra presentación fue mostrar el maravilloso trabajo de este grupo, incluyendo su proceso al escribir sus propias viñetas para publicar en un futuro cercano. Este grupo de padres me ha invitado a varias de sus reuniones. Me encanta cómo el grupo está involucrado y participa en eventos que afectan a sus estudiantes y a la comunidad. Bromeo y les digo que estoy feliz de que me hayan adoptado. Sin grupos como este, los estudiantes no tendrían los defensores que necesitan para asegurarse de tener acceso a las mismas oportunidades que otros estudiantes tienen.

A mi favor, mi personalidad me ha ayudado a encontrar más oportunidades. No tengo miedo de hacer preguntas, conectarme con las personas, hacer llamadas e investigar para encontrar mis respuestas. Mis hijas, por inteligentes que sean, no tienen la misma personalidad, por lo que son tímidas al tomar la iniciativa de hacer preguntas para encontrar oportunidades. Afortunadamente, como educadora y con mi personalidad, comparto información sobre oportunidades de las que podrían beneficiarse. Por ejemplo, alenté a Ariana a solicitar una beca académica dada en Harper. Ella fue una de las cuatro ganadoras y los $10,000 que ganó fueron muy útiles para pagar el costo de su matrícula.

Algunas personas no prestan atención a las comunicaciones importantes porque están constantemente bombardeadas con información que las confunden sobre si se trata de ellas. Con la multitud de información que llega a nuestro correo electrónico, es fácil pasar por alto una oportunidad. Recientemente, Facebook envió un correo electrónico a todos sus usuarios con respecto a una demanda colectiva. Cada miembro de mi familia tiene una cuenta y recibió el correo electrónico. Si queríamos ser parte de la demanda colectiva, todo lo que teníamos que hacer era completar un formulario. Fui la única en mi familia que leyó el correo electrónico y envió el formulario. Debido a esto, recibí cerca de $400 como retribución. Isidro recuerda haber visto el correo electrónico, pero pensó que era spam.

La oportunidad más importante que tenemos es mejorar nuestras vidas. Esta oportunidad está disponible para todos por igual. El poder es todo nuestro, y esta es la oportunidad más importante en la vida de cualquier persona. Se trata de mirar nuestras vidas, reflexionar y hacer los cambios necesarios para mejorar nuestras vidas. Nuestras vidas mejorarán si aprovechamos la oportunidad para cambiar nuestras actitudes y ser más amorosos con nosotros mismos y con los demás. Nuestras vidas mejorarán dramáticamente si aprovechamos la oportunidad de tener coraje sobre nuestros miedos. Nos beneficiaremos enormemente si aprendemos a comprender las diferencias entre las personas. Igualmente debemos aprovechar cada oportunidad y esforzarnos por lograr nuestros objetivos. Otras oportunidades que pueden mejorar la calidad de nuestras vidas pueden incluir: vivir con fe, apreciar todas nuestras bendiciones, reír un poco más, fomentar siempre nuestra inteligencia, tratar de ser justos en todo lo que hacemos, ser leales a nosotros mismos y a los demás, mantenerse motivados para cumplir con nuestras metas y ayudar a los necesitados. La calidad de nuestra vida depende completamente de nosotros. Depende de cada uno de nosotros actuar sobre esta oportunidad tan importante.

PREGUNTAS DE REFLEXIÓN

1. ¿Qué oportunidades te han ayudado a tener éxito en la vida?
2. ¿Cuál oportunidad te habría ayudado en la vida?
3. ¿Cómo respondes a las oportunidades inesperadas?
4. ¿Cómo alientas a tus hijos y a otros a encontrar oportunidades?

CAPÍTULO 16

PRESENTE

Para ser felices en la vida, a veces debemos dejar ir el pasado, estar agradecidos por lo que tenemos y esperar lo que está por venir. Si no dejamos ir el pasado, podría destruir nuestro hoy. El presente es lo que tenemos ahora, pero siempre preferimos pensar en el pasado y/o el futuro. Ciertamente, reflexionar sobre el pasado es importante para aprender de nuestros errores y crecer. Pensar en el futuro puede ser beneficioso porque en la vida, necesitamos tener objetivos para lograr lo que aspiramos. Sin embargo, no debemos vivir nuestras vidas deseando cambiar el pasado. Lo que ha sucedido ya no se puede cambiar. Del mismo modo, no es fructífero vivir en el pasado o el futuro, perdiendo de vista lo que más importa, hoy.

A veces, los mayores milagros ocurren inesperadamente, pero los perdemos porque nuestras mentes pueden estar llenas de dolor, resentimiento o ira por algo que ya sucedió en el pasado. Perdemos de vista lo inútil que es vivir pensando en algo que ya no podemos alterar. Desafortunadamente, por lo general, no miramos al pasado para aprender de nuestros errores o para hacer las paces con personas que hemos herido. En cambio, miramos al pasado por arrepentimiento, y nos quedamos estancados enfocándonos en lo que ya no se puede cambiar. Cuando hacemos esto, en lugar de ayudarnos a nosotros mismos, es contraproducente, y terminamos sufriendo más.

De la misma manera, cuando miramos el futuro, no es sólo para recordarnos nuestros objetivos. Nos concentramos en el futuro simplemente para querer acelerar nuestras vidas para llegar a lo que predecimos que sucederá y será mejor en nuestras vidas. Como todos sabemos, el futuro no está garantizado. Sin embargo, vivimos esperando las próximas vacaciones, la próxima promoción, la próxima fiesta o fecha de algo que realmente queremos. He notado las diversas formas en que las personas mantienen una cuenta regresiva, siempre queriendo algo en el futuro que ni siquiera está prometido. ¿Hay algún beneficio al hacer eso?

Personalmente, nunca luché o me quedé atrapada en el pasado. Por el contrario, opté por olvidar el pasado y empujar cualquier dolor o sufrimiento que sufrí. Hice esto estratégicamente porque mi pasado causó dolor y decepción. No fue hasta hace poco que me tomé el tiempo para reflexionar sobre mi pasado. Fue muy terapéutico para mí porque elegí mirar el pasado como una afirmación de que he recorrido un largo camino. Al ver mi pasado, pude publicar mi primer libro, una autobiografía. En este libro vuelvo a contar mi historia, lo bueno, lo malo y lo feo. Fue doloroso recordar todo lo que superé. Curiosamente, pensé que había olvidado mi pasado, pero descubrí que había suprimido todo el dolor para poder continuar. A través del proceso de reflexionar sobre mi pasado, concluí que no sólo había dolor en mi vida. Hubo muchos momentos felices y divertidos que hicieron que mi vida fuera interesante y me moldeara para ser la mujer que soy hoy.

Es sorprendente el nivel de detalles que recordé en diferentes partes de mi vida. Todo el tiempo, había pensado que los recuerdos se habían olvidado, pero recordé todo lo que me había pasado. Sí, lloré contando ciertas partes de lo que pasé en mi vida, pero sobre todo, celebré sabiendo que sobreviví y que todavía estoy aquí. Entonces, mirar mi pasado cumplió un propósito. Lo usé para crecer y ser más fuerte. En broma, digo que descubrí que tengo un tipo único de amnesia. Olvidé el dolor, pero recordé la ganancia. Si miramos nuestro pasado con este tipo de amnesia, entonces valdrá la pena mirar a nuestro pasado.

De alguna manera, no es así como la mayoría de las personas miran su pasado. En mi trabajo, desarrollé relaciones con muchos estudiantes que tuvieron problemas para dejar ir el pasado. No importa cuánto les recordaba que la vida no tiene que basarse necesariamente en experiencias pasadas, llevaban este peso con ellos. Tenemos el poder de cambiar, crecer y ser felices. Algunos estudiantes llegaron a Harper sin ninguna esperanza, aferrándose a sus dificultades pasadas en la escuela. Predijeron que tendrían las mismas experiencias nuevamente. A veces tenía que trabajar muy duro para que los estudiantes creyeran en su propio potencial. Estaban acostumbrados al fracaso, ya que era lo que habían experimentado en sus escuelas pasadas.

Mary es una estudiante que permitió que su pasado impactara sus posibilidades de tener éxito. Ella no solo tenía discapacidades de aprendizaje, sino que también tenía antecedentes de abuso de sustancias. Aunque ella estaba limpia de drogas cuando comenzó a verme, constantemente recordaba su pasado, a menudo cerrando la puerta a cualquier posibilidad de éxito. Ella no creía en sí misma y sentía que en cualquier momento, ella sería la misma persona que pasaba el rato con amigos para tomar drogas y olvidar su dolor. Yo quería que ella reconociera su coraje y se concentrara en dar un paso a la vez. El pasado era un obstáculo para poder ver el tiempo presente, mucho menos un futuro brillante. Trabajé con ella pacientemente, celebrando cada éxito, usándolos como prueba de que podía comenzar un nuevo capítulo en su vida.

Un día, Mary entró a mi oficina y brillaba de alegría. Ella dijo: "¡Pascuala lo hice! Pasé la prueba que tenía tanto miedo de tomar". Había batallado inmensamente al tomar exámenes, admitiendo que la mayoría de las veces cuando tomaba pruebas en el pasado, estaba sobre la influencia de las drogas porque las usaba para calmar su ansiedad. No sabía cómo tomaría las pruebas en Harper sin el uso de drogas. ¡Sonreí y pregunté si podía darle un abrazo! Luego comenté: "Sabía que podías hacerlo. Espero que ahora sepas que puedes superar cualquier cosa sin confiar en las drogas. Depende de ti dejar el pasado en el pasado". Ella me devolvió la sonrisa y dijo: "Pasos de bebé". Esa fue una frase que usé a menudo con ella para motivarla y permitirle ver que con los pasos de un bebé podía llegar muy lejos. A veces, nuestro pasado es cruel y nos detiene como prisioneros. Depende de nosotros encontrar la clave para aflojar nuestras cadenas. Una vez abiertas, debemos tirar la llave para que podamos comenzar de nuevo.

Aunque he tenido éxito en dejar el pasado en el pasado, me cuesta no preocuparme demasiado por el futuro. Soy el tipo de persona que siempre cuenta los días. Hacía cuentas regresivas en el trabajo todo el tiempo. Una amiga mía y compañera de trabajo, Michele, trató de ayudarme a vivir el día sin apresurar el tiempo. Ella tenía un punto. Pasaba demasiado tiempo pensando en una fecha futura que se suponía que me traería felicidad. Contaba los días antes de los días festivos. Contaba los días antes de nuestras vacaciones de invierno o vacaciones de verano, como si pensara que esos tiempos serían mejores. Comenzaba mi cuenta regresiva con unas semanas de anticipación, marcando cada día a medida que pasaba. Y cuando llegaba la fecha, esperaba un tipo diferente de experiencia, pero todo era lo mismo. Luego comenzaba una nueva cuenta regresiva. Todo el tiempo, me perdía los momentos importantes que me ocurrían a diario.

Ahora me doy cuenta de que debería haber estado celebrando cada día sin querer apresurar el reloj. Michele tenía razón al decirme que no acelerara mis días. Es curioso que esto siga siendo una broma entre nosotras. Yo ya no tengo cuentas regresivas relacionadas con el trabajo, pero ahora ella las hace. Aunque ya no trabajamos juntas, ella sabe que estoy muy familiarizada con el horario escolar anual en Harper. Recibo mensajes de texto ocasionales de ella diciendo: "Doce días más hasta el verano". Solo me río y aprecio cómo sus palabras se han quedado conmigo, y es gracioso cómo ha comenzado a hacer sus propias cuentas regresivas. Ahora, trato de no tener tantas cuentas regresivas, aunque a veces no puedo evitarlo. Por supuesto, hago mis listas y soy súper organizada con mi calendario, así que a veces regreso a mis viejos malos hábitos. Sin embargo, mantengo el sabio consejo de Michele escondido y regularmente vuelvo a él.

Pensar en el futuro es útil a veces porque nos hace pensar en nuestros objetivos y el futuro que queremos crear. Siempre hice que los estudiantes desarrollaran objetivos a corto y largo plazo. Sin embargo, siempre les recordaba que, a menos que pusieran acciones en la meta, los objetivos nunca serían una realidad. Pensar en el futuro también puede ser una fuente de motivación. No es realista no tener esperanzas de lo que queremos en nuestro futuro. Recientemente hice una presentación usando mi autobiografía. Compartí que, en mi vida, he logrado muchas cosas que habrían parecido imposibles. También expliqué que a veces me sentía culpable de siempre "querer más". Sin embargo, animé a la audiencia a hacer lo mismo. No importa nuestra edad, ya sea joven o más madura, la vida sólo es significativa cuando tenemos esperanzas y aspiraciones de lo que queremos en nuestro futuro. Hoy estaba en una feria de libros, y conocí a una mujer de 85 años que estaba llena de vida. Charlamos y, en nuestra conversación, me aseguró que llegaría a 100 años de vida. Ella dijo: "¿Quince años más? Dalo por hecho." Incluso me hizo tocar sus bíceps para demostrar lo fuerte que era. Este enfoque de la vida es lo que alimenta nuestro tanque con aspiraciones y deseos. Deberíamos tenerlos hasta el último aliento que tomamos.

A pesar de que existe el propósito de ver nuestro pasado y futuro, la fuente de nuestra felicidad está en el "ahora". Después de todo, ¿no es hoy lo único que tenemos asegurado? El ayer ya se fue. Nunca volverá. Y mañana no es prometido ni garantizado. Primero, no hay garantía de que tendremos un mañana y segundo, incluso si lo tenemos, no hay garantía de que nuestros planes se harán realidad. Cuanto más nos enfoquemos en el ahora, más felices estaremos. Podemos concentrarnos en los pequeños milagros que nos trae cada día. Por ejemplo, estoy sentada en mi jardín escuchando a los pájaros cantar. Aunque el clima está nublado, observo cómo el sol quiere salir. Miro la variedad de colores de las flores en mi jardín. Acabo de notar que mi planta de tomate está más alta que yo. Me doy cuenta de que mi árbol está lleno de duraznos que madurarán ante mis propios ojos. Okay, soy culpable. Visité rápidamente el futuro saboreando los deliciosos duraznos que comeré. En lugar de pensar en mi pasado o futuro, me trajo alegría el descubrir la belleza de hoy porque estaba saboreando el presente.

No hace mucho, tuve un pensamiento extraño. Los lectores probablemente están notando esta tendencia. Me desperté y comencé a pensar en lo que había planeado para el día. Entonces pensé, cada día es como un misterio. Puede que haya planeado lo que quería hacer. ¿Pero no es cada día una sorpresa completa? Tratamos de tomar el control del día, y a veces incluso podemos creer que lo hacemos. Pero la realidad es que hay un misterio en cada día. Por ejemplo, sabía que tenía que asistir a una feria de libros, pero no tenía ni idea de que una mujer de 85 años, llena de sazón, charlaría conmigo e incluso me daría un masaje (le daba a todos los autores un masaje). Ella daba masajes como su profesión por más de veinte años antes de retirarse. ¡Qué sorpresa tan agradable!

Por supuesto, tengo cuidado de no reflexionar demasiado sobre cómo cada día es una sorpresa porque este pensamiento puede conducir a la ansiedad si lo dejamos. Debido a que no sabemos qué sucederá de un minuto a otro, parece que estamos a merced de algo. Dependiendo de lo que creemos, estamos a merced del destino, Dios o cualquier otra cosa. Creo que esta es una de las principales razones por las que he creído que la discapacidad es el grupo marginado más discriminado, ignorado o incomprendido. Quizás ver a alguien con una discapacidad recuerda a las personas sin discapacidades que incluso el siguiente minuto no está garantizado y que su vida podría cambiar al instante. ¿Podría ser que ver a las personas con discapacidades es un recordatorio de que la persona está a sólo unos pasos de tener un accidente que podría resultar en una lesión?

Saber que cada día es un misterio también puede traer alegría. Al igual que podríamos haber planeado el día, también podemos recibir hermosas sorpresas. Hace unas semanas, estaba pasando por mi día, sin planes espectaculares. Mi hija Ariel, quien se casó en enero, vino a decirme que estaba embarazada. Qué sorpresa inesperada y hermosa. Las noticias me llenaron de alegría y aspiraciones. No pude evitar pensar en el futuro cuando mi nieta se una a nosotros en la vida. El bebé aún no ha nacido, pero mi corazón ya está lleno de amor. Debido a las noticias, tuve que ajustar algunos de mis objetivos. Estaba planeando escribir este libro durante el invierno cuando el clima es menos agradable. Sin embargo, ahora prefiero jugar con la nueva incorporación a la familia en este invierno, así que tuve que cambiar la línea de tiempo de mi libro.

Enfocarse en el hoy también puede ayudarnos a hacer que la vida sea manejable. En las semanas ocupadas, cuando tengo un calendario completo de eventos, me siento abrumada y estresada con todo lo que debo hacer. Pero empiezo a calmarme cuando tomo un día a la vez, dividiendo todas mis obligaciones en segmentos manejables. Animaba a los estudiantes a hacer lo mismo para que no se sintieran inundados con todas sus tareas. Abrumarse a menudo llevaba a los estudiantes a querer rendirse. Era común que los estudiantes comenzaran el semestre lleno de energía, enfoque, y buenas intenciones, pero comenzaban a sentirse agobiados cuando las tareas se acumulaban. Pasé tiempo mostrándoles cómo usar una agenda e incluso cómo dividir los proyectos en partes más pequeñas. De alguna manera, la mayoría de los estudiantes carecían de las habilidades básicas de estudio, por lo que las estrategias de administración del tiempo eran muy necesarias.

Sobre todo, concentrarse en el presente puede ayudarnos a estar más agradecidos con nuestras vidas. Cada mañana, agradezco a Dios por permitirme despertar en un nuevo día. Pensar sólo en el día nos ayuda a no dar las cosas por hecho. Hace varios años, sufrí un dolor de espalda extremo por siempre estar sentada en mi silla de ruedas. He tenido escoliosis, que es la curvatura de la columna vertebral, desde que tengo memoria. Esta curvatura estaba pellizcando mi nervio ciático. Era miserable y pensé que iba a necesitar una intervención quirúrgica. Mi espalda estaba adolorida todo el tiempo. Me dolía aún más cada vez que mi silla de ruedas rebotaba debido a un tope en la acera. Afortunadamente, mi hermano Lalo conocía a una masajista que lo había ayudado en el pasado. Debido a que su negocio tenía escaleras, aceptó venir a mi casa para el masaje. En ese momento, habría hecho cualquier cosa para aliviar el dolor.

Después de varios masajes, milagrosamente mi espalda ya no me dolía. Usó acupuntura y vasos calientes en mi espalda. Estaba muy agradecida de haber encontrado un remedio para todo el dolor que estaba experimentando. Comparto esta historia porque desde esa experiencia, aprecio cada día sin dolor de espalda. Cuando me despierto y puedo moverme sin dolor, me tomo el tiempo para agradecer a Dios. Es muy fácil quejarse sin apreciar que estamos sanos y sin dolor ese día. Recordar de apreciar cada día que estamos saludables es una práctica que planeo seguir siempre. Quizás por mi vulnerabilidad debido a mi discapacidad, estoy muy agradecida cuando no experimento dolor durante el día.

A veces, nuestros pensamientos nos dominan y nos controlan. Sin darnos cuenta podríamos estar regresando a nuestro pasado incluso cuando nos trae dolor. Usamos el futuro para planificar lo que no podemos controlar, y luego nos enojamos cuando las cosas no salen como las planeamos. Con esfuerzo, podemos controlar nuestros pensamientos para que se enfoquen en lo que realmente importa. Vivir cada día por completo, traerá más alegría. Lamentar nuestro pasado o aspirar por un futuro que tiene la posibilidad de nunca llegar, puede traer infelicidad y ansiedad. ¡Hoy, solamente hoy! ¡Seamos agradecidos por hoy!

PREGUNTAS DE REFLEXIÓN

1. Cuando piensas en el pasado, ¿cómo te duele o te beneficia?
2. Cuando piensas en el futuro, ¿cómo te duele o te beneficia?
3. ¿Cómo pensar en el presente afecta tu vida?

CAPÍTULO 17

QUIETUD

En plena revelación, esta es un área de mi vida que necesito cultivar. ¡No soy buena con la tranquilidad! Con toda honestidad, soy horrible al estar en la tranquilidad. Podría culpar al hecho de que cuando obtuve polio, estuve en parálisis completa durante seis meses. Al despertar de mi parálisis, ¿tal vez sentí que había tenido suficiente tranquilidad? Ahora, siento que no puedo parar, así que estoy por todas partes y no puedo quedarme quieta. ¿O puedo culpar a mi personalidad, queriendo estar siempre con los demás? O puedo echarle la culpa el haber nacido en una familia enorme y estar siempre rodeado de personas. Independientemente del por qué no practico la tranquilidad, esto es algo que quiero cambiar. Nuestras vidas necesitan tranquilidad a veces.

Desde que tengo uso de memoria, he tenido personas en mi vida en todo momento de mi día. Mientras reflexiono, las únicas veces que estuve sola fue durante mi viaje al trabajo, para el baño/duchas, y cada vez que estaba en el hospital. Aparte de eso, siempre estoy con alguien de mi familia, amigos o extraños. La tranquilidad es extraña para mí, pero sé que es muy valiosa. Incluso cuando escribo, tengo que estar rodeada de sonidos, ruido, personas, televisión o cualquier otro tipo de actividad.

Tengo amigos que han compartido cuánto aprecian la tranquilidad. En el trabajo, cuando solía decirles a mis compañeros de trabajo que para cualquier evento familiar tendríamos más de ochenta personas allí, no podían entender cómo sería eso. Para Navidad, cuando mis padres todavía vivían, toda la familia que consiste en mis hermanos, sus cónyuges y sus hijos, se reunían en la casa de mis padres de dos dormitorios en una planta. Ahora que han fallecido mis padres, mi hermano Mon ha continuado la tradición. Además, para el día de acción de gracias, a menudo teníamos la tradición de hacer tamales, lo suficiente para que nos duraran todo el largo invierno. Siempre hay un cumpleaños, una boda o reuniones sin motivos y cada celebración involucra a toda la familia.

Toda esta actividad no me ha impedido reflexionar sobre mi vida, hacer mi trabajo y hacer todo lo que necesito hacer. Soy la reina de las multitareas. Estoy consciente de que la investigación muestra que este no es un método saludable. No dudaría de ser más eficaz si usara la tranquilidad para concentrarme. Incluso les recomendaba un ambiente tranquilo y libre de distracciones a mis alumnos porque sabía lo importante que era para su concentración. Sin embargo, todavía no he podido abrazar la tranquilidad en mi propia vida. ¡Haz lo que digo, no como yo hago!

Varios de mis amigos practican la meditación y me animaron a probar la plenitud mental. Nunca he podido realizar ninguna de las actividades destinadas a reducir el estrés, como la respiración profunda, los masajes u otros tipos de actividades de relajación. De sólo pensar en tener que hacer cualquiera de esas actividades aumenta mi estrés en lugar de reducirlo. No tengo muchas oportunidades para estar quieta, pero tampoco las busco. En las pocas ocasiones en que estoy sola, me resulta difícil y deprimente. Por alguna razón, mi mente siempre se siente triste, como si todos estuvieran divirtiéndose mientras yo estoy sola.

La quietud es importante. Sé que debo experimentarla si realmente quiero reflexionar y cultivar mi vida. Conozco los beneficios y aspiro a practicarla con más frecuencia. Mi esposo y mi hija realmente disfrutan estar solos. Pueden perderse leyendo un buen libro, pensando o simplemente haciendo una actividad tranquila por su cuenta. De vez en cuando escucho a mi esposo rezando en voz alta mientras él está quieto y preparándose para terminar el día. Ariana incluso compró una camiseta que dice lo que dice la canción de la Sirenita: "Quiero estar donde la gente no está". Siempre he pensado que les gustaba la tranquilidad porque son introvertidos y que a mí no me gusta porque soy extrovertida. Sin embargo, nunca he encontrado la verdadera explicación.

Debido a que entiendo el valor de estar en la quietud, cuando enseñé clases, siempre incluí lecciones que incorporaban meditación y otras estrategias de reducción del estrés. Cuando lo hice, a menudo me sentía como un hipócrita por enseñar lo que no practico. Vi el beneficio de enseñar estas estrategias, especialmente para los estudiantes que fueron diagnosticados con trastornos de déficit de atención. Era importante que estos estudiantes pudieran calmar todo el ruido que sucedía en sus cabezas. Los estudiantes necesitaban concentración para poder alcanzar el éxito.

La quietud es algo que valoro. Aunque no lo practico regularmente, cuando se me obliga a mí, como cuando me doy una ducha o cuando es de noche y todos están dormidos, durante estos tiempos, tengo mis mejores ideas. A veces, cuando tengo una nueva idea, me apuro para escribir mis pensamientos porque temo perderlos cuando termine mi ducha o cuando llegue la mañana. Cuando estaba escribiendo mi autobiografía, a veces me venía a la mente una historia, y en medio de la oscuridad, abría mi computadora portátil para poder escribir la historia. En la ducha, he pensado en ideas para programas para los estudiantes cuando estaba trabajando. Solo desearía hacer de la quietud una experiencia más regular.

Como estudiante universitario, codiciaba la quietud debido a la cantidad de trabajo escolar que tenía que hacer. Mi día era largo porque después de las clases prefería quedarme en el campus de la Universidad de DePaul para estudiar un poco más. Sabía que, si iba a casa, estaría llena de ruido porque mis sobrinas y sobrinos estarían en casa visitando a mi madre. Me quedaba en el campus la mayoría de las noches hasta las 10 porque sabía que cuando llegara a casa, todos se habrían ido a la cama. Entonces tendría un par de horas más de silencio para poder concentrarme y hacer mis tareas.

Algunos de mis estudiantes universitarios en Harper también tuvieron problemas para descubrir cómo hacer sus tareas escolares. Compartía lo que hacía cuando era estudiante, sugiriendo que hicieran lo mismo. Luego pensábamos en los mejores lugares para estudiar. Esto fue especialmente útil para mis estudiantes Latinos que también tenían grandes familias. Una estudiante incluso me dijo que el único lugar tranquilo en su casa era en el baño. Afortunadamente, el campus ofrecía muchos lugares tranquilos para que los estudiantes los usaran para estudiar.

La quietud no necesariamente significa soledad. Alguien en una habitación ruidosa llena de gente puede ser más solo que alguien que está solo en una habitación. Nuestras vidas están llenas de ruido. Los niños están expuestos a interminables campanas y silbatos. Los juegos con más movimiento, color y ruido se comercializan para niños desde los tres años. Nos enseñan a ir, ir, ir. La tecnología ha aumentado la necesidad de la estimulación. A los niños les resulta más difícil entretenerse con su propia creatividad. El daño es enorme. No es de extrañar que cada nueva generación quiera las cosas más rápidas, a veces incluso de inmediato, y cuanto más fuerte, mejor.

Cuando mis niñas crecían, noté cómo disfrutaban jugando los juegos que eran más interactivos y ruidosos. Aunque les comprábamos juguetes educativos, a menudo terminaban siendo olvidados o no utilizados. Incluso cuando intentaba ponerlas a dormir, querían escuchar música. Era difícil motivarlas a usar los juegos que fomentaban la creatividad o su pensamiento crítico. Inmediatamente se quejaban de que el juguete era demasiado aburrido.

La quietud también puede ser un rasgo de personalidad. La mayor de las veces es un rasgo que ayuda a una persona a ser impulsiva y decir algo de lo que se arrepentiría más tarde. A veces me burlo tanto de Isidro como de Ariana porque casi puedo escuchar sus cerebros agitándose, pensando en una respuesta. A diferencia de mí, eligen cuidadosamente sus palabras antes de decir algo, asegurando que hablaran de manera clara y concisa. A veces, prefieren mantenerse callados y mantener sus pensamientos para sí mismos. Esto es algo que, en retrospectiva, podría haberme ayudado con la frustración que sentí al expresar mis opiniones y hablar, y que no hicieron una diferencia. Fue frustrante cuando sentí que no me estaban "escuchando". Siempre fui profesional y respetuosa, pero tenía la necesidad de abogar por los estudiantes, incluso cuando era contrario a lo que la mayoría quería hacer.

Mi pasión por mi trabajo y los estudiantes a los que serví me prohibió permanecer en silencio. Después de hablar, no estaba segura de cómo se percibieron mis comentarios. Les preguntaba a mis colegas en quién confiaba, y afortunadamente, siempre me dijeron que hablé elocuente y directamente al grano. A veces, incluso me agradecieron por expresar lo que muchos de ellos estaban pensando, pero se guardaban para sí mismos. Este enfoque ayudó a los estudiantes porque mencionaba temas importantes para tener discusiones. Sin embargo, no dudo que a veces, hubiera sido mejor permanecer en silencio.

Decidir cuándo quedarse callado y cuándo hablar no es fácil. Por supuesto, es fácil hablar cuando estás de acuerdo con la mayoría. No es tan fácil si hay disidencia y estamos apoyando la opinión menos favorecida. Además, la decisión de hablar o no, depende de la naturaleza de la discusión, quién está en la sala y si se ha establecido un entorno de confianza. A veces, tomé riesgos, y muchos se sorprendieron con mi franqueza.

A veces, encuentro la quietud sin siquiera buscarla. Recientemente comencé la jardinería, y he notado que mientras yo riego mis muchas plantas, reflexiono más sobre lo que está sucediendo en mi vida. A medida que voy regando cuidadosamente cada planta, observo los cambios sutiles de las plantas de un día para otro. Veo el crecimiento de la planta, un nuevo brote o una flor marchita. Durante estas observaciones, pienso mucho sobre la vida y cómo todos cambiamos constantemente al igual que las flores. Todos cambiamos, y ni siquiera lo notamos a menos que reflexionemos deliberadamente. A veces, los cambios que pasamos conducen al crecimiento, pero otras veces necesitamos hacer más cambios porque al igual que las plantas, necesitamos cultivar constantemente nuestras vidas.

La tranquilidad es el mejor ambiente para la reflexión. Reflexionar es el primer paso hacia el crecimiento. Es a través de la reflexión que podemos analizar nuestras vidas y tomar decisiones que nos llevarán más cerca de vivir una vida mejor. Con la reflexión podemos aprender a estar en paz con los demás, pero lo más importante es que en la quietud podemos estar en paz con nosotros mismos.

PREGUNTAS DE REFLEXIÓN

1. ¿Qué haces para la quietud en tu vida?
2. ¿Qué has ganado de la quietud?
3. ¿Te sientes cómodo con la quietud? ¿Por qué o por qué no?

CAPÍTULO 18

RESOLUCIÓN

Las resoluciones no sólo deben suceder cuando nos despedimos de un año y damos la bienvenida a uno nuevo. La mayoría de las personas tienden a hacer resoluciones una vez al año, pero las resoluciones pueden ser parte de nuestras vidas, sin importar el año, mes, día o hora. La resolución se puede pensar de dos maneras. Primero, se puede ver como lo que los humanos resuelven hacer o los cambios que planean implementar para mejorar sus vidas. En segundo lugar, las resoluciones también pueden verse como el proceso de resolver un problema o una discordia con otra persona. Con nuestras ocupadas vidas, tenemos muchas interacciones con otros, incluyendo a los seres queridos. No hay forma de escapar por completo de los desacuerdos y conflictos dentro de una relación. ¿Qué pasaría si no tratamos constantemente de resolver nuestros problemas al presentar resoluciones para nuestros conflictos? El mundo sería significativamente más complicado y caótico. Las amistades no durarían, habría más divorcios que ahora, y podría haber más violencia y desorden.

Durante la celebración del Año Nuevo, tradicionalmente, muchos de nosotros nos quedamos despiertos hasta tarde y esperamos el año nuevo. Durante este día festivo, nos despedimos del año que está a punto de terminar y comenzamos a tener esperanzas para el año que está a punto de comenzar. En nuestras mentes, tenemos ideas de lo que queremos hacer o cambiar en el año nuevo. Sin embargo, a veces no tenemos un plan sobre cómo hacer posible estas ideas o cambios. Este es el momento en que la mayoría de las personas toman decisiones y planes para el año nuevo, pero rara vez incluyen los procesos, con paso a paso, necesarios para hacer posible la resolución.

Durante cada celebración de Año Nuevo, en mi familia, probablemente como en otros hogares, usamos juegos para ayudarnos a pensar y expresar nuestras resoluciones. Un juego tonto que jugamos requiere uvas frescas. La idea es colocar una uva en nuestra boca para cada resolución hecha. El objetivo es tener tantas resoluciones como sea posible, lo que depende de cuántas uvas quepan en nuestras bocas. Las resoluciones pueden incluir objetivos como: perder peso, encontrar un nuevo trabajo, reducir los gastos, ser más puntual, enojarse menos u otros tipos de metas específicas. Por supuesto, es una actividad divertida y llena de risas, pero a menudo nos esforzamos más en pensar en resoluciones que en trabajar en ellas durante el año nuevo.

Por alguna razón, hacer resoluciones nos brinda consuelo porque hacemos una lista de cosas que tenemos la intención de hacer o cambiar. Sin embargo, la mayoría de las personas se olvidan de las resoluciones hechas dentro de unas pocas semanas del año nuevo. Se necesita compromiso para cumplir con nuestras resoluciones. Honestamente, creo que la única resolución necesaria es que siempre debemos esforzarnos para ser felices y para ser las mejores versiones de nosotros mismos para los demás. Ciertamente, estas resoluciones deben ser parte de nuestra vida cotidiana y no solamente un juego para jugar durante la víspera de Año Nuevo. Nuestras buenas intenciones pueden estar allí, pero es fácil desviarse de nuestras intenciones y volver a nuestros viejos hábitos.

Personalmente, he encontrado un método que me permite mantener mis resoluciones. He descubierto que, si comparto un objetivo o un plan con varias personas, no querré decepcionarlas, por lo que, en cierto modo, me hace responsable. Entonces, no expresaré una resolución que no creo que pueda lograr. Supongo que creo que mi palabra es mi honor. Si realmente quiero lograr algo o cambiar de alguna manera, confío en familiares y amigos para mantenerme encaminada. Una vez que expreso lo que pretendo hacer, es más probable que siga adelante con mis planes.

Al igual que en la planificación de objetivos, las resoluciones deben ser realistas y factibles para evitar establecernos para el fracaso. Por ejemplo, sería más realista decir que perderemos diez libras durante el año en lugar de decir que la resolución es perder cincuenta libras. En la primera resolución, si se pierden diez o más libras, sería una resolución lograda, por lo que es una razón para celebrar y estar orgulloso. Por otro lado, en el segundo ejemplo, si sólo se pierden veinte libras en lugar de las cincuenta, una persona probablemente se sentirá decepcionada porque la resolución no se logró, probablemente negando el gran logro que se ha completado. He aprendido a hacer resoluciones accesibles y realistas para mí.

Cuando trabajaba con estudiantes universitarios con discapacidades, también intenté enseñarles a hacer resoluciones que tenían sentido para ellos. Un estudiante que lucha académicamente no puede convertirse de repente en un estudiante con todos sus grados en A. Al comienzo de cada semestre, mientras revisaba sus horarios de clases, les preguntaba a los estudiantes qué grado pensaban que podrían obtener para cada clase. Por supuesto, esperaban obtener una A en cada clase, pero señalé que las esperanzas eran diferentes a las metas. Una meta requiere que vean las fortalezas y debilidades para determinar si el objetivo sería alcanzable. Luego les decía que pensaran en sus dificultades y que sólo apuntaran las calificaciones que creían que eran posibles. Les recordaba que, al comprometerse a sacar una calificación, tenían que hacer lo que fuera necesario para lograrlo. Incluso les sugería que un objetivo de una C era apropiado ya que eso indicaría que pasaron con éxito un curso. Yo les decía: "Sólo mantén tu cabeza por encima del nivel C". Por supuesto, los animaba a que se esforzaran y si terminaban con calificaciones más altas, se sentirían aún más satisfechos.

Las resoluciones nos ayudan a no repetir los mismos errores en nuestras vidas. Con algunos estudiantes, utilicé una cita que a menudo se acredita a Albert Einstein que dice: "La definición de la locura es hacer lo mismo una y otra vez y esperar un resultado diferente". Yo les sugería que escribieran pasos concretos que seguirían para poder lograr sus resoluciones. Era importante que enumeraran los diferentes pasos que planeaban tomar para evitar obtener la misma calificación insatisfactoria del pasado. Les recordaba que cada resolución fracasaba a menos que se tomaran medidas concretas para llegar a la meta. Es probable que una resolución sin acción tenga el mismo resultado que no hacer nada para hacer un sueño realidad. Los estudiantes realmente aprendieron que las resoluciones necesitan trabajo duro para que no sigan siendo simplemente esperanzas o deseos.

Se necesitan resoluciones dentro de las relaciones para mantenerse saludables. Todos somos diferentes y estas diferencias pueden ser la causa de muchos conflictos. Los desacuerdos en sí mismos no son malos, lo que es malo es el conflicto que a veces surge debido a ellos. Por ejemplo, mi esposo y yo tenemos opiniones diferentes sobre casi todo. Si permitiéramos que nuestras opiniones nos dividieran, ese probablemente sería el final de nuestro matrimonio. No importa la diferencia, trabajamos para encontrar una resolución. A veces debo ceder, pero a veces él también. Hemos permanecido juntos porque recordamos que una diferencia no es una razón para dejar de amarse. Intentamos respetarnos incluso con nuestras diferentes perspectivas. Al principio de nuestro matrimonio, tomamos la decisión de nunca ir a la cama enojados el uno con el otro.

Del mismo modo, cuando las chicas eran adolescentes, regularmente teníamos diferentes puntos de vista. Traté de escuchar su perspectiva, a veces haciendo un compromiso. Otras veces, me puse el "sombrero de adulto" y decía que yo era la mamá y, por lo tanto, tenía la obligación de hacer lo que pensaba que era mejor para ellas y nuestra familia. Por ejemplo, ellas insistieron en tener un teléfono celular desde que tenían diez años. Escuché su justificación de por qué pensaban que tener un teléfono celular era esencial. Después de escucharlas, encontré una resolución a nuestras diferentes opiniones de que si debiesen tener un teléfono o no. Les dije: "Entiendo que otros en sus clases tienen teléfonos. Sin embargo, he analizado el problema y he concluido que el teléfono debe ser por necesidad y seguridad, y no sólo porque otros lo tienen. Por lo tanto, creo que un teléfono no es necesario para ustedes hasta que vayan a la escuela secundaria, donde pueden necesitar comunicarse conmigo por problemas de transporte o por seguridad cuando caminan hacia y desde la escuela". Intentaron cambiarme de pensar, pero cuando escucharon mis razones y explicaciones de cuándo obtendrían un teléfono, el problema se resolvió.

La comunicación es importante para cualquier posibilidad de resolución de conflictos. Ambas partes deben estar abiertas a escucharse. La comunicación no es sólo decir nuestro punto de vista, sino que también debe incluir escuchar las perspectivas de la otra persona. En el trabajo, en las raras ocasiones en que había un conflicto con un compañero de trabajo y yo, trataba de entender su punto de vista. Después de escucharlo, a veces cambiaba de opinión, pero otras veces simplemente decía: "Estoy respetuosamente en desacuerdo contigo". Quería que mis compañeros de trabajo supieran que incluso cuando no estaba de acuerdo con ellos, no significaba que iba a dejar de llevarme bien con ellas. Nos entendíamos debido a nuestra comunicación, incluso si permanecíamos con opiniones opuestas. La resolución a veces es respetuosamente estar en desacuerdo.

Mi madre siempre solía decirme que lo único sin una resolución era la muerte. Ella creía que todo lo demás tenía una solución. Ésta puede ser la razón por la cual ella insistió en hacer lo que fuera médicamente posible para ayudarme a caminar. Ella nunca se rindió, y por eso estoy agradecida. Como adulto, a veces me he cuestionado si hay situaciones que nunca se pueden resolver sin importar lo que se haga. Por ejemplo, aunque tuve numerosas cirugías para "arreglar" mi incapacidad para caminar, la poliomielitis no pudo resolverse. Aunque caminé durante unos años con aparatos ortopédicos y muletas, la debilidad de mis piernas no podía resolverse, por lo que, como resultado, he tenido que usar mi silla de ruedas. Aun así, me alegro de que mi madre viviera para verme caminar porque deseaba y rezaba por eso. Era más su deseo que el mío. Nunca aspiré a caminar, especialmente teniendo que usar aparatos ortopédicos y muletas incómodas. Me agradece saber que el sueño de mi madre se hizo realidad y que, en sus ojos, la persistencia valió la pena al encontrar una resolución para mis piernas paralizadas.

A veces, los problemas son tan grandes que no puede haber resolución. Sé que tuve bastantes decepciones cuando trabajaba muy duro para apoyar a un estudiante, y luego sentía que no podía hacer la diferencia que quería. Nunca fue por mi falta de esfuerzo o trabajo duro, sino simplemente porque no era un problema para mí. Por ejemplo, tuve un estudiante que tuvo una condición que lo dejó completamente paralizado, excepto por su habilidad para mover los ojos. Estaba en un ventilador y no podía hablar o hacer nada independientemente sin su enfermera. Tuvo una aneurisma cuando tenía diecisiete años, lo que causó esta condición.

El estudiante había hecho bien académicamente en la escuela secundaria, y había sido un atleta estelar, pero ahora estaba totalmente incapacitado debido a su discapacidad. Cuando vino a Harper y se reunió conmigo, esperaba intentar la universidad, y yo quería que eso fuera posible para él. Trabajé incansablemente tratando de descubrir cómo podría ser acomodado para poder inscribirse en las clases. Yo fui persistente en tratar de hacer imposibilidades posibles leyendo tanto como pude sobre su diagnóstico.

En mi investigación descubrí que su discapacidad era una condición muy rara, que afectaba sólo a unos veinte individuos en toda la nación. Sin la capacidad para comunicarse, las opciones no existían. Incluso cuando busqué el apoyo de mis colegas, nadie en mi departamento pudo encontrar una forma razonable de acomodarlo hasta para tomar sus exámenes de colocación. El estudiante utilizaba un aparato con colores y números para comunicarse, pero muy pocas personas sabían cómo usarlo y era difícil y tedioso aprender el sistema. Incluso yo estaba dispuesta a tratar de aprender su técnica de comunicación, pero descubrí que me tardaba más de veinte minutos en solamente hacerle una pregunta. Estaba decepcionada, pero no importaba cuánto quería ayudarlo, simplemente no teníamos la tecnología ni el personal para ayudarlo.

Espero que este estudiante haya encontrado su camino y que pudo haber descubierto una solución que le permitiera ir a la universidad. La tecnología avanza rápidamente, por lo que apuesto que una nueva tecnología facilitará su capacidad para comunicarse en el futuro cercano. Además, el potencial humano es ilimitado, así que nuevamente, sólo espero que este estudiante encuentre una manera de obtener una educación superior a pesar de sus múltiples limitaciones y discapacidades. Quizás hay una escuela especializada que pueda ofrecerle el nivel de apoyo que necesita.

A veces, si no hay solución, probablemente sea un problema que no se pueda resolver. Lo único que queda por hacer es aceptar la realidad. En nuestras vidas, encontraremos muchos problemas que queremos resolver. Muchos de ellos se resolverán con paciencia y determinación. Algunos no se resolverán sin importar lo que hagamos. Por ejemplo, volviendo a mi discapacidad, aunque hacerme caminar nunca se resolvió, no significaba que no encontraría una manera de ser móvil y exitosa para poder alcanzar mis objetivos. En mi silla de ruedas, soy más rápida que muchas otras personas, y aunque algunos pueden verme "limitada" por estar en mi silla de ruedas, la verdad es que soy libre e independiente en ella. De ninguna manera estoy confinada. Nuevamente, aunque mi problema no se resolvió, encontré aceptación y una forma de hacer posible mi movilidad.

Algunas soluciones son posibles si nos volvemos creativos. Desde que recuerdo, mi madre había sido jardinera. Siempre lo vi como un pasatiempo para las personas con cuerpo móvil, especialmente después de observar el arduo trabajo que requería. Sin embargo, cuando ya no tenía a mi madre, y quería un jardín, encontré una solución. Solo se requirió algo de inversión y la ayuda de familiares y amigos para hacerlo posible. Tengo un hermoso jardín, y en mi silla de ruedas, planto, riego y mantengo mi jardín completo de verduras y flores. Se pueden encontrar soluciones. Aunque tal vez hago mi jardinería de una manera diferente, todavía pude encontrar una solución que me permitiera disfrutar de este pasatiempo.

Las resoluciones requieren que pensemos fuera de lo común. No podemos resolver las cosas sin estar dispuestos a probar diferentes métodos para hacer las cosas. Al igual que puedo hacer la jardinería, mi esposo que no puede doblar sus articulaciones debido a su artritis, puede atender todas sus necesidades personales de forma independiente. Claro, puede llevarle más tiempo de lo que me lleva vestirme, pero lo hace. Del mismo modo, me lleva más tiempo plantar y regar mi jardín, pero lo hago. Incluso cuando la manguera se enreda en las ruedas de mi silla de ruedas, soy paciente y trato de no frustrarme con la dificultad adicional por la que paso.

Todos tenemos problemas en diferentes etapas de nuestras vidas. Necesitamos trabajar diligentemente para encontrar soluciones. Debemos estar abiertos a las posibilidades y no desanimarnos si no podemos encontrar una solución. Creo firmemente que se puede encontrar una solución si está en nuestro destino. Puede que no suceda hoy o mañana, pero puede suceder. No es un fracaso aceptar cuándo no podemos encontrar una solución. No significa que alguien más no pueda. Después de todo, parece que estoy de acuerdo con la filosofía de mi madre en que hay soluciones para todo excepto la muerte.

A veces alguien que amamos dice o hace algo que nos duele. Nos sentimos tan heridos que podemos creer que la relación está destruida. Es posible que no veamos una resolución de inmediato. Sin embargo, con la comunicación, una mejor comprensión de lo que sucedió puede ayudar a salvar la relación. Si no hay resoluciones posibles porque el daño es demasiado profundo, entonces el perdón puede ser la única solución. Perdonar a alguien no significa que el mal no se haya hecho o que se tenga que olvidar. Simplemente significa que la mejor resolución es el perdón para dejar ir el dolor para que la paz se pueda encontrar nuevamente.

Para cultivar una planta, debemos pensar en todos los problemas que tiene y tomar decisiones sobre si se necesitan cambios. Necesitamos resolver lo que creemos que está mal. Quizás la planta necesita más luz solar, o debe estar bajo la sombra. La planta puede necesitar más agua, o está siendo regada demasiado. Por ejemplo, mi hermano, Mon, me dio un Money Tree (árbol de dinero) como regalo de jubilación. Durante los primeros años, el árbol creció maravillosamente, pero de repente, las hojas comenzaron a caerse, le salía savia, y era evidente que estaba muriendo. Lo miré y pensé en todas las posibles soluciones para el problema. Determiné que probablemente había crecido demasiado para su maceta, basándome en toda la información que recopilé. Le pedí a Mon que viniera a ayudarme a transferirlo a una maceta más grande, ya que era demasiado difícil para mí trasplantarlo por mi cuenta. Dos meses después de que fue trasplantado, la misma planta que se estaba marchitando volvió a la vida. Ahora mi árbol de dinero está floreciendo y vuelve a crecer maravillosamente.

Nuestras vidas son más importantes que cualquier árbol. ¿No tendría sentido que hagamos algo en nuestro poder para mejorarlo? Podríamos encontrar una solución simplemente reflexionando sobre los problemas. Al igual que analicé los problemas con mi árbol de dinero, necesitamos reflexionar constantemente sobre nuestras vidas. Esto nos permitirá determinar qué cambios se necesitan para resolver cualquier problema o dilema que esté frente a nosotros. Al hacerlo, nos sentiremos mejor con nuestras vidas. Al realizar una evaluación detallada de nuestros problemas, podemos desarrollar soluciones que podemos implementar como resoluciones. Al igual que la planta, podemos volver a la vida, o podemos ayudar a alguien más a florecer. La vida es un viaje y nunca debemos de dejar de tener esperanzas. Sobre todo, estamos en este viaje juntos, por lo que tiene sentido hacer que nuestras vidas sean lo mejor posible y ayudar a otros a hacer lo mismo.

PREGUNTAS DE REFLEXIÓN

1. ¿Qué tipo de resoluciones haces y cómo te aseguras de mantenerlas?
2. ¿Cómo es la resolución de conflictos para ti?
3. ¿Qué tipos de problemas has tenido por los cuales no hayas encontrado soluciones?
4. ¿Estás de acuerdo con la filosofía de mi madre de que todo tiene una solución excepto la muerte? ¿Por qué o por qué no?

CAPÍTULO 19

SONRISA

Con la pandemia, lo que más he extrañado ha sido ver las sonrisas de las personas debido al mandato de tener que usar un cubre bocas. Sin ver una sonrisa, se pierde mucha comunicación no verbal que para mí es esencial para formar conexiones con los demás. Cuando comenzó la pandemia, sabía que esto iba a ser un problema. Mientras debatía qué tipo de cubrebocas comprar, pedí un cubrebocas que estaba hecha de vinilo, pensando que esto ayudaría a que otros vieran mi sonrisa. Desafortunadamente, no se sentía cómoda, y el plástico se empañaba, lo que le quitaba su propósito. Siento alivio al saber que lentamente estamos volviendo a la normalidad. ¡Estaré feliz de ver más sonrisas!

Las sonrisas son como ventanas para el alma. Cuando vemos una sonrisa, inmediatamente construimos una conexión que nos da la impresión de que estamos a salvo. Cuando fruncimos el ceño, es lo contrario, y tenemos la sensación de que no somos aceptados. Un ceño fruncido nos hace cuestionar nuestra seguridad. Lamentablemente, en el ajetreo de nuestras vidas, a veces olvidamos el poder de una sonrisa. Aunque no cuesta ni un centavo, a veces no compartimos nuestras sonrisas. Nos movemos rápidamente, miramos hacia abajo o simplemente somos ajenos a los que nos rodean mientras completamos nuestros mandados.

Las sonrisas son un signo de alegría o al menos un intento de estar alegre. Cuando tomamos fotos, siempre decimos, "sonríe" porque queremos capturar el momento como si todos estuvieran felices. La mayoría de la gente muestra su enorme sonrisa, enseñando sus blancos perlados, cuando se toma una foto. He notado que cuando sonrío, no sólo hago felices a los demás, sino que mi propia actitud cambia a una de alegría. Incluso cuando estoy teniendo un mal día, si alguien me sonríe, mi estado de ánimo cambia. Sonreír es una forma simple de conectarnos con otros. Desafortunadamente, no hay suficientes sonrisas.

A veces, cuando estoy triste, tomo la decisión de cambiar mi estado de ánimo. Otras veces, ni siquiera intento tratar de sentirme mejor. Cuando quiero cambiar mi estado de ánimo, busco cosas que me hagan reír o sonreír. Tal vez sea mirar tarjetas especiales que me han regalado familiares, amigos o estudiantes. A veces, miro antiguos álbumes o películas familiares. Inmediatamente, empiezo a sonreír. A pesar de que lo que me estaba poniendo triste no se ha resuelto, al sonreír, la carga se vuelve más ligera.

Creo que todos tienen una hermosa sonrisa. Independientemente de cualquier inseguridad, la sonrisa ilumina nuestro rostro y deja escapar un rayo de felicidad. Me imagino que las sonrisas son necesarias para la vida igual que las plantas necesitan el sol para crecer. Antes de tener que usar un cubrebocas, practiqué sonreír en cualquier lugar a donde iba. Daba contacto visual, sonreía y daba un saludo amistoso. Nunca falla que cuando hacemos eso, otros responden. El poder de una sonrisa es increíble.

Cada vez que tenía una cita con un estudiante o una familia, lo primero que hacía era dejar cualquier problema que tuviera al lado, ir a la recepción y sonreír. Estoy segura de que este gesto hizo que los estudiantes y las familias se sintieran bienvenidos. Incluso los estudiantes que fueron resistentes al registrarse para los servicios de discapacidades a menudo devolvieron la sonrisa. Esto ayudó a construir una relación y cada estudiante sabía que eran importantes para mí. Las sonrisas son el primer paso hacia una relación de confianza.

Algunas personas rara vez sonríen. No sé cuáles son sus razones, pero me pregunto si sonreír les ayudaría a sentirse mejor con lo que está sucediendo en sus vidas. La vida puede ser difícil y, a veces, es imposible sonreír. Sin embargo, con esfuerzo, podemos tratar de encontrar una razón para sonreír. Todos tenemos algo de lo que podemos sonreír incluso en nuestros momentos más oscuros, aunque puede parecer imposible. Mi madre era alguien que siempre encontraba una razón para estar agradecida. Incluso cuando estaba sufriendo, era fuerte frente a nosotros, sonriendo como si nada la estuviera molestando. Mirando hacia atrás, me pregunto cuántas veces simplemente fingió para que no nos preocupáramos. También el sonreír nos ayuda a dejar de sentir lástima por nosotros mismos. Incluso en nuestros momentos más difíciles, podemos encontrar un recuerdo, algo por lo que estar agradecidos o simplemente pensar en algo que nos hace felices.

Las sonrisas y la risa tienen el poder de transformar cómo nos sentimos. Tal vez es tonto, pero a veces, busco videos en YouTube de niños riendo. También disfruto viendo videos de personas bailando. Lo importante es no quedarse en el estado deprimido y hacer algo que disfrutemos y nos traiga alegría. Debido a que soy una persona que ama estar con otras personas, cuando me siento deprimida sin nada de qué sonreír, le llamo a un amigo y juntos hablamos de algo que disfrutamos en el pasado. La conversación me lleva a un momento de felicidad, y al menos por un tiempo breve, me olvido de cómo me siento.

En mi oficina, tenía una colección de citas, chistes e imágenes que ayudaron a los estudiantes a concentrarse en algo diferente de lo que estaban batallando en Harper. Debido a que mi oficina tenía paredes magnéticas, simplemente agarrando un pequeño trozo de imán, podía colgar cualquier cosa. Comencé con una pequeña colección, pero a medida que pasaba el tiempo, seguí agregando piezas adicionales. Los estudiantes apreciaban leer mis paredes, tanto que comenzaron a traerme piezas que querían que agregara a mi colección. Les dije a todos que me retiraría una vez que todas mis paredes estuvieran cubiertas. De hecho, cuando me retiré, mis paredes tenían colgantes desde el piso hasta el techo. Sé que esto ayudó a cambiar el estado de ánimo de los estudiantes.

A veces, las personas no sonríen porque están avergonzadas, tal vez por alguna característica que no encuentran atractiva. Sue, una estudiante de Harper tenía una deformidad facial que era parte de su discapacidad. Al principio, me di cuenta de que Sue estaba avergonzada e incluso cohibida. Sin embargo, a medida que desarrollamos una relación, ella se sentía más cómoda conmigo. Una vez que noté que ella sonrió y la felicité. Ella se sonrojó, pero sé que el comentario la conmovió. Le dije: "¿Sabías que todos tienen una hermosa sonrisa? Una sonrisa es la ventana del alma. Debes abrir tu ventana con más frecuencia." Realmente se lo dije en serio. Se veía hermosa cuando sonreía. Sue cambió inmediatamente. Ella comenzó a ser más generosa con sus sonrisas a partir de ese entonces. Todas sus preocupaciones sobre su belleza desaparecieron y era libre de ser ella misma en mi oficina.

En mi departamento, servimos a una gran población de estudiantes sordos. Aunque nunca aprendí el lenguaje de señas, encontré formas de comunicarme con el personal y los estudiantes sordos. La sonrisa siempre fue algo que busqué al comunicarme con uno de ellos. Me sentí mal porque no conocía el lenguaje de señas estadounidense (ASL) y temía que se sintieran frustrados conmigo por no poder comunicarse con ellos directamente en su idioma. Sin embargo, si el individuo sordo sonreía, mi tensión desaparecía. Sabía que serían pacientes conmigo. Intercambiábamos notas, o simplemente usábamos gestos junto con una sonrisa.

Después de todo, las sonrisas son la mejor forma de comunicación. Es un lenguaje universal que todos entienden. No importa de dónde viene una persona, sonreír significa lo mismo. Nos conecta a la gente. Nos permite mostrar nuestro agradecimiento el uno por el otro. Tiene el potencial de romper cualquier diferencia o barrera. Elimina las tensiones entre razas, discapacidades u otras diferencias. Todos entienden las sonrisas. No se necesita más explicación. Aun así, a veces escondemos nuestras sonrisas en lugar de regalarlas.

Necesitamos más sonrisas con todo lo que está sucediendo a nuestro alrededor. La vida es difícil. Las personas luchan inmensamente debido al aumento de los precios de los alimentos y el gas. Los ingresos no están aumentando, pero el costo de vida sigue siendo más costoso. Una forma de ayudarse mutuamente es mostrar nuestro amor mutuo simplemente sonriendo. Cuando alguien me sonríe, siempre le devuelvo la sonrisa. Abre la puerta a la conversación. Nos une de una manera que no sería posible si hubiéramos permanecido de mal humor en nuestras propias preocupaciones.

Isidro hace un mejor trabajo en sonreír que yo. He notado que donde quiera que vayamos, él sonríe a completos extraños. Usando su gran sonrisa, regularmente dice: "Hola". Al principio, me parecía extraño y, a veces, me preguntaba si era apropiado. Sin embargo, cuando veo la reacción de las personas, esto confirma mis pensamientos sobre el poder de la sonrisa. Aprendí de él, por eso ahora yo también trato de mirar hacia arriba y sonreír. Así que ahora, en lugar de molestarme porque alguien me está mirando con asombro, sonrío, y la persona se sorprende reconociendo que fue vista mirándome y, en cambio, devuelven la sonrisa. La molestia que podría haber sentido, desaparece.

Siempre he querido ver el mundo como lo hacen los niños. Son tan inocentes y honestos. Casi siempre tienen una sonrisa en sus rostros. Sienten alegría la mayor parte del tiempo. Durante una de las ferias de libros a la que asistí, donde estaba promocionando mi libro de niños, *"Mi mamá es la mejor porque rueda en silla sin temor"*, vi a una madre con dos hijos, de alrededor de ocho o nueve años. La madre notó que los niños miraban mi silla de ruedas e intentó moverlos rápidamente a la siguiente mesa. Me di cuenta de esto, así que dije: "Hola niños, ¿quieren unos dulces?" La madre no tuvo otra opción que detenerse en la mesa.

Comencé a contarle a la familia sobre el libro de niños. Le pregunté al niño y a la niña: "¿Alguna vez han montado en una silla de ruedas?" Parecían un poco sorprendidos y con la cabeza indicaron que no. Noté que todavía estaban rígidos, no frunciendo el ceño, pero tampoco sonriendo. Luego dije: "¿Saben montar bicicletas?" Inmediatamente sonrieron y dijeron: "Sí". También sonreí y continué mi conversación con ellos, diciendo: "Montar una silla de ruedas se siente de la misma manera que andar en bicicleta. ¿Sabes cómo sé?" Solo me miraron y esperaron una explicación. "Cuando mis hijas eran pequeñas, montaban sus bicicletas, pero a veces, también les daba un paseo en mi silla de ruedas. Me dijeron que se sentía exactamente lo mismo que cuando estaban en sus bicicletas". Sus sonrisas se hicieron más grandes. La familia compró el libro y siguió adelante. Sin embargo, seguí notando que el niño y la niña seguían mirando hacia mi mesa. Estaba segura de que estaban procesando lo que habían aprendido.

Usando una sonrisa, he podido tener muchas conversaciones profundas sobre las discapacidades que de otro modo habrían sido difíciles de tener sin que el otro se pusiera a la defensiva. En el caso de que la madre intentara alejar a sus hijos debido a la vergüenza de que ellos se me quedaban mirándome, mi sonrisa me ayudó a enseñarle a la familia una lección. Sé que los padres tienen buenas intenciones cuando quieren evitar que sus hijos miren fijamente, temiendo que sean maleducados. Sin embargo, quiero que los padres sepan que los niños miran por querer aprender y que deberían permitir que los niños exploren las diferencias en lugar de enseñarles a mirar hacia otro lado. Podría haber estado fácilmente enojada y gruñona por la reacción de la madre, pero en cambio, usando una sonrisa, les enseñé a los niños y a la madre que estar en una silla de ruedas no es algo raro. Estar en una silla de ruedas es como andar en bicicleta.

Las interacciones que tenemos con los demás pueden conducir a un conflicto o pueden conducir a una comprensión. Si interactuamos entre nosotros con una sonrisa, el resultado probablemente será positivo. Si no lo hacemos, es probable que resulte en discordia. Entonces, mi estrategia es comenzar siempre con una sonrisa. Incluso las situaciones más tensas se iluminan con una sonrisa genuina. Una sonrisa rompe las divisiones. Una sonrisa debe ser parte de todas las conversaciones, incluso situaciones en las que se está discutiendo un conflicto. De hecho, una sonrisa puede convertir el conflicto en una resolución. Si hay conflicto y ambas partes entran como adversarios, la resolución de conflictos será poco probable. Por otro lado, si ambas partes entran con una sonrisa amistosa, abren la puerta a una resolución.

Sin embargo, las sonrisas forzadas que no son auténticas o genuinas pueden empeorar las situaciones. No sé cómo, pero la gente puede notar cuándo una persona está fingiendo una sonrisa. Lo he notado en algunas de mis fotografías; puedo notar cuándo estaba forzando una sonrisa y cuándo la sonrisa era genuina. En sonrisas forzadas, me veo diferente. Mis labios tienen la forma de sonreír, pero no hay dientes visibles. En una sonrisa genuina, mis dientes se muestran, lo que representa la verdadera felicidad. Apuesto a que puedo distinguir una sonrisa falsa frente a una verdadera sonrisa en los demás. Aunque se prefieren sonrisas genuinas, si lo único posible es una sonrisa falsa, entonces eso es mejor que una cara inexpresiva o un ceño fruncido.

Sonreír depende de nosotros. Todos vivimos vidas difíciles. Nadie está excluido de los problemas. A veces podemos sentir que no hay nada de qué sonreír, pero siempre es posible una sonrisa si buscamos la oportunidad. Sonreír tiene el poder de mejorar nuestras vidas. Es la mejor medicina para el mal humor. Es la mejor opción cuando queremos llevarnos bien con los demás. Depende de nosotros. Siempre preferiré sonreír a estar deprimida.

PREGUNTAS DE REFLEXIÓN

1. ¿Cómo afectan las sonrisas de otras personas a tu estado de ánimo?
2. ¿Cómo te sientes al sonreírles a personas que no conoces?
3. ¿Cuáles son algunas ocasiones en las cuales te resultó difícil sonreír?
4. ¿Qué puedes hacer para ayudarte a ti mismo y a los demás a sonreír más?

CAPÍTULO 20

TIEMPO

El tiempo puede ser nuestro amigo o nuestro enemigo. Nos encanta el tiempo, pero también podemos odiarlo. Un día de veinticuatro horas puede parecer eterno, o puede parecer tan rápido como un abrir y cerrar de ojos. El tiempo puede ayudarnos, pero también puede destruirnos. Todos los seres vivos tienen tiempo, pero algunos tienen más que otros. Algunos pueden vivir unos cuantos años, pero logran más que aquellos con más tiempo en sus vidas. La forma en que usamos el tiempo nos conducirá a la felicidad o nos llevará a la miseria. Como la vida siempre es complicada, debemos aprovechar al máximo nuestro tiempo en este momento porque el tiempo podría agotarse. El tiempo es tan poderoso, especialmente cuando menos lo esperamos.

Nuestra perspectiva sobre el tiempo cambia a medida que vamos envejeciendo. Cuando somos niños, no podemos esperar a ser mayores. Como adultos desearíamos poder detener el tiempo. Nos sentimos llenos de humildad con la edad, y vemos cuánto tiempo se pierde enfocándonos en cosas que no importan. Descubrimos que lo que llena nuestros corazones es más valioso que lo que llena nuestros hogares. Desafortunadamente, a menudo descubrimos esto cuando nuestro tiempo se está terminando.

En uno de mis viajes para asistir a una conferencia tuve una interacción que realmente me hizo reflexionar sobre lo que quería y valorar el tiempo que tengo de vida. Era alrededor de mi cumpleaños, así que cuando Stacey, una amiga y compañera de trabajo, y yo fuimos a una conferencia en California, ella me sorprendió. Ella programó una manicura para mí. Mientras me sentaba para ser mimada, una mujer agradable, probablemente de unos 40 años, y yo tuvimos una profunda conversación sobre la vida. Comentó lo costoso que era el costo de vida en California. Ella compartió que algunas personas vivían en mansiones, mientras que otras tenían dificultades para pagar el alquiler de un apartamento. Luego preguntó: "¿De qué sirve tener casas enormes, autos caros, joyas y ropa elegantes, si no podemos llevarlo con nosotros después de morir?" Respondí: "Tienes la razon". Luego pintó una imagen en mi cabeza que he usado regularmente desde entonces. Ella dijo: "Cuando la gente muere, nunca hay un U-Haul después de la carroza. Solamente hay una línea de autos con personas que la aman."

He usado este recuerdo de la conversación en múltiples ocasiones para ayudarme a priorizar lo que es importante y en qué debo concentrarme con el tiempo que tengo en este mundo. No tengo una casa enorme (aunque necesito más espacio para el acceso), vehículos elegantes o cualquier cosa hecha por un diseñador. Sin embargo, mi vida está llena de familiares que adoro y que me aman. He hecho amigos de por vida que valoro más que cualquier posesión. Después de todo, no es lo que tenemos sino a quienes tenemos en nuestras vidas lo que realmente importa. Uso mi tiempo para fomentar estas relaciones amorosas mutuas porque quiero que mi carroza sea seguida por muchos autos.

Cuando mi madre falleció, después de su misa fúnebre hacia el cementerio, había millas y millas de autos. El recuerdo de la interacción que tuve en California vino a mi mente, y me llenó de orgullo porque sabía que mi madre había usado su tiempo sabiamente. Personas cuyas vidas tocó, querían despedirse. Pensé en mí misma, y determine que quiero tener ese tipo de riqueza cuando termine mi tiempo en la tierra.

Muy a menudo, perdemos tanto tiempo, haciendo cosas que a la larga terminan siendo una pérdida de tiempo. Trato de no vivir con arrepentimiento, pero cuando miro hacia atrás, me doy cuenta de que muchas veces mi tiempo podría haberse usado más sabiamente. Me perdono, sólo porque estoy consciente de que no sabía mejor. Pasé tanto tiempo queriendo ser normal y aceptada por personas que no importaban. Perdí tanto tiempo llorando porque no encajaba con los demás. Pasé horas deseando que fuera diferente. ¡Ojalá pudiera recuperar ese tiempo!

Por supuesto, ahora sé mejor. Madurar nos permite valorar el tiempo de manera diferente. Cuando jóvenes, creemos que viviremos para siempre, por lo que desperdiciar un día viendo Netflix no es un gran problema. Cuando envejecemos, aprendemos a priorizar mejor el tiempo, sabiendo que cada día es un regalo de la vida. Un cumpleaños se convierte en una celebración de vivir un año más mientras los jóvenes lo ven como un año más cerca de ser un adulto.

Sé que Dios es perfecto, pero desearía que me hubiera dado sabiduría antes. Oh, cuánto pude haber logrado si no hubiera perdido el tiempo. Ahora, me aferro a cada día, tratando de llenarlo con cosas que importan. A veces se siente como si estuviera en una carrera contra el tiempo. Cuando somos mayores, recordamos que nadie sabe el día o la hora de nuestra muerte, por lo que queremos vivir cada día al máximo. Cada día es más rápido que el anterior. Miramos hacia atrás y no podemos creer cómo voló el tiempo. Con la pandemia, por un tiempo, no pude ver a muchos de los bebés de mis sobrinos. Ahora que los veo, no puedo creer que sean niños pequeños. Me digo a mí misma que todos envejecieron excepto yo. Cuando veo fotos en Facebook, me sorprende que algunos de los hijos de mis sobrinas ahora tengan bigote. El tiempo pasa sin parar, y cuando deja de hacer "tic tac", significa que nuestro tiempo en la tierra ha terminado.

Lo que hacemos con nuestro tiempo depende de cada uno de nosotros. Podemos elegir hacer cosas que a la larga no importan. Podemos elegir hacer lo que importa, también. Vivimos días llenos, a veces llenando cada momento con trabajo y otras obligaciones, dejando poco tiempo para pasar con familiares y amigos. Por supuesto, dependiendo de la etapa de nuestras vidas, a veces las responsabilidades de obtener un ingreso deben tener una prioridad, pero si planeamos sabiamente, también podemos usar el tiempo para fomentar recuerdos con las personas que amamos. El tiempo puede equilibrarse, pero debemos reflexionar sobre lo que es importante para nosotros y no esperar hasta que no quede tiempo.

Mi madre solía decir que hay un momento para todo. Hay un tiempo para la tristeza y un momento para la alegría. Hay un tiempo para el trabajo y un tiempo para jugar. Hay tiempo para estar solo y tiempo para familiares y amigos. Hay un tiempo para la enfermedad y un tiempo para la salud. Sin embargo, a veces nos concentramos más en la tristeza, dando por hecho la alegría. Elegimos el aislamiento en lugar de pasar tiempo con nuestros seres queridos. Pasamos tiempo con enfermedades porque descuidamos pasar tiempo haciendo cosas que ayudan a nuestra salud. Tenemos el control de nuestro propio tiempo y lo que hacemos con él, importa.

Parece que se espera que cada nueva generación tenga cada minuto reservado con cosas para hacer. Noto cómo los padres siguen agregando más actividades a la vida de sus hijos. Los niños están en campamentos, deportes, danza, música y muchas otras actividades, dejando poco tiempo para que estén en casa. Por un lado, esto es útil para los niños que de otro modo estarían aburridos en casa viendo televisión o jugando videojuegos. Por otro lado, a veces ellos se encuentran en tantas actividades que agrega estrés no solamente al niño sino a los padres que tienen que llevarlos de un lugar a otro.

Cuando era niña, mis padres no me involucraron a mí ni a mis hermanos en ninguna actividad después de la escuela. Por supuesto, los tiempos eran diferentes y los recursos eran limitados. Simplemente pasaba mi tiempo con los niños del vecindario, jugando a lo que se nos ocurriera mientras esperábamos el camión de los helados. Teníamos poca supervisión, aparte de que mi madre ocasionalmente miraba por la ventana para ver dónde estábamos. Nuestro tiempo se limitaba a la cantidad de luz del día. Cuando se encendían las farolas, esa era nuestra señal para regresar a casa. Mis hermanos y yo a veces recordamos los buenos tiempos y decimos: "Todos salimos bien sin participar en nada".

Como padres, Isidro y yo decidimos no abrumar a las chicas y a nosotros mismos involucrándolas en todo. Cada año, Ariel y Ariana elegían una actividad que querían probar. Ambas estuvieron en softbol, pero su interés no duró mucho. Ambas probaron la gimnasia, pero Ariana era demasiado consciente de sí misma para incluso participar, y Ariel decidió no continuar. Ambas estuvieron en clases de karate. Ariel continuó, pero sólo por un año adicional, pero Ariana no. La música fue probada, primero con el violín y luego con lecciones de piano. Ariana descubrió su amor por la música y continuó con lecciones hasta el comienzo de la pandemia.

Ellas preferían quedarse en casa con mi madre, jugando solas. Eran creativas, encontrando formas de entretenerse. A menudo jugaban a la escuelita o a lo que llamaban "tienda", donde una sería el comprador y la otra sería la cajera. Debido a que mi hermano Rique, que vive al otro lado de la calle, tiene dos hijos de la edad de mis hijas, todos salían y jugaban juntos. Tomaban ropa y accesorios del hogar, y se vestían para grabar historias que creaban y actuaban. Una vez, incluso grabaron tomas falsas de su actuación. Me reí histéricamente cuando vi sus videos creativos. Estoy segura de que recordarán estos tiempos porque fueron muy bien gastados usando su creatividad para hacer recuerdos duraderos.

Llenarlas con actividades les habría robado la oportunidad de pasar tiempo entre ellos y no habría permitido tanta creatividad. Por supuesto, a veces sentía presión al ver cómo otros padres tenían a sus hijos en tantas actividades, haciéndome dudar si estaba cometiendo un error al no involucrar a mis hijas en más actividades. Sin embargo, lo racionalizo pensando que, si hubieran querido participar en algo, con gusto hubiera apoyado sus intereses. Debido a la presión que sentí, a veces las registré para campamentos de verano, sólo para escuchar quejas de ellas por no querer ir.

Como adultos, somos igual de culpables en llenar nuestros propios horarios. Por supuesto, la jubilación ofrece más flexibilidad, pero de alguna manera, mientras miro mi calendario, veo que lo tengo lleno de diferentes eventos. A veces miro el reloj y no puedo creer que el día haya terminado. A veces estoy tan cautivada que se me olvida incluso comer. Sé que soy mi propia jefa de mi tiempo, pero a veces siento que soy una jefa dictadora. De seguro estoy fracasando miserablemente en la jubilación. Mi única regla, que he roto sólo unas cuantas veces, es que no quiero usar una alarma. No soy una persona que le gusta despertar temprano, así que trato de no reservar nada antes de las 10 de la mañana.

Como no madrugo, puedo quedarme despierta hasta tarde. A veces pierdo la noción del tiempo y cuando miro el reloj ya es medianoche. Agradecida, una vez que tomó la decisión de irme a dormir, inmediatamente me quedo dormida. Siempre me sorprende cómo el tiempo parece permanecer quieto cuando dormimos. Es como si dejáramos de existir, al menos para mí. Casi nunca tengo sueños, y cuando los tengo, los olvido. Puede que haya dormido ocho horas, pero se siente como un minuto. Me siento decepcionada cuando llega la mañana porque odio el proceso de despertar. Por esta razón, nunca he podido tomar una siesta.

Por suerte, los días solamente tienen 24 horas. De lo contrario, me presionaría más para hacer más cosas. ¡Siempre me pongo plazos poco realistas, como si tuviera que hacer las cosas AHORA! Aunque he escuchado el estereotipo sobre los Latinos de llegar tarde y preferir hacer todo "mañana", eso no es cierto para mí. Soy como un perro con un hueso. Una vez que lo tengo en mi boca, no lo dejo ir. Por ejemplo, escribí mis autobiografía de casi 300 páginas en tres semanas, y estoy siguiendo el mismo ritmo para este libro. Por supuesto, nadie me está empujando a trabajar tan diligentemente como lo estoy haciendo. Yo me puse la presión del tiempo sobre mí misma.

La paciencia de seguro no es mi virtud. Odio cuando alguien me dice "mañana o más tarde". Tengo ganas de gritar porque no entiendo qué es tan importante que no puedan hacerlo hoy. Me doy cuenta de que este es mi problema, y espero mejorar esto. Siento que debo trabajar, trabajar, trabajar. Tengo dificultades para permitirme tener algo de tiempo inactivo. Sé que necesito el descanso y tiempo para relajarme, pero honestamente, me estreso cuando me piden que me relaje. Incluso recordando las palabras de mi madre sobre un tiempo para todo, no quiero perder un minuto y cuando hay algo que hacer, quiero que se haga AHORA. Estoy segura de que mi enfoque vuelve a algunas personas locas. Tal vez hago esto porque trato de hacer sólo cosas que me apasionan y que me parecen importantes. Aunque otros lo ven como trabajo, yo no lo veo así porque lo disfruto mucho. Aun así, necesito algo de cultivo en esta área.

Aunque estoy consciente de como necesito mejorar para cultivar el uso de mi tiempo, parece que a menudo me quedo corta. Mi hija le dio boletos de beisbol a Isidro para ver a los Cachorros el Día del Padre. Me dije a mí misma: "¡Será un día hermoso, así que disfrútalo!" Estaba tratando de alegrarme porque sabía lo difícil que sería para mí quedarme inactiva durante unas horas. Aunque entiendo el béisbol porque solía verlo con mi papá cuando era joven, todavía sabía que estaría cautiva durante el juego. Lo hice bien con las primeras tres entradas, probablemente porque había comprado bocadillos y todos lo estaban disfrutando. Las entradas restantes fueron más dolorosas. Seguí pensando que debería haber traído mi computadora portátil. Los Cachorros perdieron 6 a 0, así que incluso eso hizo que el tiempo pareciera más largo. Estaba tan feliz cuando terminó el juego de béisbol. ¡Supongo que haría cualquier cosa por amor!

Muchos de los estudiantes con los que trabajé, especialmente aquellos con trastorno por déficit de atención, tenían un problema opuesto al mío. Llenaban su día con cosas que disfrutaban, a menudo olvidando hacer el trabajo escolar que se suponía que debían hacer. Su administración del tiempo funcionaba contra ellos. A menudo yo trabajaba en estrategias que ellos podían usar para administrar su tiempo mejor. Muchos estudiantes nunca habían usado un planificador de horario. Les ofrecía diferentes opciones para que lo usaran. También los alenté a usar la tecnología disponible en sus teléfonos para mantener un horario. Al comienzo del semestre, a menudo les ayudaba a conectar todas las tareas de sus clases al calendario que planeaban usar. También hablábamos sobre cómo podrían trabajar alrededor de sus otras obligaciones para encontrar tiempo para estudiar. Les sugería que usaran lo que disfrutan hacer, como pasar el rato, jugar videojuegos y ver televisión, como recompensa después de estudiar.

Como parte de su orientación en el colegio, además de obtener información que los aclimataba al campus, les dábamos calendarios, enfatizando la importancia de usarlos. Muchos estudiantes encontraron el calendario útil y lo usaban regularmente. Otros estudiantes continuaron sus malos hábitos de estudio que a menudo resultaban en malas calificaciones. La administración del tiempo es una habilidad que se debe aprender y practicar. Era persistente con mi énfasis en la importancia de saber qué estaban haciendo con su tiempo.

El tiempo es un regalo que todos tenemos. A veces damos por hecho este regalo y actuamos como si viviéramos para siempre. Necesitamos ser honestos y responsabilizarnos. Establecer prioridades es el primer paso para realmente usar el tiempo de manera efectiva. Podemos permitir que el tiempo nos controle, o podemos controlar el tiempo. Mirando nuestras vidas y viendo cómo vivimos, nos ayudará a determinar si se deben hacer cambios. Lo más importante de todo es que siempre debemos recordar que el tiempo se mueve rápidamente y que necesitamos aprovechar la mayor cantidad posible para hacer nuestras vidas y las de los demás, mejor.

PREGUNTAS DE REFLEXIÓN

1. ¿Qué haces para administrar tu tiempo? y ¿Está funcionando?
2. ¿Hay algunos cambios que deberías hacer para dejar de dar el tiempo por hecho?
3. ¿Cuál es el mayor desafío que enfrentas con el tiempo?
4. ¿El tiempo es tu amigo o es tu enemigo y por qué?

CAPÍTULO 21

ÚNICO

La creatividad infinita de Dios es difícil de comprender para cualquiera de nosotros. Él crea a todos los seres vivos, incluyendo a los humanos, para ser únicos. En el jardín, cada flor es diferente. Pueden ser el mismo tipo de flor e incluso el mismo color, pero cuando las miramos de cerca, veremos sus diferencias. Del mismo modo, no hay dos animales iguales. Como humanos, somos diferentes en nuestra apariencia, nuestras personalidades, nuestras creencias, nuestras esperanzas, nuestros miedos y en la forma en que vemos la vida. Incluso los gemelos idénticos pueden verse igual físicamente, pero todos estarán de acuerdo en que cada gemelo sigue siendo excepcionalmente diferente.

Ser único es una cualidad que debería hacernos amarnos a nosotros mismos, pero la mayoría de las veces es una fuente de nuestra infelicidad. Luchamos por aceptarnos a nosotros mismos como somos. Constantemente queremos ser como otra persona, o peor, queremos que otros sean como nosotros. Esto a menudo resulta en competencia y nos divide aún más. En capítulos anteriores, he compartido mis puntos de vista sobre cómo a menudo queremos ser lo que no somos y cómo esto es una fuente de infelicidad. Esto no solamente es cierto sobre nuestra apariencia física, sino que también es cierto en otros aspectos de nuestras vidas.

Debe ser cierto que los seres opuestos se atraen. Isidro y yo somos tan diferentes como la noche y el día. A menudo, creo que cuando yo digo arriba, él dice abajo. Cuando digo redondo, él dice cuadrado. Nuestra preferencia por la comida es totalmente diferente. Nuestras opiniones sobre la salud y el dinero son diferentes. Aun así, permanecemos juntos. Hemos estado casados desde el 1 de julio de 1995, por lo que es obvio que los opuestos pueden llevarse bien y trabajar juntos. Solía pensar que las relaciones tenían que involucrar a dos personas que eran en su mayoría iguales y que veían la vida de la misma manera. Sin embargo, ahora veo que sería difícil vivir con alguien que sea como yo.

En mi vida, necesito el contrapeso para ayudarme a crecer. A veces, una visión opuesta arroja luz sobre nuestros errores e incluso en la forma en que pensamos. Lo que más importa en una relación es el amor mutuo. Cuando hay amor, hay respeto y lealtad. Cuando hay lealtad y respeto, tener una perspectiva diferente no destruye el amor, pero incluso tal vez lo fortalece. Nuestras grandes diferencias nos desafían a ser mejores. Tener a Isidro a mi lado me ha hecho una mejor persona en todos los aspectos. Trabajo más para corregir mis errores que a menudo su perspectiva los hace resaltar. Si no lo tuviera a él, yo permanecería en la oscuridad, pensando que siempre tengo razón.

Creo que la razón por la que nuestro matrimonio ha funcionado es porque hemos aceptado la singularidad del otro sin obligar al otro a cambiar. Entiendo sus puntos de vista y él entiende los míos. Respetamos nuestras opiniones diferentes, incluso cuando no las compartimos. Él hace sus cosas y me permite hacer las mías. Sin embargo, en lo que realmente importa, nos apoyamos mutuamente y a menudo llegamos a un acuerdo que nos permite trabajar juntos. Cuando criamos a nuestras hijas, a menudo teníamos que ceder, cambiando nuestros puntos de vista para poder llegar a un acuerdo. A veces yo tenía que ser flexible, pero a veces tenía que ser él quien tenía que cambiar sus puntos de vista. Respetar la unicidad de los demás nos permite estar unidos incluso cuando somos diferentes.

Ariel y Ariana también son individualmente únicas. Solía pensar que eran diferentes porque una fue adoptada y la otra era biológica, pero mi madre señaló que cada uno de mis hermanos y yo somos diferentes, aunque todos somos biológicamente de los mismos padres. Ariel es una joven fuerte e independiente que tiene sus propios puntos de vista fuertes. Ariana es noble, trabajadora y con una fuerte disciplina. Amo a ambas y veo valor en su unicidad, incluso si a veces me desafían sus cualidades únicas. Estoy igualmente orgullosa de ambas y me siento muy bendecida de poder llamarlas mis hijas.

Desafortunadamente, nuestra unicidad a menudo no es favorecida, aceptada ni valorada por nosotros mismos e incluso por otros. Siempre pensamos que somos mejores, y todos deberían pensar como nosotros, o que no somos lo suficientemente buenos, queriendo ser como quien envidiamos. Nos lastimamos a nosotros mismos y a los demás al no apreciar la unicidad de las personas. A menudo resulta en odio en lugar de amor, envidia en lugar de celebrar las diferencias, el orgullo en lugar de la humildad, etc. Esta batalla constante nos divide cada vez más, pero seguimos haciéndolo una y otra vez.

Cuando hago presentaciones sobre temas de conciencia sobre la discapacidad, a menudo comienzo con una advertencia. Reconozco que no soy una experta en la vida de otras personas con discapacidades. Sólo soy una experta en mi propia vida y mi experiencia vivida. Les explico que incluso con el mismo diagnóstico, con otros sobrevivientes de polio, somos únicos. Otra persona con polio no se verá ni se comportará como yo. Otros individuos discapacitados por el polio no sentirán lo mismo por su discapacidad ni se verán afectados de la misma manera que yo. Además, otras personas con discapacidades que tienen el mismo diagnóstico, sin importar lo que sea, serán diferentes. No hay dos personas con discapacidades iguales, aunque a menudo tendemos a agruparlas como si la discapacidad hiciera que fueran iguales.

Por supuesto, muchos de nosotros que vivimos con discapacidades físicas compartiremos experiencias vividas en términos de la falta de acceso, la aceptación y la falta de oportunidades. Pero nuestras opiniones sobre la vida son diferentes. Nuestros puntos de vista están influenciados por el inicio de nuestra discapacidad, nuestra estructura y apoyo familiar, dónde vivimos y la respuesta social que recibimos en torno a nuestra discapacidad. Somos más que la limitación que la gente ve, y eso nos hace únicos. Sin embargo, por alguna razón, los estereotipos y prejuicios constantemente son hechos para un grupo en lugar de mirarnos como individuos únicos.

Durante el segmento de preguntas y respuestas de mis presentaciones, a menudo recibo preguntas en las que se me pide que hable por toda la población de personas con discapacidades. Siempre le recuerdo a la audiencia que podría dar respuestas generales, pero que el mejor enfoque es preguntar siempre al individuo directamente. En una presentación reciente, un miembro de la audiencia preguntó: "Nunca sé si debería ofrecer ayuda a una persona en una silla de ruedas cuando observo que está batallando para subir una rampa o abrir una puerta. ¿Qué tengo que hacer?" Nuevamente, le recuerdo a la audiencia que el mejor enfoque es preguntarle directamente a la persona en lugar de hacer suposiciones. Continúo explicando las opiniones de contraste que mi esposo y yo tenemos sobre nuestras discapacidades. Respecto a mi preferencia, he sido usuario de silla de ruedas toda mi vida desde que contraje poliomielitis cuando era un bebé, por lo que personalmente siempre doy la bienvenida a la ayuda de los demás cuando me la ofrecen. Sin embargo, alguien que recientemente quedó discapacitado tal vez debido a un accidente o una enfermedad, como mi esposo, y que ahora es usuario de sillas de ruedas, puede sentirse diferente sobre la oferta. Con un inicio posterior de discapacidad, el individuo puede estar tratando de ser independiente para lidiar con sus nuevas circunstancias. Para ellos, la independencia podría ser algo que luchan para mantener en sus vidas. Yo concluyo enfatizando que el mejor enfoque es siempre preguntar. Les recuerdo a las personas que no se ofendan si una oferta es rechazada porque es probable que no sea un rechazo de ellas, sino más bien un rechazo de sentirse dependiente.

Del mismo modo, soy una de millones de latinos en este país, todos excepcionalmente diferentes. Los latinos provienen de diferentes países, e incluso cuando venimos del mismo país, dependiendo de dónde nacimos y la familia en la que nacemos, somos únicos. Claro, podríamos compartir una cultura similar, pero podemos expresarla de diferentes maneras debido a nuestras diferentes experiencias. Generalizar sobre un grupo hace más daño que bien. La clave es conectarse a cada persona para comprender la experiencia de esa sola persona. Nunca falla, que cada vez que soy la única latina presente, se me pida que hable sobre la experiencia latina. Eso a menudo me incomodaba, y siento que es una pregunta injusta. Por alguna razón, las personas hacen preguntas a las que no hay respuestas porque sólo soy una persona en un gran grupo de otros cuya experiencia puede ser totalmente diferente a la nuestra. Soy sólo yo. Por lo tanto, sólo puedo representarme a mí misma. Sólo puedo hablar por mí y por mi experiencia y de nadie más.

Los estudiantes latinos y los padres con los que trabajé, por diferentes razones, apreciaban trabajar conmigo porque era latina. Primero, muchas veces hablaba el idioma que hablaban en casa. En segundo lugar, apreciaban la afinidad que teníamos por ser de la misma raza. Sabían que, aunque cada uno es único, entendería su experiencia y, lo más importante, sus valores. Nunca esperaron que me pareciera completamente a ellos porque eso nunca sería posible, pero valoraron ser apoyados por alguien que no cuestionaba sus creencias. Les gustaba no tener que explicarse y, a veces, incluso no tener que defender lo que querían. En general, yo ya conocía la cultura, lo que me permitía relacionarme rápidamente con ellos.

Rápidamente descubrí que ser Latino no se trata sólo del color de la piel. Tenía estudiantes que eran morenos como yo, pero no experimentaron la cultura latina porque nacieron en este país y sus padres eran inmigrantes de segunda o tercera generación. Además, a veces simplemente no se criaron como un individuo latino. Cuando me casé con Isidro, viví un año en Texas, donde vivían él y su familia. Me pareció interesante que, aunque tenían el mismo color de piel que la mía, su crianza fue diferente. Los abuelos de Isidro eran de México, pero sus padres e Isidro nacieron en Texas. Entonces, cuando la familia de Isidro me presentaba a los demás, a menudo decían: "Isidro se casó con una mexicana". Por supuesto, dentro de mí, me preguntaba: "¿Qué diablos son ellos?" Ni siquiera hablaban español con fluidez. No fue hasta que nos mudamos a Illinois, donde Isidro interactuó con mi familia, que aprendió completamente el español.

Otro dicho que mi madre a menudo decía es: "Cada cabeza es un mundo". Esto era para enfatizar que todos somos diferentes y que, aunque podemos vivir juntos, experimentamos las cosas de manera diferente, haciéndonos únicos y con nuestra propia perspectiva. Esto es tan cierto. Mientras pensaba en la resiliencia, a veces cuestionaba por qué nuestras habilidades para navegar dificultades varían de persona a persona. Cuando algo está sucediendo, yo busco el apoyo de mi familia de inmediato, buscando consejos y ayuda. Otros se aíslan y se quedan con los problemas para sí mismos. Nuestra manera de lidiar con la vida y sus dificultades es única para cada persona.

Los estudiantes con discapacidades a menudo luchan con su autoestima. Escuchaba comentarios como: "Soy estúpido. Soy feo. No puedo lidiar con nada. Todos los demás son más inteligentes que yo", etc. Busqué la forma de ayudarlos a apreciarse a sí mismos, recordándoles que la forma en que se veían no era necesariamente la forma en que otros los veían. Mi objetivo era siempre llevarlos al éxito, sin importar cómo se veía eso para el estudiante. El éxito para ellos podría ser, terminar una clase. Podría ser pasar la clase con una C o mejor. Podría ser hacer amigos porque el estudiante no tenía ninguno. Podría ser completar un certificado o título. Pensaba que una vez que obtuvieran el éxito, serían más amables consigo mismos. Quería que apreciaran sus cualidades únicas, discapacidad y todo.

En la clase de Humanística que enseñé, se me ocurrió una actividad para ayudarlos a verse a sí mismos como valiosos. Obtuve una botella de agua y pegué una calcomanía que decía: "Cura milagrosa de discapacidad". Mis cursos a menudo estaban enfocados sólo para estudiantes con discapacidades. Por lo tanto, esta actividad no revelaría sus discapacidades. Enseñé esta clase específicamente para estudiantes con discapacidades para que se sintieran cómodos hablando de sus discapacidades sabiendo que todos en la clase también tenían una discapacidad. Comencé la clase diciendo: "¡Todos tienen suerte! Traje la cura milagrosa para tu discapacidad". Sus ojos se abrieron de par en par con incredulidad. Saqué la botella y continué: "Cada uno de ustedes tendrá la oportunidad de tomar la botella para deshacerse de cualquier discapacidad". Luego expliqué que cada uno agarraría la botella y diría si tomarían la cura milagrosa o no. Pero si optaban por tomar la cura, significaría que cada experiencia que han relacionado con su discapacidad se eliminaría de su pasado y memoria. Por ejemplo, si conocieron a un amigo en una clase de educación especial, ya no serían amigos. Si habían participado en cualquier actividad relacionada con su discapacidad, esta memoria también tendría que borrarse de su mente.

Para los estudiantes que decidieron no tomar el medicamento, tenían que explicar por qué dejaron pasar la oportunidad. La primera vez que hice esta actividad, tenía la hipótesis de que todos tomarían el medicamento milagroso sin pensarlo dos veces. Para mi sorpresa, cada vez que hacía esta actividad, la clase estaba estrechamente dividida a la mitad en lo que los estudiantes optaron por hacer. Después de la actividad, tendríamos una discusión para procesar los resultados. Compartía que la discapacidad era parte de su identidad y que era algo que los hacía ser únicos. Si dejaran de tener su discapacidad, sus experiencias, sus puntos de vista, sus éxitos y muchas otras cosas serían diferentes. Después de todo, ellos eran la persona que eran por todas sus experiencias, incluyendo las experiencias que tuvieron debido a sus discapacidades.

Fue sorprendente escuchar a los estudiantes explicar por qué no tomarían el medicamento milagroso. A veces, eran tan convincentes que motivaban a algunos de los otros estudiantes a cambiar su decisión de un "sí" a un "no". E incluso aquellos que aún consideraban tomar el medicamento, durante el procesamiento de la actividad, a veces compartían que tendrían que pensarlo y que no estaban seguros de si lo tomarían o no.

Hubiera sido irresponsable para mí no aclarar que si un médico recomendaba un tratamiento que pudiera mejorar sus síntomas, deberían hacer lo que el médico recomendaba. También les recordé que no existe una cura milagrosa. El único milagro que podría suceder es si aprendieran a apreciarse con su discapacidad y todo. Por supuesto, yo también participé en la actividad. Siempre elegí no tomar la droga milagrosa, explicando que mis experiencias únicas debido a mi discapacidad me permitieron llegar al lugar que estaba y que me encantaba estar con ellos, mis alumnos. Ninguna cura milagrosa valía la pena si eso significaba que no habría conocido a cada uno de ellos.

Es difícil para las personas aceptar su singularidad, especialmente cuando es la culpable de las dificultades. Nadie quiere sufrir, y cualquier oportunidad para detener el dolor es bienvenida fácilmente. Sin embargo, no nos damos cuenta de que todos sufren. Sufrimos sólo porque no nos aceptamos como somos. Siempre queremos culpar a algo por nuestras luchas. A veces, creemos que nuestra discapacidad es la culpa, deseando que no tuviéramos una para que pudiéramos ser como todos los demás. Incluso aquellos sin discapacidades siempre quieren algo. A veces tienen sobrepeso y quieren ser delgados. Otras veces, las personas tienen cabello rizado y quieren cabello liso, o quieren ser altos en lugar de ser bajos. Claramente, lo que nos hace infelices es tratar de ser lo que no somos. Estar sin una discapacidad, tener sobrepeso, ser delgado, tener cabello rizado, tener cabello liso, ser bajo. o ser alto, no es el problema.

A veces, lo que tenemos, otros quieren, aunque nosotros tal vez lo despreciamos. A menudo escuchaba las bromas que hacían mis hijas sobre sus características físicas. Mi hija Ariana tiene el pelo largo y rizado, mientras que mi hija Ariel tiene el pelo largo y sedoso. Ariana se quejaba de sus rizos diciendo que era difícil de peinarse y que deseaba tener el cabello de Ariel. Por otro lado, Ariel siempre quiso tener rizos, usando un rizador para intentar tenerlos cuando salía a reuniones sociales. Siempre les recordaba que ambas eran hermosas y que deberían celebrar su singularidad. Por supuesto, eran listillas y siempre me contestaban diciendo: "Entonces, ¿por qué te pintas el cabello?"

Siempre podemos esforzarnos para ser mejores, sin duda. Pero ser mejor no significa que debamos ser como todos los demás. Necesitamos aceptarnos a nosotros mismos, porque nadie más puede ser como nosotros, y eso nos hace a todos únicos. Amarnos a nosotros mismos y a nuestra unicidad conducirá a la felicidad. Amar y aceptar las diferencias de los demás conducirá a la paz.

PREGUNTAS DE REFLEXIÓN

1. ¿Qué te hace único de todos los demás?
2. ¿Cómo te sientes acerca de tu unicidad? ¿Por qué?
3. ¿Cuáles cualidades únicas aprecias en las personas que amas?
4. ¿Te cuesta aceptarte a ti mismo? ¿Por qué?

CAPÍTULO 22

VACACIONES

A PESAR DE LA PRESIÓN LOCA QUE ME PONGO SOBRE MÍ MISMA PARA trabajar siempre duro, incluso después de la jubilación, me encantan las vacaciones. Hay un gran valor en tomar un descanso de la rutina de nuestras vidas para pasar tiempo con la familia creando memorias. Las vacaciones no necesariamente significan viajar a lugares exóticos o lejanos. Estados Unidos está lleno de cosas hermosas para ver y experimentar. Las vacaciones no tienen que costar miles de dólares para que sean divertidas. A veces, unas vacaciones en casa son igual de agradables.

Cuando era niña, mi familia nunca iba de vacaciones. Lo más cercano a unas vacaciones que tuve fue acampar con mi familia. Disfruté la camaradería con los miembros de mi familia, pero no me gustó acampar porque se me hacía difícil el medio ambiente ya que estaba en una silla de ruedas. Era demasiado rústico para mi gusto, y todo parecía más inaccesible. No podía entender por qué la gente disfrutaba dormir en un terreno de campo duro e incómodo. Aun así, tengo muy buenos recuerdos de nuestros muchos viajes a Beloit,

Wisconsin para pasar un largo fin de semana de vacaciones como familia. Mis padres nunca fueron a estos viajes familiares. Me pregunto si mi madre sentía que eran unas vacaciones para ella cuando todos nos salíamos de casa por algunos días.

Mientras acampábamos, disfrutaba ver a mis hermanas cocinar. Siempre me sorprendía ver cómo cocinaban los mismos alimentos, incluyendo los huevos para el desayuno, con una fogata. Cocinaban alimentos tradicionales mexicanos. El menú consistía en arracheras, un tipo de bistec que era principalmente la carne de elección, junto con todos los ingredientes para hacer tacos. Esto incluía pico de gallo, salsa, guacamole, queso chihuahua y verduras. Por supuesto, no sería una comida completa sin tortillas, jalapeños a la parrilla, cebolla y elote. Seguro que disfruté la comida. Si la comida era para la cena, todos nos llenábamos un plato y nos sentábamos alrededor de una fogata, charlando mientras comíamos.

Todos los hombres iban a pescar a un arroyo cercano. Recuerdo haber visto a mi hermano Mon usar botas de goma negras que llegaban hasta sus muslos. Entraba al arroyo poco profundo como el líder de todos los pescadores más jóvenes. El arroyo se llamaba Turtle Creek debido a las muchas tortugas que se encuentran en él. Después de unas horas, los pescadores regresaban con una colección de peces que habían atrapado. La emoción era la captura y no necesariamente el pescado como fuente de comida para comer. Era solamente un deporte para ellos ver cuántos peces podían atrapar. Años más tarde, algunos de los miembros de mi familia aprovecharon la pesca cocinando los peces en la parrilla y agregándolos al menú para quien quisiera comerlos.

Los niños, incluyéndome a mí, se quedaban en el campamento jugando, o íbamos a una piscina que el campamento tenía para los campistas. Para ese entonces, ya usaba aparatos ortopédicos.

Me sentaba en el suelo para quitármelos, a menudo notando cómo me miraban los otros niños. Me metía en la piscina recordando como siempre me arrastraba en el terreno de La Purísima, mi pueblo en México, antes de mudarme a Chicago. Jugaba con mis pequeños sobrinos. Richie, uno de mis sobrinos, incluso me da crédito por enseñarle a nadar. A veces, los primos y otras personas de La Purísima se juntaban con nosotros para ir a Beloit. Este lugar de campamento se convirtió en un lugar de moda para muchas personas de La Purísima. Alrededor de la fogata, siempre había alguien tocando una guitarra mientras que otros cantaban canciones conocidas.

Estos son buenos recuerdos, a pesar de que encontraba acampar bastante incómodo. Salir al campamento nos ayudó a tener un cambio de paisaje y nos permitió unirnos de diferentes maneras. El aire fresco, los chistes y la gran compañía hicieron que nuestras vacaciones cortas fueran muy memorables. No teníamos dinero extra para vacaciones, por lo que acampar era una alternativa económica para tomar un descanso de la vida cotidiana que vivimos.

Tanto Isidro como yo valoramos las vacaciones. Antes de tener hijos, fuimos a un crucero y regularmente íbamos a visitar a su familia y amigos en Austin, Texas. Conducíamos, tomando turnos para conducir. La ruta se volvió familiar ya que íbamos casi todos los años. Mientras estábamos allí, veíamos a su familia y amigos. A veces conducíamos a San Antonio para pasar un día en la caminata del río, que estaba a solamente una hora de Austin. La familia nos invitaba a quedarnos en sus hogares, pero siempre optamos por permanecer en un hotel para poder tener garantizado el acceso para los dos. Para nuestras comidas, cenábamos y siempre disfrutábamos comiendo en la casa de los padres de Isidro. El padre de Isidro había trabajado en muchos restaurantes, por lo que era un excelente cocinero. Mi plato favorito era milanesa (pollo empanizado), y también hacía tamales excepcionales.

Ambos trabajamos duro, por lo que siempre queríamos tomarnos un tiempo como pareja para vacacionar. Pude ver todos los diferentes lugares que Isidro frecuentaba cuando estaba creciendo. A veces, disfrutar del buen clima era todo lo que necesitábamos para ser felices. En varias ocasiones, rodamos en la calle 6, que es un lugar lleno de bares y clubes nocturnos en el centro de Austin. Nos encantaba escuchar a las diferentes bandas tocando mientras paseábamos por esta famosa calle. Isidro y yo no teníamos miedo de salir a la carretera y aventurarnos a nuevos lugares, tanto cerca como lejos. Nos relajábamos en entornos divertidos y donde podíamos estar despreocupados.

Cuando adoptamos a Ariel y después del nacimiento de Ariana, pasamos los primeros años quedándonos sin aventurar demasiado lejos. Aun así, visitábamos a la familia y entreteníamos a las niñas yendo a todos los lugares amigables para los niños que Chicago tiene para ofrecer. Las llevamos a museos, parques y asistimos a todas las fiestas infantiles a las que fuimos invitados a asistir. A veces, disfrutamos ver a las chicas jugar en el patio con sus juguetes y globos, andar en bicicleta o chapotear en una piscina para niños. No pensábamos que fuera seguro viajar con ellas cuando las niñas todavía usaban pañales.

Tan pronto como las chicas pudieron caminar de forma independiente y comprender nuestras instrucciones, decidimos comenzar a vacacionar nuevamente. Al principio, le pedía a una sobrina o un sobrino que nos acompañara para que nos ayudara. También nos quedábamos cerca, yendo a lugares dentro de las áreas circundantes, temerosos de ir demasiado lejos cuando todavía eran niñas pequeñas. Fuimos a Geneva, Wisconsin, Wisconsin Dells y Door County cuando ellas todavía no asistían a la escuela. Luego decidimos visitar los hermosos parques estatales de Illinois, como Starved Rock. Nuestras primeras vacaciones sin un acompañante para ayudarnos fueron a Columbus, Ohio porque queríamos llevarlas a Kings Island, un parque de atracciones especialmente para niños pequeños.

A partir de entonces, siempre tratamos de tomar unas vacaciones familiares al menos una vez al año. Ahorramos dinero durante todo el año para poder pagar los viajes porque valoramos tener tiempo en familia y visitar lugares que nunca habíamos visitado. Hemos ido a muchos lugares. Por ejemplo, hemos visitado: Florida, Texas, Las Vegas, California, Hilton Head, Tennessee, Missouri, la mayoría de los estados que nos rodean, Canadá e incluso Hawái. Hemos viajado a otros países como Honduras, Belice, México y Puerto Rico- sólo cuando era una parada de puerto para los cruceros en los que estábamos. Incluso decidimos comprar un par de "tiempos compartidos" porque nos ofrecieron el espacio y el acceso. Además, sabíamos que las vacaciones siempre iban a ser parte de nuestras vidas. Le damos un gran valor al tiempo en familia.

Las vacaciones son una forma de relajarse y pasar tiempo lejos de todos los factores estresantes. Mis padres y los padres de Isidro nunca salían de vacaciones cuando éramos niños, así que Isidro y yo decidimos que queríamos darles a nuestras niñas una experiencia diferente. Las vacaciones también han sido educativas para las niñas. Ya que manejamos para la mayoría de nuestras vacaciones, ellas disfrutan del viaje por carretera, tomando fotos de letreros de bienvenida cada vez que cruzamos una línea de estado. Además, aprendieron todo sobre accesibilidad, a menudo observando cómo teníamos dificultades para encontrar un hotel que pudiera acomodarnos. Como resultado, se convirtieron en grandes defensoras del acceso a la discapacidad debido a la lucha que observaron que teníamos cuando viajábamos.

Para el trabajo, también tuve la oportunidad de viajar a diferentes estados para asistir a conferencias. Aunque no eran vacaciones, me sirvieron para el mismo propósito. Era un momento para alejarme del trabajo y aprender sobre lo que otras universidades estaban haciendo por sus estudiantes. La mayoría de las veces viajé con compañeros de trabajo, por lo que también fue una oportunidad para desarrollar amistades cercanas con ellos. Intentábamos hacer algo divertido por las tardes o simplemente disfrutábamos viendo una buena película con chocolate y palomitas de maíz. Tuve muchas risas durante esos viajes, dándome energía para regresar al trabajo rejuvenecida y con nuevas ideas. Presentaba regularmente en conferencias para compartir el maravilloso apoyo que Harper ofrecía a los estudiantes con discapacidades. Los compañeros de trabajo que viajaron conmigo también aprendieron sobre mis luchas de acceso, a menudo comentando que viajar conmigo destacó tantos problemas de accesibilidad y que les enseñó a estar más conscientes de las posibles luchas de nuestros estudiantes.

Varios de mi familia y amigos han viajado a muchos lugares fuera del país, a menudo compartiendo sus experiencias e imágenes cuando regresan. Mi familia inmediata y yo no hemos viajado fuera del país, excepto a Canadá y México porque luchamos con la accesibilidad, incluso en los Estados Unidos, donde hay una ley. Creemos que otros países tendrán demasiadas barreras para navegar. Siempre les he pedido a mis amigos que evalúen el acceso de donde sea que viajen, e inevitablemente, ellos han compartido que el acceso sería difícil para mí.

Me doy cuenta de que no todos pueden permitirse tomar unas vacaciones debido a obligaciones familiares o finanzas limitadas. Sin embargo, hay muchas cosas que podemos hacer que no cuesten mucho dinero. La mayoría de las ciudades urbanas ofrecen muchos festivales y conciertos de música gratuitos, especialmente durante el verano. Visitar los parques estatales es gratuito, y ofrecen muchos sitios pintorescos, rutas de caminar y actividades. A veces, empacar sándwiches y bebidas para un picnic puede ser una experiencia significativa para toda la familia. Cuánto se gasta o a dónde va uno, no es lo que importa. Lo que importa es tomar un descanso y hacer recuerdos que nadie les podrá quitar.

La vida puede ser difícil, como he dicho muchas veces. A veces necesitamos cambiar nuestro ritmo y el paisaje para apreciarnos unos a otros y reflexionar sobre lo que es importante. Cuando termine mi vida en la tierra, sé que con todas las vacaciones que tomamos como familia, estoy dejando a mis hijas la mejor herencia: grandes recuerdos. Prefiero gastar lo que tengo en mi familia mientras estoy viva que dejarlo para ellas cuando muera. Apuesto a que tanto Ariel como Ariana estarían de acuerdo en que esta herencia es más valiosa que cualquier posesión material que pueda dejarles después de mi muerte.

Merecemos tener experiencias que traigan alegrías. Las obligaciones, el trabajo, los problemas y las dificultades estarán aquí cuando regresemos. Pero quizás a nuestro regreso, veremos las dificultades de nuestras vidas con una perspectiva diferente. Tener un equilibrio de trabajo y relajación es importante para que las personas tengan la energía para continuar con las batallas de la vida sin sentirse agotados. Nuevamente, hay un tiempo para trabajar, pero también hay un momento para jugar.

Ir de vacaciones probablemente es más desafiante para las personas con discapacidades como mi esposo y yo, pero las dificultades se vuelven borrosas después de todos los momentos divertidos que tenemos. Para nosotros, es más difícil adaptarse a los nuevos entornos porque ya estamos acostumbrados a poder hacer todo en casa. Por ejemplo, nuestros centros turísticos u hoteles pueden tener barras de agarre que están en un lugar diferente al que necesitamos que estén. Además, la cama puede ser demasiado alta, o las toallas pueden colocarse donde no podemos alcanzarlas. Aún con estos inconvenientes y barreras, Isidro y yo no nos detenemos con nuestro deseo y necesitamos vacacionar. Incluso después de que me caí y quebré dos huesos en mis vacaciones el verano pasado, algo que describí en el prefacio, no nos ha disuadido de planificar otras vacaciones. Algunos lo ven como valentía, pero nosotros lo vemos como una necesidad. Todos necesitan y merecen unas vacaciones.

A veces me pongo triste cuando recuerdo que mi madre nunca fue de vacaciones o que no hizo algo divertido para sí misma. Incluso lamento no haberla animado o no haberle facilitado las oportunidades para que ella hubiera ido a diferentes lugares. Para ella, la idea de viajar se convertía en una fuente de estrés. Recuerdo solamente unas pocas veces que ella salió del país, pero todos los viajes fueron para visitar a un pariente enfermo. Todos estábamos emocionados cuando mi hermana Reyna, que se retiró en Florida, convenció a mi madre para que fuera a una visita breve. Mi mama se resistió a salir de su casa, diciendo que sentía que no pertenecía a ningún otro lugar. Estaba ambientada en su rutina y encontró consuelo haciendo lo que amaba, cuidando a su familia y jardín. Si pudiera recuperarla por un tiempo, me encantaría mostrarle lo hermoso que es nuestro mundo. Sin embargo, desde el cielo, probablemente pueda verlo y disfrutarlo ahora.

Viajar abre nuestros ojos a diferentes formas de vida. Nuestro mundo es tan sorprendente y grandioso que nadie en la vida puede verlo todo. A veces puedo echar un vistazo a la belleza de nuestro mundo a través de las películas y las historias de familiares y amigos. Sin embargo, estoy segura de que lo que he visto en la televisión y lo que se ha descrito a través de los ojos de familiares y amigos, no se acerca a ver personalmente las diferentes partes del mundo con mis propios ojos. Podría ver lo verdaderamente hermosos que son realmente los lugares.

Al igual que no iba de vacaciones cuando era niña, mis hijas no han experimentado visitar otros países de vacaciones. Espero que cuando formen sus propias familias recuerden los grandes recuerdos que nosotros tuvimos. Además, espero que cuando tengan sus propias familias, que ellas incluyan viajes a diferentes partes del mundo. Quiero que siempre recuerden lo que es vacacionar y que sus hijos experimenten al ver nuestro hermoso y diverso mundo. Es imperativo tomarse tiempo para ir de vacaciones para ver el magnífico mundo en el que vivimos. Al hacerlo, la calidad de nuestras vidas será mucho mejor.

PREGUNTAS DE REFLEXIÓN

1. ¿Cuál ha sido tu experiencia con las vacaciones?
2. ¿A cuáles partes del mundo te gustaría visitar que no hayas visitado aún?
3. ¿Cuáles son los beneficios que has experimentado cuando estás de vacaciones?

CAPÍTULO 23

WAFLES

¿Cuál podría ser el significado de los wafles en nuestras vidas? Bueno, es la única palabra que comienza con la letra W que significa lo mismo en inglés y español (o al menos en Spanglish). Sin embargo, creo que los wafles agregan valor a nuestras vidas. Los wafles recién hechos, con mantequilla derretida, cubiertos con fruta fresca, miel de arce y crema batida son deliciosos. Ahora quiero unos wafles. ¡Apuesto a que hice a todos tener hambre!

Con toda seriedad, elegí wafles para representar todo tipo de alimento. La comida no sólo satisface una de nuestras necesidades básicas diarias, sino que también nos une como personas. Ya sea cenando con la familia, almorzando con un amigo o simplemente disfrutando de la comida en una fiesta, la comida reúne a las personas. Cuando hay comida, la gente viene. Cuando hay comida, hay unión.

La comida juega un papel importante en la vida de una familia. Cuando era niña en México, no teníamos los recursos necesarios para tener una variedad de alimentos, pero nunca pasamos hambre. El arroz y los frijoles tradicionales con tortillas caseras siempre estaban sobre la mesa. Mis hermanos se peleaban por agarrar la sartén con los frijoles refritos. Ellos querían raspar el anillo de frijoles que se formaba alrededor de la sartén cuando los frijoles se freían. También disfrutamos comiendo tacos con sal. Nos encantaban las tortillas recién hechas rociadas con sal y enrollarlas en un taco. Sentíamos una inmensa alegría cuando, en ocasiones especiales, se dividía una caja de galletas entre nosotros. Independientemente del alcance de nuestra pobreza, siempre nos recordaron que teníamos suerte de tener comida para comer.

Emigrar a Chicago cambió drásticamente nuestro acceso a la comida. Mi mamá podía comprar suficiente comida para cada semana, y podía cocinar una variedad de platos para la familia. Ella regularmente hacía sus propias tortillas y siempre tenía un gran contenedor de tortillas para que todos accedieran a una merienda. Sus recetas eran simples pero deliciosas. Nunca olvidaré sus huevos fritos y su arroz con leche. Mis padres nos enseñaron a nunca dar por hecho la comida, recordándonos que nunca la deberíamos desperdiciar. Debido a nuestros diferentes horarios, no teníamos muchas comidas al mismo tiempo, pero siempre estábamos juntos. Mi madre siempre nos ofrecía comida. Raramente aceptaba un "no" como respuesta. Según mi madre, la comida era la cura para cualquier dolencia o problema emocional.

Mientras formaba mi propia familia, cuando mis hijas eran pequeñas, cenábamos juntos. Cocinaba comida que les gustaba a las niñas, a menudo haciendo algo diferente para Isidro y para mí. Aprendí a cocinar todas las recetas de mi madre, pero agregué otras recetas a mi colección. Otras personas creen que soy una buena cocinera. Nuestra preferencia para la comida es exclusivamente diferente. Me encanta la comida picante, cuanto más picante, mejor. A Isidro le encantan las verduras y su carne favorita es el pollo. A Ariel y Ariana les gustan los alimentos tradicionales de adolescentes como pizza, hamburguesas y pasta. Nos sentimos bendecidos de tener los recursos para comprar lo que disfrutamos comer.

En el trabajo, regularmente traía comida casera para compartir con mis compañeros de trabajo. Durante el verano, traía salsas caseras usando las verduras frescas de mi jardín. Mi Bruschetta también era un éxito cuando la traía a la oficina para compartir con todos. Nuestra oficina celebraba cumpleaños, eventos especiales y vacaciones con comida. Siempre buscábamos una excusa para planear una comida donde todos traíamos comida para compartir para el almuerzo. También teníamos intercambios de galletas durante la época Navideña. Siempre teníamos comida para los eventos de los estudiantes, la facultad o los padres. A veces solamente ordenábamos el almuerzo, sólo porque queríamos comer juntos.

Tom, el director del departamento de accesibilidad durante treinta años, comenzó una tradición en torno a la comida. Él y su esposa Bárbara tenían un festival de chile anual en el cual invitaban a todos los del campus que habían apoyado a nuestro departamento y nuestra misión al proporcionar acceso a los estudiantes con una discapacidad. Tom y Bárbara cocinaban y traían varias ollas enormes de diferentes estilos de chile. Todos los demás en el departamento, incluyéndome a mí, traíamos una variedad de ingredientes. Era una celebración y una forma para que nuestro departamento mostrara su gratitud por las asociaciones que nos ayudaban a que la experiencia universitaria de los estudiantes con discapacidades fuera más equitativa. Todos disfrutaban comiendo su taza de chile mientras también socializaban con personas de diferentes áreas de la universidad.

Nos encantaba tanto la comida que comenzamos el "Club de desayuno". Los martes, el mejor día de la semana para todos nosotros, traíamos comida para compartir para el desayuno para la oficina.

Traíamos wafles, guisados de huevo y avena, entre otras deliciosas golosinas. Aunque el "Club de desayuno" comenzó con nosotros sólo trayendo alimentos para el desayuno, pronto creció a otras comidas más elaboradas. Parecía que cada año nuestras selecciones de alimentos se hacían cada vez más grandes, como si estuviéramos tratando de superarnos de una manera divertida. Para representar de una manera mejor lo que estaba sucediendo, luego cambiamos el nombre al *"club de cumpleaños"*. Decidimos empezar a traer comida una vez al mes para honrar a las personas que celebraban sus cumpleaños ese mes. Siempre elegía el mes de mayo como mi mes, no sólo porque era mi mes de cumpleaños, sino también para poder celebrar el Cinco de mayo. El menú siempre incluía comida mexicana que la gente esperaba cada año.

Estas reuniones con comida nos conectaron como personas, independientemente del papel que desempeñábamos en el departamento. Aunque podríamos haber tenido diferentes gustos, siempre encontrábamos algo para compartir y tener opciones de comida. Algunos de mis mejores recuerdos provienen de la comida que compartimos como una familia de trabajo. Independientemente del estrés del día o cualquier conflicto en el que estuvimos involucrados, durante estas reuniones nos enfocábamos el uno en el otro mientras disfrutamos de nuestra comida. Esto ayudó con la moral de la oficina, la cual siempre ayuda a los empleados a sentirse cómodos en el lugar de trabajo. Tener una buena moral en el lugar de trabajo nos ayudaba a hacer nuestro difícil trabajo y a dedicarnos a nuestros estudiantes.

La comida agrega sabor a nuestra vida en más de una forma. Tiene el potencial de hacernos sentir mejor. No es raro que en los días malos busquemos nuestros alimentos reconfortantes, sean lo que sean. Para algunos, el chocolate es la mejor medicina para las angustias. Algunos usan los alimentos como medicina para lidiar con los sentimientos de depresión o ansiedad. Ellos se sienten mejor después de comer una bolsa completa de papas fritas, un bote de helado u otros tipos de alimentos que son buenos para consumir hasta llenarse. Mientras no sea habitual, hacer lo que nos haga sentir mejor es preferible a estar triste y deprimido. Claro, probablemente haya formas más saludables de lidiar con nuestros sentimientos aparte de comer en exceso. A veces, sentirnos culpables por las calorías extras consumidas podría ser contraproducente y hacernos sentir aún peor.

Hay tanta diversidad en la comida. Las personas son creativas en descubrir diferentes recetas para usar con los recursos alimentarios disponibles del área. Por ejemplo, en Durango, México, de donde soy yo, hay muchos chiles poblanos. Durango y Chihuahua tienen un plato que no se encuentra comúnmente en otros estados mexicanos. Este alimento único se llama "Chile Pasado". El Chile Pasado consiste en chiles poblanos que están asados, pelados y luego secados. Después de que se secan por completo, se vuelven duros y oscuros. Estos chiles se preparan con carnes, papas o queso. Estoy segura de que muchos pueden ver el platillo como algo asqueroso, pero es amado por muchas personas en esos estados, y yo soy una de ellas.

A veces, los alimentos que suenan más asquerosos son los alimentos preferidos de algunos lugares. En algunos estados de México, es común comer ciertos insectos. Esto también es cierto para otros países. Supongo que nuestros ancestros descubrieron cómo sobrevivir al usar lo que estuviera disponible, y luego estos alimentos se convirtieron en platillos culturales. En muchos estados de México, un tipo de caldo sabroso se llama Menudo. El Menudo consiste en panza de res que se lava cuidadosamente y se corta en pedazos. Luego se hierve durante horas para que pueda convertirse en un caldo. Otro alimento que algunos pueden encontrar poco atractivo es la Lengua, que es la lengua de carne que mencioné en un capítulo anterior. Sin embargo, para las personas que consumen estos alimentos, no hay nada asqueroso o extraño al respecto.

Para algunas personas, la comida a veces se convierte en un enemigo. Algunos desarrollan dificultades moderando la cantidad de alimentos que comen. Algunos no pueden controlar cuánto comen, y otros no comen suficientes alimentos para recibir los nutrientes que requiere el cuerpo. Esto da como resultado problemas médicos graves debido a los trastornos alimentarios. Durante los años que trabajé, conocí a varios estudiantes con un diagnóstico de trastorno alimentario. Recuerdo a una estudiante que, aunque estaba bajo el tratamiento de un psicólogo profesional, su trastorno alimenticio seguía siendo una batalla constante para ella. Si mi estudiante no hubiera superado el problema, podría haber causado complicaciones de salud significativas e incluso la muerte. Mi alumna pesaba menos de cien libras, y era alta. Con ayuda profesional, entendió que su trastorno alimenticio era grave y trabajó duro para controlarlo.

Otro problema que está fuera de control es que más estadounidenses tienen sobrepeso u obesidad. Esto es aún más preocupante para los niños. Los comerciales en la televisión atraen a los niños a anhelar alimentos que no están bien equilibrados y poco saludables. Para añadir al problema, las familias de bajos ingresos no pueden comprar las comidas más saludables para sus hijos. Una comida rápida de McDonald's es más barato y disponible en cualquier momento. Sin embargo, tienen que pagar el doble para comprar verduras y frutas frescas. Los niños son bombardeados con comerciales que promueven la comida rápida. Las porciones más grandes pueden ser ordenadas sin ningún costo adicional (o casi nada), por lo que las familias lo ven como una ventaja para obtener las porciones más grandes.

Las verduras, las opciones orgánicas y los artículos para una dieta equilibrada son demasiado caros para las familias que viven de cheque en cheque. Las familias también tienen que trabajar largas horas para poder pagar sus gastos, por lo que prefieren comprar alimentos que puedan prepararse fácilmente para sus hijos. Aun si los padres quisieran preparar comidas saludables, no tienen el tiempo para hacerlo debido al trabajo. Además, no pueden pagar el costo adicional. Las opciones que tienen son limitadas, por lo que tener alimentos poco saludables termina siendo una mejor opción que no tener comida en absoluto.

La obesidad es una preocupación real, pero no por razones estéticas, sino por las consecuencias de la salud que nos causa. La probabilidad de desarrollar problemas médicos, como diabetes, problemas cardíacos y presión arterial alta, aumenta cuanto más obeso sea una persona. No solamente comer demasiado y no comer comidas saludables causa la obesidad. Un problema adicional es la falta de movimiento físico. Con la televisión, los videojuegos y las computadoras, las personas pasan más tiempo en una posición sedentaria. Aunque hay muchos centros públicos para hacer ejercicio, el costo puede ser una barrera para que algunas personas los aprovechen. Personalmente, es difícil encontrar una instalación que me proporcione el acceso que necesito. Todavía no he podido encontrar un gimnasio que tenga una piscina con un ascensor.

Debido a mi discapacidad, he tenido problemas de peso la mayor parte de mi vida. Primero, no puedo hacer ejercicio. Los médicos me han advertido que no me esfuerce mucho porque me puedo estar causando más daño que beneficio. Si hago mucho ejercicio, es posible que no pueda moverme al día siguiente. A veces, incluso ir de compras o trapear los pisos de mi casa me cansa por un par de días.

El único ejercicio que puedo hacer es la natación, y las piscinas rara vez tienen ascensores para poder usarlos. En segundo lugar, no quemo muchas calorías porque estoy sentada unas 16 horas al día.

Todo lo que como puede causar que aumente de peso. No como mucho. A veces sólo tengo una comida al día, lo que tampoco se recomienda. Sé que debo cambiar mis hábitos alimenticios porque contribuyen al problema. En mi caso, el peso adicional causa problemas de salud, y también me dificulta la transferencia de la silla de ruedas.

La comida es una bendición, pero desafortunadamente, no todos están bendecidos con ella. La inseguridad alimentaria ocurre en la mayoría de las comunidades. No tenemos que ir a África para encontrar a alguien que sufre de hambre. A veces lo podemos observar en nuestro vecindario. Entonces, aunque la comida trae alegría, la falta de comida trae hambre e infelicidad. Es importante no dar por hecho la comida porque la comida que desperdiciamos es un milagro para otras familias. La comida nos une y nos da alegría. Sin embargo, no todos experimentan esto a menos que ayudemos a alimentar a los hambrientos. En lugar de comprar un café de Starbucks, podríamos donar esos 5 dólares a una despensa de alimentos. Imagínense si todos hiciéramos esto todas las semanas. Es nuestra elección. Nunca sabemos cuándo podremos estar en el lado opuesto; de un día para otro podemos cambiar de tener mucha comida disponible a tener que pasar hambre.

PREGUNTAS DE REFLEXIÓN

1. ¿Cuáles recetas son las más importantes en tu familia?
2. ¿Cómo juega la comida un papel en tu vida?
3. ¿Cómo puedes ayudar a las personas con inseguridad alimentaria?

CAPÍTULO 24

XILÓFONO

¿Alguna vez has notado que a los niños se les presenta por primera vez los instrumentos musicales con un xilófono? Al menos esa fue mi experiencia. Recuerdo que, como estudiante de segundo grado, durante la junta de Girl Scouts (niñas exploradoras), la maestra nos entregaba varios instrumentos. Siempre elegí el xilófono sobre la pandereta o la flauta. Era fácil golpear las diferentes teclas con un palo. Estoy segura de que no hice un buen trabajo, pero me sentí bien pensando que lo hacía. En Girl Scouts nos divertimos usando los instrumentos mientras cantábamos las canciones favoritas de muchos niños. Tenia dos canciones favoritas: *If You're Happy and You Know it* y *John Jacob Jingleheimer Schmidt*.

La música es esencial para la vida. Es un regalo que toca el corazón de todos. Incluso cuando una persona no tiene un talento musical como yo, la música es apreciada. Los tipos de música son infinitos, por lo que todos pueden encontrar música que les guste. Es interesante ver la historia de la música y la progresión que surge de la sofisticación de la tecnología de cada nueva generación. La música puede transportarnos fácilmente a la felicidad, pero también tiene el poder de hacer que se nos salgan las lágrimas. La gente usa la música para bailar, expresar sentimientos, hacer ejercicio, cantar, adorar, entretener, relajarse y una multitud de otras actividades.

En la preparatoria, formé parte de la banda como clarinetista. Intelectualmente aprendí a leer notas musicales. También memoricé la ubicación de los dedos para cada nota. Sin embargo, debido a que no tengo talento musical, fue como memorizar las fechas para un examen de historia y no algo que se me ocurrió de forma natural. No soy capaz de tocar una sola nota por mi cuenta y cuando escucho tocar un instrumento, no soy capaz de distinguir qué notas están sonando. Incluso con mi falta de talento, todavía amo la música.

Con discapacidad y todo, me encanta bailar, aunque sea desde mi asiento. Siempre he pensado que, si tuviera dos buenas piernas para trabajar, sería una bailarina de primera. Cuando mis sobrinas eran pequeñas, les enseñé a bailar, explicándoles los pasos que tenían que dar. Mentalmente, conozco los pasos para bailar diferentes tipos de música latina. Creo que sería una excelente bailarina de cumbia. También conozco los pasos necesarios para la bachata, la salsa y muchos de los estilos de baile de salón. Ayuda que disfruto ver Dancing with the Stars (*Bailando con las estrellas*) cada temporada.

Una vez, mientras me reunía con una de mis alumnas, Daisy, surgió el tema del baile. Le dije: "Daisy, sé muchos bailes en mi mente, pero obviamente no puedo realizarlos". Ella procesó mi afirmación y luego dijo: "Dame indicaciones para bailar cumbia y haré lo que me digas". Le puse música de cumbia, y paso a paso le dije donde tenía que mover cada uno de sus pies. Practicó varias veces y luego pudo realizar los pasos rápidamente. Ella estaba asombrada.

Mi corazón se conmovió mucho cuando me dio un regalo de despedida justo antes de transferirse de Harper a una universidad en

Arizona. Escribió la postal más bonita, cada palabra me conmovió tanto que veinte años después la sigo teniendo como uno de mis tesoros. Lo que más me conmovió fue que se había acordado de la mini lección de baile que compartimos. Me compró el CD de Lee Ann Womak por la canción "*I Hope You Dance*" (Espero que tu bailes). Las lágrimas inundaron mis ojos mientras escuchaba la letra. Como dice una letra: "Y cuando tienes la opción de sentarte o bailar. Espero que bailes… Espero que bailes". Nunca dejaré de bailar, aunque sea desde mi silla de ruedas. Daisy y yo conectamos de una manera profunda. Estoy muy orgullosa de ella porque sigue bailando su propia canción. Ahora es maestra en Arizona y usó mi libro de mi autobiografía como parte de una lección para su clase.

La buena música tiene letras con las que la gente se puede identificar. Siempre me sorprende el talento de algunos compositores porque pueden expresar en la música los sentimientos que muchos tenemos. Como adulto joven, sentí que cada canción estaba escrita sobre mí y mi búsqueda del amor. De alguna manera, parecía que todas las canciones siempre trataban sobre la desilusión o el desamor. Sin embargo, cuando Isidro y yo estábamos comprometidos, usamos la música como conexión porque él estaba en Austin y yo estaba en Chicago. De repente, me pareció que todas las canciones trataban sobre el amor y su belleza. Las canciones de amor pueden expresar lo que las personas sienten, pero no pueden decirlo por sí mismas. Es como un amigo que se sienta en silencio y escucha nuestro corazón y entiende plenamente de lo que uno siente.

La música se utiliza como motivación cuando la gente hace ejercicio. Ya sea en Zumba, baile u otro tipo de ejercicio de movimiento, la música da energía a las personas para que se muevan independientemente de la actividad. He utilizado la natación para mi ejercicio siempre que ha sido posible. Dos veces al año, mi suburbio ofrece natación para adultos para los miembros de su comunidad. Me he apuntado a la clase varias veces. Para acomodarme, incluso trasladaron la clase a la escuela local porque la piscina tenía ascensor. Me arreglaba en el vestidor y luego me metía en la piscina. Me encantaba que siempre tocaran música. A veces, la música estaba sonando, y cuando estaba a punto de parar porque estaba cansada, otra canción de alto ritmo comenzaba a sonar y me motivaba a nadar un poco más y dar más vueltas. Me sorprendí de que nadaba al ritmo de la pieza de música que estaba tocando. Es como si esa fuera la expectativa. Cada semana, le debía a la música el mérito de nadar varias vueltas adicionales en cada entrenamiento.

Todos los que me han oído intentar cantar estarían de acuerdo en que nunca debería hacerlo. Admitiré que cuando estoy sola, sigo cantando a pesar de mi mala voz. No puedo evitarlo. Dame una buena canción de Bon Jovi en un agradable día de primavera cuando conduzco sola, y cantaré con todo mi corazón, con talento o sin él. Creo que la música es un buen calmante para el estrés. Una canción nos hace olvidar y nos sumergimos en el ritmo y la letra de la música. Algunas personas no son buenas cantantes como yo, pero eso no los detiene. Admiro cuando las personas no son conscientes de sí mismas o temen ser juzgadas, no impidiéndoles cantar cuando se sienten impulsadas a hacerlo. Sólo cantaré cuando esté sola. Créeme, esa es la mejor opción. Sin embargo, cantar es bueno para el alma.

Estoy tan contenta de que Ariana no haya heredado mi falta de talento para la música. Ella es talentosa y con lecciones de piano semanales, pudo memorizar cada canción sin la necesidad de mirar las notas para tocar las melodías maravillosamente. También puede escuchar una canción e inmediatamente calcular los acordes y las notas de la canción. Cuando mi mamá cumplió 80 años, aprendió a tocar "Las Mañanitas" y la sorprendió de una manera tan conmovedora.

Aprendió la canción sin ni siquiera saber la letra. Ariana también ha compuesto canciones, dándole a cada una un título significativo. Abrí un canal de YouTube para tener un lugar donde coleccionarlas. Aunque ella podría haber hecho una carrera con su talento, eligió tocar el piano sólo por diversión.

La música también puede ser espiritual. Se utiliza para el culto en la mayoría de las religiones. Las iglesias tienen coros que ayudan a las congregaciones a dejar atrás las preocupaciones para enfocarse en el mensaje. En cierto modo, cantar en la iglesia es como rezar dos veces. A veces, cuando me siento triste, pongo algunos cantos religiosos para ayudarme a superar lo que sea que esté pasando. Los cantos de adoración tienen el poder de limpiarnos de los problemas mundanos cuando nos enfocamos en las palabras del canto. Incluso en la biblia siempre hay referencias sobre la importancia del canto y la música. En la iglesia, como puedo ocultar mi voz con el sonido de los demás, suelo cantar si me sé la pieza. Tengo cantos favoritos que siempre me tocan espiritualmente. Dos de mis cantos favoritos son *How Great Thou Art (Que grande eres)* y *Amazing Grace (Gracia asombrosa)*. Ariana aprendió a tocar estos cánticos en el piano sabiendo cuánto los amaba. A veces, de la nada, le pedía que los tocara para mí. En más de una ocasión me perdía en mis pensamientos y viajaba a un lugar de paz mientras los escuchaba. De alguna manera, esos cánticos me llenaban de esperanza.

Una buena fiesta nunca puede estar sin música. Puede ser una banda en vivo, la música a todo volumen a través de las bocinas o un DJ. Al planear una fiesta, la música siempre está en la lista de cosas por hacer. Ya sea música cultural o música pop actual, una fiesta no es fiesta sin música. Me imagino que cada parte del mundo tiene su propia música de fiesta. En Durango, las rancheras son la música preferida. Ídolos como Vicente Fernández, quien recientemente falleció, siempre formarán parte del repertorio. La ocasión para la celebración o dependiendo de la edad de los invitados probablemente influirá en la decisión de qué música tocar. La música entretiene a jóvenes y mayores, hombres y mujeres, independientemente de la cultura. La música es una forma universal de celebrar la vida.

La música puede ayudar a las personas a relajarse. Escuchar listas de reproducción favoritas, canciones suaves, música clásica o melodías sin palabras a menudo ayuda a eliminar cualquier tensión que una persona pueda sentir. Tuve un estudiante, Peter, con trastorno por déficit de atención que juró que no podía hacer el trabajo escolar sin música. Le pregunté qué tipo de música escuchaba y me sorprendió saber que escuchaba rock pesado. Le pregunté a Peter: "¿No es demasiado fuerte?" Él sonrió y dijo: "Por eso me mantengo concentrado. La música no me permite pensar en otra cosa que no sea lo que estoy haciendo y la misma música". No es sorprendente que la música haya sido aprobada como una adaptación razonable. En Harper, algunos estudiantes solicitaron tener auriculares con música cuando tomaban una prueba. Recuerdo haberlo discutido con mi equipo y se nos ocurrió un procedimiento para garantizar la seguridad de la prueba. Lo aprobamos como una adaptación siempre que el estudiante demostrara que la música que planeaba usar era legítima y no una grabación de las respuestas de la prueba.

La música habla un lenguaje universal. Una de las temporadas de *Dancing with the Stars* (*Bailando con las estrellas*) incluyó a Marlee Matlin, una famosa actriz sorda que también fue alumna de Harper. Pudo participar usando sus sentidos. Me impresionó mucho su talento y su capacidad para competir con otras competidores que podían escuchar. Esto demostró que hay mucho más en la música que el sonido y la capacidad de escucharla. Es mucho más profundo que eso. La música tiene un tremendo poder para unirnos de una manera que otra cosa no puede hacerlo. Independientemente de las diferencias, la música nos permite unirnos como personas.

A menudo, pienso en como uso la música para diferentes emociones. Cuando perdí a mi mamá, hice una lista de canciones para recordar su partida. Canciones como *The Wind Beneath my Wings de Bette Midler, Over the Rainbow* de Israel *Kamakawiwoʻole y Supermarket Flowers* de Ed Sheeran me hicieron llorar más de una vez. También tenía mi lista de canciones en español que incluía algunas de las canciones favoritas de mis padres. Esta lista de canciones tuvo el mismo efecto en mí. A veces, necesitamos llorar, y la música nos ayuda a hacerlo. Escuché las listas de canciones tristes durante aproximadamente un año porque extrañaba mucho a mi mamá. Todavía tengo las listas de canciones en mi teléfono, pero ya no las escucho con frecuencia. Me di cuenta de que en ese momento necesitaba la lista de canciones para permitir que fluyeran las lágrimas que necesitaba derramar. Ahora, cuando las escucho, siento un anhelo y la extraño mucho.

La música no tiene límite de tiempo. Los artistas pudieron haber muerto pero su música continúa. A veces pienso en lo afortunados que fueron estos artistas. Dejan su legado con su música incluso cuando dejan de existir. Hay tantos músicos inolvidables que marcan nuestro mundo. Muchos artistas que ya no forman parte de nuestras vidas, pero continúan entreteniéndonos mucho después de su muerte. Disfrutamos de músicos como Elvis Presley, Whitney Houston, Prince, Wham, Michael Jackson, Selena, Juan Gabriel, Vicente Fernández, y la lista continúa, porque su música es inmortal. Al igual que ellos, todos debemos esforzarnos por dejar nuestra huella en el mundo.

La música es un regalo que ha influido mucho en nuestras vidas. No puedo imaginar un mundo sin música. Añade mucho color y sabor a nuestra existencia. Necesitamos valorar la música y apreciar cada forma en que nos ayuda a lo largo de nuestro viaje en la vida.

PREGUNTAS DE REFLEXIÓN

1. ¿Qué tipo de música te gusta y por qué?
2. ¿Cómo usas la música en tu vida?
3. ¿Cuándo te has beneficiado de la música?

CAPÍTULO 25

YOGA

Estoy usando el yoga para representar la importancia de realizar actividades de bienestar para ayudarnos a vivir vidas más saludables. La única vez que intenté hacer yoga fue cuando una persona vino a Harper para enseñar a los estudiantes con discapacidades como hacer yoga adaptativa. Conozco a varias personas con discapacidades físicas, a veces con más limitaciones que yo, que hacen yoga. Algunos de mis buenos amigos sin discapacidades practican yoga y siempre hablaban de lo beneficioso que era para ellos. Siempre escuché y aprecié lo que compartían, pero nunca lo vi como una posibilidad para mí. Sé que probablemente tengo opiniones equivocadas sobre lo que se espera y soy plenamente consciente de las adaptaciones que se pueden hacer, pero nunca me motivó a intentarlo.

Cada uno de nosotros debe encontrar actividades que ayuden con nuestro bienestar. El yoga es solo una opción. Otros prefieren actividades físicas más rigurosas mientras que a otros les gusta la meditación. Todos estamos aquí durante un cierto tiempo en la vida, aunque no sabemos cuánto tiempo, y depende de nosotros esforzarnos por estar lo más saludables posible, independientemente de la duración. Admito, con toda honestidad, que he usado mi discapacidad como excusa. Me digo a mí mismo cosas como: "No puedo hacer yoga porque no puedo levantarme del suelo. No soy lo suficientemente fuerte. Me veré estúpida. No parece seguro para mí debido a la curvatura de mi columna. No puedo hacer eso ¿Cómo podría eso ayudarme? Va a ser una pérdida de tiempo", y una multitud de otros pensamientos contraproducentes para desalentarme de participar en este tipo de actividades de bienestar. Estoy segura de que no soy la única con este tipo de ideas que nos desalientan a hacer lo mejor para nuestra salud.

Tener una discapacidad física nos limita en los tipos de actividades de bienestar que podemos hacer. No es una excusa. Es verdad. En los días hermosos, Ariana sale a caminar. Incluso si quisiera unirme a ella, ¿cuánto ejercicio haría moviendo el control de mi silla de ruedas? Ninguna. Cuando nos hemos ido de vacaciones, todas las rutas de senderismo no me importan porque incluso en los mejores senderos, no son seguros para las personas en sillas de ruedas y, de todos modos, no obtendría ningún ejercicio. No puedo participar en parques acuáticos o esquiar. No puedo ir al océano y saltar las olas. No puedo subir escaleras para agregar más pasos a mi rutina. Nadar parece ser el único ejercicio que puedo hacer, y no puedo hacerlo en cualquier piscina. Necesito un ascensor para poder entrar.

Cuando me jubilé, tenía todas las intenciones de hacer cambios en mi vida que pudieran mejorar mi salud. Pensé que encontraría un gimnasio con una piscina que tuviera ascensor e iría a nadar varias veces a la semana. Mi objetivo era abordar mi bienestar de la forma en que enfoco tantos otros proyectos. He logrado muchos objetivos al ser organizada y usar listas para realizar un seguimiento de todo lo que hay que hacer. Me imaginé que sería capaz de hacer lo mismo con mi forma física. Sin embargo, no contaba con una pandemia que nos encerraría a todos. Esos planes se fueron por la ventana. La piscina tendría que esperar un poco más. Por supuesto, no esperaba que la pandemia durara más de dos años.

He escuchado a otras personas sin discapacidades mencionar todas las razones por las que no pueden participar en el ejercicio. Algunos pueden decir que su horario no se lo permite. La gente se queja del costo y de no poder pagar las tarifas del gimnasio. Sin embargo, otros pueden sentir que es una causa perdida porque tienen demasiado sobrepeso. Cualquiera que sea nuestra razón para no hacer ejercicio, debemos hacer todo lo posible para encontrar una manera. Nuestra vida es demasiado importante.

El bienestar no tiene que implicar actividades físicas. Creo que, para mí, escribir me ayuda. Puedo procesar y reflexionar sobre mi vida. Puedo identificar las áreas en las que necesito trabajar. También puedo poner en papel lo que no me atrevo a decir en voz alta. Siempre he usado la escritura como una salida para mi frustración por las muchas veces que me han lastimado. Desde que tengo memoria, he escrito algún tipo de diario. A través de este proceso, a veces descubro temores que deben abordarse. Cuando perdí a mi hijo, no podía compartir lo que sentía con los demás. Sin embargo, a través de la poesía, pude soltar tanto dolor e ira.

De igual forma, el fallecimiento de mi mamá me motivó a escribir la historia de mi vida para rendirle homenaje. No sabía que en el proceso de escritura también estaba reviviendo momentos que había suprimido para seguir adelante. También reviví muchos momentos felices que llenaron mi vida de alegría. Escribir fue una salida que me ayudó con mi bienestar. Al escribir este libro, está sucediendo lo mismo. La gente nunca imaginará cómo he sido desafiada mientras reflexiono sobre las áreas en las que necesito trabajar. Algunas áreas de mi vida son mucho mejores que otras. Mi esperanza es que los lectores descubran lo mismo. Puede que no haya quemado calorías, pero ciertamente me hice más fuerte al reflexionar sobre mi vida.

Además de escribir, otro pasatiempo recién descubierto que me ayuda con mi bienestar es la jardinería. Modifiqué mi jardín para poder tener acceso a las plantas. Nunca pensé que podría dedicarme a la jardinería, pero realmente lo disfruto. Para mi sorpresa, estoy desarrollando una buena mano para la jardinería. Probablemente también me ayuda físicamente mientras lucho con la manguera para regar todas mis macetas. La última vez que conté, tengo más de sesenta macetas. También tengo verduras saludables como tomates, albahaca, pimientos, col rizada y brócoli, que sin duda disfrutaré cuando estén maduras.

Cuando trabajaba en Harper, era maravilloso ver que muchos estudiantes participaban en actividades para su bienestar. Tuve alumnos que eran atletas y les sirvió de motivación porque tenían que mantener un buen promedio en sus calificaciones para poder jugar. Luke era un atleta de lucha, y amaba ese deporte. Disfruté su entusiasmo cada vez que compartía sus sentimientos cuando luchaba. Aunque tenía discapacidades, en la alfombra del piso, era como todos los demás o incluso mejor. Descubrió la lucha en la escuela secundaria y cambió su vida. Ya no era un niño al que intimidaban. Fue admirado por su gran habilidad como luchador.

¡Qué emocionante para mí haber ayudado a un estudiante que llegó al fútbol profesional! Keith tenía dislexia severa y batallaba con la lectura. Sin embargo, fue un mariscal de campo estelar. Se unió al equipo de Harper, cuando todavía había fútbol americano como deporte, y lo hizo excepcionalmente bien. Aunque tuvo muchas dificultades con sus metas académicas, trabajó duro porque quería que el fútbol americano fuera su carrera. Sabía que tenía que mantener un buen promedio de calificaciones para seguir jugando, por lo que esa fue su mayor motivación.

Keith fue reclutado para una universidad donde le fue muy bien. Un año, el día de San Valentín, recibí una llamada de Keith. Él dijo: "¿Te acuerdas de mí?" Con voz emocionada dije: "Por supuesto. ¿Cómo puedo olvidarte?" Podía sentir su alegría. Continuó: "¿Adivina qué?" No respondí y solo esperé a que me diera sus noticias. "Acabo de firmar un contrato con San Francisco los 49. Debo salir del país primero para practicar, y dependiendo de cómo lo haga, podría estar en la lista en uno o dos años. Tú y mi mamá son las dos primeras personas en saber esto. Tenía que llamarte porque no lo habría logrado sin tu ayuda". No podía creerlo. Lo felicité y le recordé que sabía que podía hacer grandes cosas. Keith encontró su pasión y una forma de mantenerse con buena salud.

Isidro es un gran creyente en el ejercicio. Admiro como, incluso con su falta de rango de movimiento en sus coyunturas, descubre cómo hacer ejercicio en casa. Se estira y levanta pesas de cinco libras con los brazos. Aunque no puede hacer abdominales, observo cómo las modifica y encuentra la manera de ajustarlas a sus necesidades. Hace ejercicio mientras escucha cualquier programa que le interesa. Él me motiva a querer hacer algo, sin embargo, nuestras discapacidades son completamente opuestas. Soy flexible y puedo doblarme con poco esfuerzo. Sin embargo, debido a los efectos de la polio y un diagnóstico de síndrome post-polio, si quiero mantener la poca fuerza que tengo, no puedo hacer ejercicios extenuantes. Bromeo con Isidro y le digo: "Tú trabaja en tu cuerpo y yo trabajaré en mi cerebro".

No todos los deportes o actividades encajarán con nuestros intereses. Lo importante es encontrar algo que sí lo haga y hacerlo activamente por el bienestar. Una de mis hermanas ha desarrollado un nuevo interés por la pintura. Tere nunca había pintado, pero ahora usa pintura acrílica y pinta hermosos paisajes. Intenta desarrollar nuevas técnicas viendo videos en línea. Ella me ha dicho que eso la relaja y mantiene su mente ocupada. Otra hermana, Kika, también ha estado pintando, usando un ventilador para soplar la pintura sobre lienzo. Ella da sus pinturas como regalo. Incluso está considerando desarrollar un sitio web, con mi ayuda, donde podría vender algunas de sus pinturas.

No siempre es el caso en el cual encontramos formas saludables de mejorar nuestra salud o bienestar. A veces tomamos decisiones poco saludables cuando buscamos lo que nos hace felices. Podríamos recurrir a comer en exceso, fumar, usar drogas u otras diversiones poco saludables. Algunos creen que comer una bolsa de papas fritas o comer un bote de helado reducirá la ansiedad o las tensiones. Como resultado, la persona puede desarrollar problemas significativos de peso o, lo que es peor, otras afecciones potencialmente mortales. Lamentablemente, el problema por el cual una persona come en exceso no desaparece.

Fumar es otro hábito que las personas afirman que las hace sentir mejor. Esta es otra opción poco saludable para la búsqueda del bienestar. La tensión puede reducirse durante los minutos mientras se fuma, pero es una solución temporal. Al igual que fumar, consumir drogas tiene el mismo resultado. La solución ayuda temporalmente a sentirse mejor. Sin embargo, una vez pasados los efectos, la persona se dará cuenta de que las cosas no mejoraron. En este punto, las personas buscan la buena sensación de estar "tranquilos" con más frecuencia. Al final, la dificultad sigue ahí, pero ahora se ha desarrollado un problema adicional, una adicción.

Conocí a muchos estudiantes que admitieron usar drogas para sentirse mejor. Ryan acababa de pasar por rehabilitación cuando empezamos a trabajar juntos. Fue muy abierto al compartir por qué comenzó a usar drogas. Sus múltiples discapacidades que dificultaban la escuela para él y el proceso de divorcio de sus padres eran demasiado para él solo. Compartió que comenzó a consumir marihuana de manera recreativa, pero pronto comenzó a depender de ella. Llegó al punto en que necesitaba fumar constantemente. Le resultaba difícil concentrarse en cualquier otra cosa. Faltaba mucho a la escuela y sus notas empeoraban. Sus padres, aunque ahora divorciados, le dieron a Ryan el ultimátum de ir a rehabilitación o tener que abandonar la casa. Los padres estaban seguros de que, dependiendo de la decisión de Ryan, estaban listos para cumplir con el ultimátum. Decidió ir a rehabilitación, aunque sabe que las drogas serán una tentación constante. El amor duro de padres lo ayudó a ver que necesitaba una intervención profesional para su adicción.

Las apuestas también es una forma poco saludable de abordar las dificultades de la vida. Algunos hombres y mujeres buscan el sentimiento emocionante que viene con las apuestas. Cada vez que deciden apostar, creen que ganarán el premio gordo. Sin embargo, también saben que los casinos están preparados para ganar. Desafortunadamente, esto no los desanima en su búsqueda de una emoción porque la anhelan por encima del estrés, la tensión, los problemas y las dificultades que experimentan en su vida diaria. Mientras intentan solucionar sus dificultades, desarrollan una adicción que es aún peor. He escuchado historias de horror de personas que pierden sus hogares y todos sus ahorros debido a la adicción a las apuestas.

Otra adicción, aunque más reciente, es la adicción a los videojuegos. Muchas personas en edad universitaria pasan horas y horas frente a una pantalla, perdiendo la noción del tiempo y de sus otras responsabilidades. Les encanta perderse y olvidar todo lo que les hace infelices. Una vez más, los problemas persisten, pero hay cuestiones adicionales con las que lidiar en sus vidas. Era común tener padres en mi oficina que se quejaban de la adicción de sus estudiantes a los videojuegos. Decían que su hijo/hija se quedaba despierto hasta la madrugada jugando, dejándolos cansados y con poca energía para hacer cualquier otra cosa, especialmente el trabajo o la escuela.

Cuando compartían estas preocupaciones, les preguntaba como los padres lidiaban con la adicción de su hijo. Una vez, una madre amorosa y su hijo Tim vinieron a mi oficina. Tim había estado en una universidad, pero fue corrido debido a su bajo rendimiento académico. La mamá dijo: "Tim pasa horas y horas jugando sus videojuegos. No sé qué hacer. No trabaja y apenas asiste a clases, reprobando todas las materias y teniendo poco progreso académico". Escuché atentamente todo lo que la mamá compartió mientras el hijo estaba inmerso en su videojuego electrónico portátil. Frente a Tim, le pregunté a la madre: "¿Quién paga sus videojuegos, internet y sus electrónicos portátiles?" Ya sabía la respuesta, pero esperé a que la madre respondiera. "Pagamos todo porque él no trabaja", respondió ella. Arriesgándome, concluí: "Bueno, ese podría ser el problema. Si yo pudiera sentarme todo el día divirtiéndome y no tener que preocuparme por pagar nada, ¿por qué querría trabajar u obtener una educación?". Estoy segura de que eso no fue agradable de escuchar para la madre.

A veces, como padres, necesitamos ayudar a nuestros hijos a encontrar alternativas saludables para que puedan manejar la multitud de problemas que sienten que tienen. Y, como padres, es nuestra responsabilidad guiar a nuestros hijos hacia actividades saludables que valgan la pena. Si proporcionamos fondos para que participen en vicios adictivos, es igualmente culpa nuestra. Reconozco que los padres se encuentran en una posición muy incómoda. Nunca queremos empujar a nuestros hijos. Queremos su bienestar, felicidad y, por supuesto, su éxito en la escuela y en la vida.

Cuando mostramos disciplina, es posible que a nuestros hijos no les guste e incluso se enojen, pero a la larga, es por su propio bien.

Siempre les recordaba a los padres que evitaran las amenazas que no podían cumplir al disciplinar a su hijo/hija. Por ejemplo, la familia de Tim no estaba dispuesta a decirle que buscara otro lugar para vivir, así que sugerí que no usara eso como amenaza. Más bien, como padres, siempre debemos determinar una consecuencia para los hijos al no cumplir con sus responsabilidades. Para Tim, su mamá decidió que, si él no cumplía con limitar el tiempo en su tecnología, asistía a clases y buscaba un trabajo, ella cancelaría internet y le quitaría todos los dispositivos electrónicos. Ella necesitaba que le recordaran que esta regla podría motivar a Tim a equilibrar mejor sus obligaciones, una de las cuales era hacer el trabajo escolar. Le sugerí que quitarle los videojuegos y dejar de pagar las membresías que le permitían jugar podría ser una buena alternativa. Estoy segura de que Tim escuchó toda la conversación, pero nunca levantó la cabeza del videojuego.

Los problemas y las dificultades siempre existirán en la vida de todos. Podemos optar por abordarlos de manera saludable o empeorar nuestra situación al formar una adicción. Hay infinitas opciones para todos. La clave es encontrar la fuente perfecta para ayudarnos con nuestro bienestar. Al igual que yo uso la escritura, otros pueden usar el yoga. Realmente depende de todos. Nuestras vidas pueden volverse ingobernables si no encontramos algo que pueda ayudarnos con nuestra salud física y mental.

PREGUNTAS DE REFLEXIÓN

1. ¿Qué actividades haces para ayudar con tu bienestar personal?
2. ¿Hay algunas actividades dañinas? ¿Cómo puedes dejarlas?
3. ¿Qué estás dispuesto a hacer para mantener una buena salud?

CAPÍTULO 26

ZOOLÓGICO

Somos afortunados de poder compartir nuestro mundo y de convivir con los animales. Los animales han sido fieles compañeros de los humanos durante generaciones. Muchos amantes de los animales son activistas y dedican su tiempo abogando por la protección de los animales, en su mayoría de forma voluntaria. Otros optan por tener su propio zoológico en casa y los animales se vuelven parte de la familia. Incluso aquellos que no son amantes de los animales disfrutan de un paseo tranquilo en el zoológico, aprendiendo sobre las increíbles criaturas que añaden belleza a nuestras vidas.

No fue hasta que tuve mis propias hijas que aprendí a apreciar a los animales. De niña, no crecí con mascotas, a excepción de las gallinas de nuestro corral. No recuerdo haber ido a un zoológico hasta que era una adolescente que vivía en Chicago. Mis primeros seis años de vida, los animales vagaban por las calles de mi pequeño pueblo junto a mí mientras me arrastraba. En los mismos caminos por los que andaba había hombres montando a caballo y cerdos vagabundos que habían escapado de los confines de sus dueños. Los hombres transportaban regularmente sus vidas a través de los caminos de tierra de la Purísima. También vi otros animales cuando mi hermana me llevaba por el pueblo en su espalda.

Cuando llegamos a los Estados Unidos, nunca tuvimos la oportunidad de tener una mascota. Alimentar once bocas con un salario básico no dejaba mucho espacio para los gastos extra de una mascota. Recuerdo que mis padres se sorprendieron con la forma en que los demás trataban a los perros como si fueran niños. Ninguno de nosotros había visto nunca este comportamiento en México. Nos resultó extraño ver mascotas vestidas con ropa, aunque adorables. A veces, mi mamá decía que los estadounidenses aman más a los animales que a los niños. Ella basó esto en su observación de que las familias estadounidenses eran pequeñas, con sólo uno o dos hijos, pero parecía que una mascota siempre estaba incluida en la composición de la familia.

Debido a mi falta de exposición, yo también luché por entender por qué alguien querría una mascota. Pensé que sólo agregaba gastos adicionales al presupuesto de una familia. También cuestioné por qué los propietarios estaban dispuestos a pagar tarifas astronómicas por las visitas al veterinario. Por supuesto, entendí cuando tuve mis propias mascotas y comencé a hacer las mismas cosas. Cuando las niñas estaban en la escuela primaria, en la mañana, camino a la parada del autobús, encontraron a un pequeño gatito asustado escondido debajo de un automóvil. No pudieron resistirse, así que lo agarraron y corrieron de regreso a casa para traer al gatito. Me hicieron prometer que aún lo encontrarían en casa a su regreso de la escuela.

Por la tarde, cuando volvieron de la escuela, encontraron al gatito en una cajita en la que lo había puesto yo. Les dije que podían quedarse con el gatito toda la noche, pero que el gatito se tenía que ir al día siguiente. Bueno, el pequeño gatito me hizo cambiar de opinión.

No tuve el corazón para dejar ir a un gatito tan lindo. Las niñas la llamaron Daisy. Llevamos a Daisy al veterinario para asegurarnos de que no tuviera ninguna enfermedad y, afortunadamente, tenía un certificado de buena salud. Daisy se agregó como miembro de la familia Herrera, e Isidro y yo queríamos a la gatita tanto como a Ariel y Ariana. No negaré que incluso vestí a la gatita con ropa de muñeca Barbie, olvidando lo extraño que me había parecido en el pasado. Incluso la incluimos en fotos familiares. La tuvimos durante tres años hasta que un incidente devastador acabó con su vida.

Una tarde, Isidro salió a regar las plantas, sin darse cuenta de que Daisy salía detrás de él. Daisy saltó la barda y entró en el patio del vecino. Nuestra vecina tenía un Pitbull, y al no saber que nuestro gato se había escapado, dejó salir a su perro. Nuestra pobre gatita fue mutilada y gravemente herida por el Pitbull. La peor parte fue que cuando escuchamos la gran conmoción cuando Daisy estaba siendo atacada, todos salimos corriendo y fuimos testigos de su dolorosa emboscada. Todos estábamos indefensos y no podíamos ayudarla sin que nos mordieran. Nos limitamos a mirar sin poder hacer nada. Las chicas lloraban histéricamente. Cuando la dueña finalmente pudo alejar al perro del gato, lo encerró adentro y fue a agarrar a Daisy del piso, dándonosla por encima de la cerca. Estaba toda ensangrentada y apenas respiraba. Rápidamente fuimos a nuestra camioneta para llevarla al hospital de animales cercano. Estábamos a mitad de camino cuando ella tomó su último aliento. Era demasiado tarde y Daisy murió en mis brazos.

Aunque el vecino se sintió muy mal e incluso se ofreció a comprarnos otro gato, todavía estábamos conmocionados y angustiados. Me sorprendió que fuera triste no tener más a Daisy. No podía entender cuándo había aprendido a amarla. La casa parecía diferente y todos estábamos de luto por la pérdida de nuestra gatita. Ariel y

Ariana no querían tener otro gato, diciendo que ninguno sería como Daisy. No insistimos porque entendíamos cómo se sentían. Creo que también tenían miedo de que este evento traumático se repitiera.

Un par de años después, en su lista de deseos de Navidad, mis hijas indicaron que querían otro gatito. Isidro y yo nos alegramos de que las niñas se hubieran recuperado de la pérdida de Daisy, así que nos alegramos de hacer realidad sus deseos, sobre todo porque nuestra vecina se había mudado con su pitbull. Buscamos en línea y fuimos a un evento de adopción de mascotas en un hospital de animales cercano. Ariana y Ariel habían elegido a un lindo gatito marrón. En el evento, echamos un vistazo a todas las mascotas disponibles. Tan pronto como vi un gatito blanco de pelo largo, me enamoré de él. Entonces, en lugar de ir a recoger al único gatito que habían elegido las niñas, nos fuimos con dos adorables gatitos a los que llamamos Rosie y Charlie. Todavía son parte de la familia; Eran pequeños gatitos y ahora cumplieron nueve años en octubre.

Una vez más, no estoy segura de dónde surgió mi interés por las mascotas porque, de repente, quería tener no sólo un gato, sino dos. Entonces, comencé a decir que era una amante de los gatos, pero que realmente no me gustaban los perros. Siempre comenté sobre lo difícil que eran los perros así que de manera convincente pensaba que sería difícil para nosotros cuidar de un cachorro si alguna vez tuviéramos uno. Las niñas estaban felices de tener los gatitos, por lo que nunca insistieron en tener un perro. Antes de los gatos, las niñas tenían algunas mascotas. Tenían peces que de alguna manera se las arreglaban para morir regularmente. Ariana pensó que era parte del proceso de tirarlos por el inodoro. Un día, cuando ninguno de los peces había flotado hasta la superficie, Ariana dijo: "Mamá, ¿puedo tirarlos esta vez?" Me reí y dije: "Ariana, los peces están bien. No murieron, por lo que no es necesario que lo sacamos de su pecera".

También tenían un hámster e incluso tortugas. Sin embargo, habían sido lo suficientemente responsables para que yo creyera que podían tener gatos.

Mis opiniones sobre los perros también cambiaron pronto. Ariel se mudó y, cuando lo hizo, consiguió una mini perra pastora de Australia a la que llamó Luna. Unos meses más tarde decidió volver a casa, con perro y todo. Bueno, ese perro nos tiene a todos envueltos alrededor de su dedo meñique. Adoramos absolutamente a Luna. Nunca pensé en mi vida que besaría a los animales, pero el amor hace que todo sea posible. Me entristeció cuando Ariel se casó y se llevó a Luna con ella. Incluso debatí si debiésemos tener un perro propio. Sin embargo, no lo hemos hecho porque queremos un perro exactamente como Luna. Finalmente admití que me enamoré de la hermosa Luna.

Los animales brindan amor incondicional a los dueños. Nadie me recibía como Luna. Venía y se sentaba en mi regazo y me miraba escribir. Me lamía la cara, e incluso las orejas, si la dejara hacerlo. Ella tiene los ojos más hermosos, uno azul y otro marrón. Me burlo de ella y le digo que es mitad americana por el ojo azul y mitad mexicana por el marrón. Nunca imaginé que sentiría lo que siento por un perro.

En los días malos, cuando no me siento bien, me levanto de la silla de ruedas y trato de descansar. Esa es la señal para que mis gatos se acerquen a mí e insistan en que los acaricie y les rasque la espalda. No puedo pensar en perderlos. Tuvimos una pequeña muestra de cuánto los extrañaríamos cuando Charlie escapó y estuvo perdido durante varios días. De vez en cuando, me gusta mirar en línea y ver qué mascotas están en adopción. Extraño a Luna y tengo un deseo de tener otro perro que también me sorprende.

Tengo dos mejores amigos que son verdaderos amantes de los animales y ahora entiendo por qué. ¡Mi amigo Bill es el rey de los animales! Durante años me burlaba de él diciéndole que amaba a los animales más que a los humanos. Un día le pregunté: "Bill, noto que siempre te atraen los animales que ves en la calle, pero no haces lo mismo con los niños. ¿Tengo razón? En nuestras bromas, respondió: "Los animales son más fáciles de amar. Imagínate lo que pensaría un padre si quisiera acariciar y jugar con sus hijos". Ahora, se burla de mí diciendo que me convertí en un amante de las mascotas.

Mi segunda amiga amante de los animales es Verónica. Literalmente tenía un zoológico en su casa, compuesto por varios gatos, perros e incluso un lagarto dragón barbudo. Esos animales claramente trajeron mucha alegría a mi amiga y a su hija. Desafortunadamente, este ha sido un año difícil para mi amiga. Lamentablemente, cuatro de sus amados animales fallecieron. Las mascotas habían vivido una larga vida llena de amor, pero estaban envejeciendo y tenían problemas de salud. Simplemente fue difícil para Verónica despedirse de tantos miembros peludos de la familia en el lapso de varios meses. Ha creado un mini cementerio para sus queridos animales donde les rinde homenaje por toda la alegría que le han brindado.

Cuanto más me expongo a los perros, más me sorprenden. Son tan inteligentes, indulgentes y cariñosos. Piden poco a cambio y nunca guardan rencor. Los perros son verdaderamente los mejores amigos del hombre (y de la mujer). Incluso si son regañados o castigados, todavía aman incondicionalmente a su dueño. Nunca he visto tanta lealtad como lo de los perros. Y las mascotas traen tanta alegría. No es de extrañar que los perros sean a menudo utilizados por las profesiones de ayuda. Los perros son utilizados por los socorristas para ayudar en el rescate. Además, los perros están entrenados para ayudar a atrapar a los delincuentes olfateando en busca de drogas. Y también son de gran ayuda en la búsqueda de niños perdidos.

La comunidad de discapacitados, especialmente las personas con discapacidad visual y otras con ciertas discapacidades psicológicas, dependen de los animales para ayudar con su movilidad y sus desafíos psicológicos. Los perros guías protegen a sus dueños ciegos del peligro, dirigiendo un camino claro y deteniéndose cuando existe un peligro previsible. Además, los perros ayudan a las personas con ciertos diagnósticos médicos al trabajar como perros de servicio o animales de consuelo/terapia. La ADA incluye provisiones para adaptaciones para estudiantes que puedan necesitar el servicio de un animal. Las universidades con residencias universitarias también tienen mandatos que permiten el uso de animales para terapia o comodidad según las indicaciones de un médico, independientemente de cualquier regulación contra mascotas en las residencias o dormitorios de la universidad.

Una de mis alumnas, Amanda, tenía un gato de consuelo para su ansiedad. Quería una adaptación para poder llevar a su gato enjaulado a clases. Dijo que el gato le permitía relajarse cuando estaba a punto de tener un ataque de pánico. Debido a que el gato no brindó ningún servicio directo, la solicitud de acomodación fue negada. Sin embargo, si hubiéramos tenido dormitorios y ella quisiera tener su gato de consuelo, se le tendría que permitir tener al gato en su habitación independientemente de cualquier otra regla.

Los animales dan más de lo que reciben. Todo lo que esperan es un hogar donde sean alimentados y donde estén seguros. Son indulgentes independientemente de cómo sean tratados. Lamentablemente, algunos animales viven en condiciones inhumanas donde son enjaulados, golpeados y, a veces, mueren de hambre. Los criaderos de animales buscan dinero y no están interesados en el mejor trato de los perros que crían. Por esta razón, deberíamos adoptar animales en refugios en lugar de pagar dinero a los criadores para satisfacer su codicia.

Incluso los animales no domésticos tienen un propósito en nuestro mundo. Mi papá era un firme creyente de que todo ser vivo tiene un propósito, incluso los insectos que a veces nos asustan y molestan. Puede que no entendamos cuál es su importancia, pero desde la hormiga más diminuta hasta el enorme elefante, tienen un propósito en el mundo. Al igual que las verduras, las plantas y las hermosas flores que nos rodean tienen un propósito. Se debe respetar a los animales, y todos deben ser conscientes de la importancia de los animales en nuestra vida.

A veces necesitamos un compañero que no juzgue, sino que nos ame incondicionalmente. Un abrazo de una mascota puede ayudarnos durante los días malos. Las personas que están aisladas y viven solas pueden encontrar compañía con una mascota. Necesitamos cualquier herramienta que sea necesaria para vivir una vida pacífica y feliz. A veces un animal puede ayudarnos a alcanzar la paz y la felicidad. Necesitamos respetar a todas las criaturas, pequeñas o grandes, y reconocer que este mundo les pertenece tanto a ellas como a nosotros. Me tomó un tiempo aprender los beneficios de tener un miembro peludo en la familia, pero ahora estoy convencida de que siempre necesitaré uno en mi vida.

PREGUNTAS DE REFLEXIÓN

1. ¿Qué papel tienen los animales/mascotas en tu vida?
2. Si has tenido mascotas, ¿Como te han mejorado tu calidad de vida?
3. ¿Eres un amante de los animales? ¿Por qué sí o no?
4. ¿Qué podemos hacer para mejorar el trato inhumano de los animales?

CONCLUSIÓN

Vivir es lo más difícil que haremos, pero también es el mayor milagro. La complejidad de la vida hace que sea difícil alcanzar o mantener la felicidad. Mi esperanza es que algunos de los temas que he cubierto llevarán a los lectores a reflexionar y analizar sus vidas. Sé que mi vida necesita cultivo constante. Hay áreas definidas en las que necesito trabajar y otras en las que sobresalgo. Lo mismo será cierto para cada lector. Independientemente de los beneficios, espero que este libro lleve a los lectores a discusiones saludables sobre todo lo que nos impacta. Todos compartimos la experiencia de vivir. Cuanto más podamos discutir los temas de la vida para ser unificados en lugar de dividirnos, mejor serán todas nuestras vidas. No sé cómo reaccionarán las personas ante las muchas lecciones que he aprendido. Sólo sé que tomarme el tiempo para reflexionar sobre mi propia vida me ha ayudado enormemente. Estoy mejor ahora que antes de comenzar a escribir este libro. Lo que ofrezco no son soluciones a los problemas de la vida. Incluso los consejeros con licencia profesional no pueden hacer eso. Sólo quiero que los lectores aprovechen el poder que tienen para tomar el control de sus propias vidas. Cuanto antes podamos hacer eso, mejor serán nuestras vidas.

Al igual que los jardineros resuelven los problemas que afectan a las plantas, también podemos hacer lo mismo por nosotros mismos. Hay esperanza. Podemos vivir una vida mejor independientemente de las cartas que nos entregaron. Es posible que no podamos cambiar lo que nos hace sufrir, pero podemos cambiar para ser más fuertes y mejor en el manejo de los problemas. Todos tenemos el control sobre nuestras vidas. Nadie puede quitarnos eso. Lo que hacemos en el corto tiempo que estamos en la Tierra depende únicamente de nosotros. ¡Nadie más!

PREGUNTAS DE REFLEXIÓN FINALES:

1. ¿En cuáles áreas de tu vida crees que sobresales?
2. ¿En cuáles áreas de tu vida necesitas trabajar?
3. ¿Cuáles son algunos pasos concretos que tomarás para mejorar tu vida?
4. ¿Te sorprendiste con lo que descubriste a través de tus reflexiones? ¿Por qué o por qué no?

EL CREDO PERSONAL DE PASCUALA

Como resultado de mi reflexión, pude identificar los cambios que necesito hacer para tener una vida mejor. Con mis reflexiones, desarrollé mi propio credo personal que comparto a continuación. Me comprometo a visitar mi credo regularmente y ser responsable de seguirlo.

Yo animo a los lectores a hacer lo mismo al contestar las preguntas de reflexión al final de cada capítulo. Las preguntas de reflexión del libro deberían guiarlos a desarrollar su propio credo personal.

En este credo declaro …
Me aceptaré por completo.
Jugaré más y trabajaré menos.
Sonreiré más y fruncriré el ceño menos.
Me reiré más y lloraré menos.
Bailaré en lugar de sentarme.
No dejaré que la ignorancia de otras personas me haga enojar.
Haré a las personas a las que amo mi máxima prioridad.
Haré que los recuerdos sean más importantes que las posesiones.
No sólo hablaré con Dios, sino que escucharé.
Voy a decir la verdad incluso cuando no se escuche.
Seré honesta incluso cuando me duela.
Pediré ayuda, pero también la daré.
Perdonaré a los demás, especialmente a mí misma.
Y, sobre todo, ¡viviré hoy como si fuera mi último día!

Made in the USA
Columbia, SC
25 November 2022